统计学精品译丛

计算贝叶斯统计导论

Computational Bayesian Statistics An Introduction

[葡] 玛丽亚·安特尼亚·阿马拉尔·土库曼 (Maria Antónia Amaral Turkman)
[葡] 卡洛斯·丹尼尔·保利诺 (Carlos Daniel Paulino) 著
[美] 彼得·米勒 (Peter Müller)

李忠伟 王刚 译

机械工业出版社
CHINA MACHINE PRESS

图书在版编目（CIP）数据

计算贝叶斯统计导论 /（葡）玛丽亚·安特尼亚·阿马拉尔·土库曼，（葡）卡洛斯·丹尼尔·保利诺，（美）彼得·米勒著；李忠伟，王刚译．—北京：机械工业出版社，2022.10
（统计学精品译丛）
书名原文：Computational Bayesian Statistics：An Introduction
ISBN 978-7-111-72106-2

Ⅰ. ①计… Ⅱ. ①玛… ②卡… ③彼… ④李… ⑤王… Ⅲ. ①贝叶斯方法 Ⅳ. ① F222.1

中国版本图书馆 CIP 数据核字（2022）第 222839 号

北京市版权局著作权合同登记 图字：01-2021-0131 号。

本书将贝叶斯方法、贝叶斯工具和常用软件很好地融合在一起，是一本很新颖的关于计算贝叶斯统计的简明教程。本书解释了支撑贝叶斯模型构建和分析的思想，特别侧重于计算方法和方案。本书的独特之处是对可用软件包（R/R-INLA、OpenBUGS、JAGS、Stan 和 BayesX）进行了广泛的讨论，并对贝叶斯推断进行了简短但完整且数学严谨的介绍，使得本书对来自非统计学领域的学生和研究人员十分友好。

出版发行：机械工业出版社（北京市西城区百万庄大街 22 号 邮政编码：100037）

策划编辑：刘 慧	责任编辑：刘 慧
责任校对：潘 蕊 王明欣	责任印制：常天培
版 次：2023 年 3 月第 1 版第 1 次印刷	印 刷：北京铭成印刷有限公司
开 本：186mm × 240mm 1/16	印 张：14.5
书 号：ISBN 978-7-111-72106-2	定 价：89.00 元

客服电话：（010）88361066
（010）68326294

前　言

1975 年，丹尼斯 · 林德利（Dennis Lindley）在 *Advances in Applied Probability*（《应用概率进展》）上发表了一篇题为“The future of statistics：a Bayesian 21st century”的文章，预测 21 世纪贝叶斯推断方法在统计学中的主导地位。今天，人们可以肯定地说丹尼斯 · 林德利的预测是正确的，但他给出的理由并不准确。他没有预料到关键因素是计算贝叶斯统计在 20 世纪最后十年取得的巨大进步。推断问题的“贝叶斯解决方案”极具吸引力，尤其在推断结果的可解释性方面。然而，在实践中，这种解决方案的推导，尤其是涉及积分的计算，在大多数情况下是多维的，如果不采用模拟，是很难或不可能实现的。或多或少的复杂计算方法的发展彻底改变了这种状况。如今，贝叶斯方法被用于解决几乎所有科学领域的问题，尤其是建模过程极其复杂的问题。然而，贝叶斯方法不能盲目应用。尽管存在许多用于贝叶斯分析的软件包，但研究者了解这些程序输出的内容及其原因至关重要。

本书的写作初衷源于第 22 届葡萄牙统计学会年会（XXII Congresso da Sociedade Portuguesa de Estatística）上的一个小型课程，旨在介绍贝叶斯模型构建和分析的基本思想，尤其侧重于计算方法和方案。

在第 1 章中，我们简要介绍了贝叶斯推断的基础，重点介绍了经典范式和贝叶斯范式之间的主要区别。不幸的是，作为贝叶斯推断的主要理论支柱之一，先验信息的设定在应用中经常被忽视。因此，我们在第 2 章回顾先验信息相关内容。在第 3 章中，我们用解析可解的例子来说明统计推断问题的贝叶斯解。计算贝叶斯统计发展背后的“伟大思想”是认识到贝叶斯推断可以通过后验分布的模拟实现。第 4 章介绍了计算问题的第一个解决方案——经典蒙特卡罗方法。模型验证是一个非常重要的问题，在贝叶斯背景下已有其自身的一套概念和问题。第 5 章简要回顾了评估、选择和比较模型最常用的方法。

比第 4 章中的基本问题更复杂的问题需要使用更复杂的模拟方法，尤其是马尔可夫链蒙特卡罗（Markov Chain Monte Carlo，MCMC）方法。第 6 章用尽可能简单的方法介绍了这些内容。第 7 章阐述了在高维情况下，当适当维度的模型选择不再有效时的模型选择问题。模拟的另一种替代方法是使用后验近似法，第 8 章介绍了相关内容。第 8 章以一种通用的方式描述了积分嵌套拉普拉斯近似（Integrated Nested Laplace Approximation，INLA）的使用，该方法在计算时间（通过几个因素）和所报告的推断汇总的精度等方面都取得了实质性改进。虽然适用于一大类问题，但与随机模拟相比，该方法受到更多限制。最后，第 9 章专门介绍了贝叶斯软件。借助 MCMC 方法进行后验模拟的可能性支持了 BUGS 软件的发展，这使得贝叶斯推断可以在许多科学领域的各种问题中使用。总体而言，技术的快速发展以及人们对海量数据集（“大数据”）处理的需求改变了统计的范式，这些数据通常是空间和时间类型的数据。因此，复杂高维数据问题的后验模拟已经成为一个新的挑战，它带来了新的、更好的计算方法和更优秀的软件，这些软件可以克服 BUGS 软件以及它的后继者（如 WinBUGS 和 OpenBUGS）的早期局限性。在第 9 章中，我们回顾了实现 MCMC 方法及其变化形式的其他统计数据包，如 JAGS、Stan 和 BayesX。这一章还简要介绍了如何实现 INLA 的 R 语言包 R-INLA。

在本书的编写过程中，我们主要参考了 Paulino、A. Turkman 和 Murteira 合著的 *Estatistica Bayesiana* 一书，该书由 Fundação Calouste Gulbenkian 于 2003 年出版。由于这本书在很久以前就已经售罄，因此，我们广泛使用了即将出版的该书第 2 版的前期工作内容，以及我们在 2013 年 10 月的葡萄牙统计学会（SPE）公报中发表的相关内容。

如果没有我们亲爱的朋友和同事 Giovani Silva 的宝贵建议和始终如一的支持，本书是无法以目前的形式呈现的。我们应该真诚地感谢他。我们还感谢葡萄牙统计学会提出了更广泛的贝叶斯统计主题，并有机会在该学会第 22 届会议上开设一个小型课程。我们还感谢里斯本大学理学院统计与运筹学系下属的统计和应用中心（PEst-OE/MAT/UI0006/2014，UID/MAT/00006/2013）和高等技术学院数学系提供的支持。我们还要感谢科学技术基金会多年来提供的各种项目支持，这使我们能够在贝叶斯统计领域积累相关的专业知识。

最后，我们想把这本书献给 Bento Murteira 教授，他对葡萄牙的贝叶斯统计领域的发展功不可没。事实上，本书的第 1 章在很多方面借鉴了他的写作风格。

目　录

第 1 章　贝叶斯推断

在讨论贝叶斯推断之前，我们先回顾统计的基本问题：“统计研究的根本问题是推断。通过对一个物理系统产生的一些数据进行观察，我们希望得到对这个系统的一个或多个未知特性的陈述和推断。”（O’Hagan，2010）。在对统计学的基础进行了更仔细的研究之后，我们发现了很多不同的思想学派。即使撇开那些统称为经典统计的学派不谈，还有若干学派，如客观和主观贝叶斯、信念推断、基于似然的方法等。⊖

这种多样性并不意外！从数据中推导出所需的关于参数和模型的推断是一个归纳问题，而归纳问题是哲学中最有争议的问题之一。每个学派都遵循自己的原则和方法来进行统计推断。Berger(1984)将此描述为：“统计需要一个‘基础’，我指的是一个分析框架，在这个框架内，任何统计调查都可以进行理论上的规划、执行和有意义的评估。‘任何’和‘理论上’这两个词是关键，因为该框架应适用于任何情况，但可能只在理论上可行。实际的困难或时间限制可能会妨碍完全(甚至部分)利用这种框架，但至少可以知道发现‘真相’的方向。”与那些主流竞争对手(如与经典推断)相比，贝叶斯推断的基础更容易理解。 1

1.1　经典范式

经典统计学试图从一个样本开始对一个总体进行推断。令 x(或 $x=(x_1,x_2,\cdots,x_n)$，其中 n 为样本量)表示数据。可能样本 x 的集合 $\mathcal{X}$ 被称为样本空间，通常记为 $\mathcal{X}\subseteq\mathbb{R}^n$。经典推断的基础是对样本间变异性的识别，请记住，观测到的数据只是可能观测到的许多——可能是无限多——数据集中的一个。数据的解释不仅取决于观测数据，还取决于对产生观测数据的过程提出的假设。因此，数据被视为具有 F_θ 分

⊖ 主观贝叶斯本质上是本书的主题。除了这些学派之外，甚至还有半贝叶斯学派，这一学派接受使用先验信息，但认为概率演算不足以将先验信息与数据结合起来，而应该用因果推断的概念来代替。

布的随机变量或随机向量 X 的一个实现，而分布当然不是完全已知的。然而，对所考虑的机会实验的性质，通常有一些知识(理论上的考虑、实验证据等)，允许人们推测 F_θ 是分布 $\mathcal{F}$ 族的一员。这个分布族就成为 X 的统计模型。模型的假设也称为模型设定，是建立所需推断的重要部分。

假设 X 是连续随机变量或随机向量，通常使用相应的密度函数来表示分布 $\mathcal{F}$。当密度函数在参数空间 Θ 中用参数 θ 来索引时，模型可以写成 $\mathcal{F}=\{f(x \mid \theta),\ x\in\mathcal{X}\colon \theta\in\Theta\}$。在很多情况下，$n$ 个变量 $(X_1,X_2,\cdots,X_n)$ 被认为是以 θ 为条件独立的，统计模型可以写成 X_i，$i=1,2,\cdots,n$ 的边缘密度形式：

$$\mathcal{F}=\left\{f(x \mid \theta)=\prod_{i=1}^{n} f_i(x_i \mid \theta):\theta \in \Theta\right\},\quad x \in \mathcal{X}$$

且 $f_i(\cdot \mid \theta)=f(\cdot \mid \theta)$，$i=1,2,\cdots,n$，如果此外还假定变量 X_i 为同分布的。后者通常被称为随机抽样。

除了建模和参数化的任务，经典推断还包括许多方法用来提取最能代表总体模型的特征的相关结论，并试图回答以下问题：(1) 数据 x 是否与族 $\mathcal{F}$ 相容？(2) 假设设定是正确的，并且数据是由 $\mathcal{F}$ 族中的一个模型生成的，那么对于“恰当地”描述所研究现象的分布 F_θ 的索引参数 θ_0，可以得出什么结论？

2 经典方法(也称为频率法)是根据重复抽样的原则进行评估的，也就是说，关于在同等条件下假设进行无限多次重复实验的性能。这一原则的一个方面是使用频率作为不确定性的度量，也就是说，对概率的一个频率解释。参见保利诺等对概率的这种解释(Paulino，2018)和其他解释的综述。

对于参数推断，在回答上述问题(2)时，首先需要考虑点估计问题，大体上是这样一个问题：给定样本 $X=(X_1,X_2,\cdots,X_n)$，如何通过一个估计器 $T(X_1,X_2,\cdots,X_n)$ 来“猜测”、估计或近似真实值 θ。这个估计器应具有所需的性质，如无偏性、一致性、充分性、效率等。

例如，对于 $\mathcal{X}\equiv\mathbb{R}^n$，我们称基于一个随机样本的估计器 $T(X_1,X_2,\cdots,X_n)$ 是居中的或无偏的，如果

$$E\{T \mid \theta\}=\int_{\mathbb{R}^n} T(x_1,x_2,\cdots,x_n)\prod_{i=1}^{n} f(x_i \mid \theta)\,\mathrm{d}x_1\mathrm{d}x_2\cdots\mathrm{d}x_n=\theta,\quad \forall\,\theta \in \Theta$$

这是一个与重复抽样原理相关的性质，这一点可以从它包含样本空间上(在本例中为 $\mathbb{R}^n$)的积分这一事实看出。考虑到只有当我们设想 n 个随机变量 $(X_1,X_2,\cdots,X_n)$ 的抽

样过程或观测值是无限多次重复时，整个空间才是相关的。换言之，重复抽样原理隐含着对整个样本空间中可能发生的情况的考虑。

参数推断通常采用置信区间的形式。不是为 θ 提出一个单一的值，而是指出一个区间，其端点是样本的函数，如下所示

$$(T^*(X_1,X_2,\cdots,X_n),T^{**}(X_1,X_2,\cdots,X_n))$$

并且以一定的概率覆盖真实的参数值，这一概率极可能很高（通常称为置信水平），

$$P\{T^*(X_1,X_2,\cdots,X_n)<\theta<T^{**}(X_1,X_2,\cdots,X_n)\mid\theta\}=1-\alpha$$

其中 $0<\alpha<1$，这个表达式先验地将覆盖未知值 θ 的概率转换为一个随机区间（T^*，T^{**}），其上、下界是（$X_1,X_2,\cdots,X_n$）的函数，因此也是随机变量。然而，一旦观测到（即后验）特定样本是 n 个实数值，（$x_1,x_2,\cdots,x_n$），这个区间就成为实数轴上的一 3
个特定区间（此时上、下界是实数），

$$(T^*(x_1,x_2,\cdots,x_n),T^{**}(x_1,x_2,\cdots,x_n))$$

和概率（其中 $0<\alpha<1$）

$$P\{{}^*T(x_1,x_2,\cdots,x_n)<\theta<T^{**}(x_1,x_2,\cdots,x_n)\mid\theta\}=1-\alpha$$

已经没有意义了。实际上，一旦 θ 具有未知但固定的值，这个概率只会是 1 或 0，取决于 θ 的真实值是否在下面的实区间内：

$$(T^*(x_1,x_2,\cdots,x_n),T^{**}(x_1,x_2,\cdots,x_n))$$

当然，由于 θ 是未知的，我们就不知道哪种情况适用。然而，一个经典统计学家接受概率论的频率解释，并以如下方式引用重复抽样原理：如果一个人想象抽样和推断过程（每个样本有 n 个观测值）重复了很多次，那么在重复的（$1-\alpha$）100%中，数值区间将包含 θ 的值。

经典统计推断的另一个例子是参数假设检验。在科学研究的过程中，人们经常在某一理论的背景下遇到关于一个（或多个）参数的值的假设的概念，例如符号

$$H_0:\theta=\theta_0$$

这就提出了以下的基本问题：数据（$x_1,x_2,\cdots,x_n$）支持还是不支持前面提出的假设？此假设在传统上被称为零假设。在这里，如果我们遵循奈曼-皮尔逊理论（Neyman-Pearson），经典的解决方案同样是基于重复采样原理的。它的目的是找到一个拒绝域 W（判别区域），定义为样本空间的子集 $W\subset\mathcal{X}$，使得

$$(X_1,X_2,\cdots,X_n)\in W\Rightarrow \text{拒绝 } H_0$$

$$(X_1,X_2,\cdots,X_n)\notin W\Rightarrow \text{拒绝 } H_0 \text{ 失败}$$

该方法旨在控制第一类误差的概率，

$$P\{(X_1,X_2,\cdots,X_n)\in W \mid H_0 \text{ 为真}\}$$

且最小化第二类误差的概率，

4 $$P\{(X_1,X_2,\cdots,X_n)\notin W \mid H_0 \text{ 为假}\}$$

第一类误差相关的判别区域等于某个值，比如说 0.05，意味着什么？当一个特定的观测值落在判别区域时，我们无法知道是一个假的还是一个真的假设被拒绝，从而导致假设被拒绝。然而，经典统计学家确信，在大量重复的情况下，如果假设是真的，那么只有 5%的情况下观测值会落在拒绝域中。第二类误差相关的判别区域等于某个值，比如说 0.10，又意味着什么？类似地，当一个特定的观测值不在拒绝域，因此假设没有被拒绝，那么我们就无法知道接受的是一个真的还是一个假的假设。经典统计学家确信，在整个过程的大量重复下，且事实上假设为假时，只有 10%的情况是观测值不会落入拒绝域。

在后续讨论中，我们假定读者对经典推断如何逼近估计和假设检验等问题，至少熟悉其最基本方面，因此这里不再详细讨论。

1.2 贝叶斯范式

对林德利来说，Kuhn(1962)用贝叶斯范式取代经典范式代表了一场真正的科学革命。理查德·普赖斯(Richard Price)最早种下了用贝叶斯方法解决推断问题的种子。1763 年，在他去世后，其著作 *Rev* 出版了。托马斯·贝叶斯(Thomas Bayes)发表了题为《论机会论中求解问题的方法》(“An Essay towards Solving a Problem in the Doctrine of Chances”)的文章。将概率解释为一种信念度由来已久，包括 J·伯努利(J. Bernoulli)在 1713 年出版的著作《猜度术》(*Ars Conjectandi*)，这也是贝叶斯哲学的基础。第一个将概率定义为给定命题真实性的信念度的学者是德摩根(De Morgan)，他在 1847 年出版的《形式逻辑》(*Formal Logic*)中指出：(1) 概率确定为一种信念度；(2) 信念度是可以度量的；(3) 信念度可以通过一组特定的判断来确定。信念度系统的一致性概念似乎是由拉姆齐(Ramsey)提出的，对拉姆齐来说，当一个人对一个给定命题的真实性下注时，这个行为与他对该命题的信念度有关。如果一个人把胜算或可能性（或机会）——对真实性或非真实性的支持——表示成r：s，那么他对命题的信念度为$r/(r+s)$。拉姆齐认为，对于一个逻辑清晰的人，如果对给定命题下注会 5
产生一定损失，是不可以接受的。然而，个人概率概念的最积极倡导者是德费尼蒂（de Finetti）。在讨论贝叶斯范式及其在统计学中的应用时，我们还必须引用哈罗德·杰弗里斯（Harold Jeffreys）的话，他对 20 世纪中叶占主导地位的经典主义提出挑战，除了招致反对，还努力复兴了贝叶斯主义，给出了其逻辑基础，并为他那个时代的统计推断问题提出了解决方案。从那时开始，贝叶斯学者的数量迅速增长，这里无法提及所有的人，但最有影响力的人也许是古德（Good）、萨维奇（Savage）和林德利。

众所周知，贝叶斯定理是关于条件概率的一个命题。它只是一个概率演算问题，因此不受任何质疑的影响。只有在统计推断问题的应用中它会引起一些争议。贝叶斯定理显然在贝叶斯推断中起着核心作用，它与经典推断有着本质区别。在经典模型中，参数$\theta(\theta\in\Theta)$是未知但固定的量，即索引抽样模型或分布族$\mathcal{F}$的特定值，而抽样模型或分布族“恰当地”描述了生成数据的过程或物理系统。在贝叶斯模型中，参数$\theta(\theta\in\Theta)$被视为不可观测的随机变量。在贝叶斯观点中，任何未知量（在这种情况下即参数θ）都是不确定的，而所有不确定量都是用概率模型描述的。与此观点相关的是，贝叶斯学者会认为初始信息或称先验信息——在特定实验之前或外部被确定的，但因太重要而不能被忽略——必须被转换为θ的概率模型，即$h(\theta)$，被称为先验分布。先验分布的引出和解释是贝叶斯理论中最具争议的部分。

$\mathcal{F}$族也是贝叶斯模型的一部分；也就是说，抽样模型是经典范式和贝叶斯范式的一个共同部分，但在后者中，$\mathcal{F}$的元素$f(x\mid\theta)$一般也假定具有一个主观解释，类似$h(\theta)$。

先验分布的讨论表明了贝叶斯学者和经典统计学家之间分歧的一些方面。早期学者，如贝耶，通常认为对$\mathcal{F}$族的主观选择是对先验信息而非先验分布的更激进的使用。有些人会补充说：在建模过程中，经典统计学家也使用先验信息，尽管是以非常非正式的方式。在贝叶斯范式下，先验信息的这种非正式使用是非常重要的，这将要求研究者的初始或先验信息正式表示为随机变量θ的概率分布。经典统计学 6
家认识到了$\mathcal{F}$的建模和$h(\theta)$的设定之间的一个重要区别。在前面的例子中，一个由$\mathcal{F}$的成员生成的数据集$x=(x_1,x_2,\cdots,x_n)$可以用于测试假设的分布。

为了理解贝叶斯观点，回想一下，对于一个经典统计学家来说，所有涉及二项随机变量 X 的问题都可以转化为一个具有未知参数 θ 的伯努利模型，该参数表示一个“成功”的概率。对于贝叶斯学者来说，每一个问题都是独一无二的，都有自己的真实背景，θ 是其中一个重要的量，一般来说，对该参数的认知水平因研究者和问题而异。因此，捕捉这种变异性的概率模型是基于先验信息的，并且对给定的问题和研究者是特定的。事实上，先验信息包括个人判断和各种类型的经验，这些判断和经验通常来自不可复制的情况，因此只能以主观方式加以形式化。这种形式化要求研究者遵守一致性条件，以允许使用概率演算。然而，不同的研究者一般而言可以在不违背一致性条件的前提下对同一参数使用不同的先验分布。

假定我们观测到 $X=x$，给定某个 $f(x \mid \theta) \in \mathcal{F}$ 和一个先验分布 $h(\theta)$。那么贝叶斯定理意味着⊖：

$$h(\theta \mid x) = \frac{f(x \mid \theta)h(\theta)}{\int_{\theta} f(x \mid \theta)h(\theta)\,\mathrm{d}\theta}, \quad \theta \in \Theta \tag{1.1}$$

其中，$h(\theta \mid x)$ 是观测到 $X=x$ 后的 θ 的后验分布。这里，研究者的初始信息是由 $h(\theta)$ 刻画的，通过观测数据修正，更新为 $h(\theta \mid x)$。式(1.1)中的分母表示 $f(x)$，是 X 的边缘(或先验预测)分布；也就是说，是对于 X 的一个观测值的，而不论 θ 取什么值。

似然函数的概念出现在经典推断的语境中，在贝叶斯的语境中同样重要。关于其定义，很容易区分离散和连续情况(Kempthorn 和 Folks，1971)，但是这两种情况都会导致如下 θ 的函数：

$$\begin{aligned} &L(\theta \mid x) = kf(x \mid \theta), \quad \theta \in \Theta \text{ 或者} \\ &L(\theta \mid x_1, x_2, \cdots, x_n) = k\prod_i f(x_i \mid \theta), \quad \theta \in \Theta \end{aligned} \tag{1.2}$$

这表示对于每个 $\theta \in \Theta$，在观测到 $X=x$ 或 $(X_1=x_1, X_2=x_2, \cdots, X_n=x_n)$ 时其似然性或可
7 能性。符号 k 表示一个不依赖于 θ 的因子。似然函数(它不是一个概率，因此，例如，似然性相加是没有意义的)在贝叶斯定理中起着重要作用，因为用数据 x 更新关于 θ 的先验知识是通过它来进行的；也就是说，似然性可以解释为由数据 x 提供的关于 θ 的量化信息。

⊖ 如果 x 是一个向量或者参数空间是离散的，那么就很容易调整。

总之，对于一个贝叶斯学者，后验分布通过贝叶斯定理包含了关于参数的所有可用信息：

$$\text{先验信息+样本信息}$$

这说明所有贝叶斯推断都是基于 $h(\theta \mid x)$（或 $h(\theta \mid x_1, x_2, \cdots, x_n)$）的。

当 θ 是参数向量时，即 $\boldsymbol{\theta}=(\gamma,\ \phi)\in\Gamma\times\Phi$ 时，可能会出现这样的情况，即所需的推断被限制到 $\boldsymbol{\theta}$ 的某个子向量，比如说 γ。在这种情况下，与经典范式相比，在贝叶斯范式下消除多余参数 ϕ 总是遵循相同的原则，即通过联合后验分布的边缘化来实现：

$$h(\gamma \mid x) = \int_\Phi h(\gamma, \phi \mid x)\,\mathrm{d}\phi = \int_\Phi h(\gamma \mid \phi, x) h(\phi \mid x)\,\mathrm{d}\phi \tag{1.3}$$

当 γ 和 ϕ 是先验独立的且似然函数分解为 $L(\boldsymbol{\theta} \mid x) = L_1(\gamma \mid x)\times L_2(\phi \mid x)$ 时，得出 $h(\gamma \mid x) \propto h(\gamma) L_1(\gamma \mid x)$，边缘分布的解析求解中可能存在的困难就消失了。

1.3 贝叶斯推断

在贝叶斯方法中，区分下面两个目标是非常方便的：（1）未知参数 θ 的推断；（2）对未来数据的推断（预测）。

1.3.1 参数推断

在参数推断情况下，我们发现经典目标和贝叶斯目标之间在表面上达成了某种一致，尽管两种方法在实现上是不同的。一方面，经典推断是基于不同样本 x 所关联的概率，这些样本可以在某个固定但未知的 θ 值下观测到。也就是说，推断是基于抽样分布的，这种抽样分布概率上“衡量”了变量 X 或统计量 $T(X)$ 在样本空间 8
中可以假设的值。另一方面，贝叶斯推断基于主观概率或与参数 θ 的不同值关联的后验置信度，并以特定的观测 x 值为条件。重点是 x 是固定且已知的，θ 是不确定的。

例如，一旦观测到 x，当问及假设 $\{\theta\leqslant 0.5\}$ 时，一个贝叶斯学者会通过基于 $h(\theta \mid x)$ 计算 $P(\theta\leqslant 0.5 \mid x)$ 来直接解决此问题，即不抛开概率演算。相反，一个经典统计学家不会直接回答这个问题。例如，假设 H_0：$\theta\leqslant 0.5$ 以 5%这样的显著性水平被拒绝并不意味着其概率小于 0.05，但如果假设 H_0 是真的（即如果事实上是 $\theta\leqslant 0.5$），那么 X 落入给定拒绝域 W 的概率将是 $P(X\in W \mid \theta\leqslant 0.5)<0.05$，如果事实

上 $x \in W$，那么这个假设就被拒绝。

用奥哈根的话来说(O'Hagan，2010)，虽然贝叶斯学者可以陈述参数的概率，将其视为随机变量，但对于一个经典统计学家来说，这是不可能的，因为他在数据上使用概率，而不是在参数上使用概率，并且需要重述这些概率，使得它们似乎说明了有关参数的一些东西。这个问题还涉及对样本空间的不同看法。对于一个经典统计学家来说，样本空间的概念是最基本的，因为重复抽样将会探索整个空间。贝叶斯学者首先反对对重复抽样的依赖，并断言只有实际观测值 x 是有意义的，而不是 x 所属的空间，这个空间可以是完全任意的，并且除了 x，它还包含一些可以观测到但并未观测到的值[㊀]。

在估计问题中，一个经典统计学家对数据的函数——估计器——有几种选择，其抽样特性已被从不同角度(一致性、无偏性等)进行了研究。对于一个贝叶斯学者来说，只有一个估计器，即后验分布 $h(\theta \mid x)$。当然，人们可以用不同的方式总结这种分布，如使用众数、平均值、中位数或方差等。但这与经典统计学家面临的问题无关，他们必须找到所谓的最优估计器。对于贝叶斯学者来说，这样的问题只存在于决策理论的语境中，在这一领域中，贝叶斯观点比经典观点具有明显的优势。与
9 此相关的是，萨维奇声称，在过去几十年中，确定性的核心问题正在从“应该报告哪种推断”转向“应该做出哪种决定”。在独立决策已被一些哲学家认为过时的同时，我们也看到了贝叶斯方法在群体决策背景下的复兴。

在贝叶斯方法中，置信区间被可信区间(或区域)代替。给定 x，一旦确定了后验分布，我们就可以找到一个参数 θ 的可信区间(目前假设是一个标量)。区间由 θ 中的两个值组成，比如说 $[\underline{\theta}(x), \overline{\theta}(x)]$，或更简单的 $(\underline{\theta}, \overline{\theta})$，使得

$$P(\underline{\theta}<\theta<\overline{\theta} \mid x)=\int_{\underline{\theta}}^{\overline{\theta}} h(\theta \mid x)\,\mathrm{d}\theta=1-\alpha \tag{1.4}$$

其中 $1-\alpha$(通常为0.90、0.95或0.99)是所需的可信度。如果 $\Theta=(-\infty, +\infty)$，那么一种构造可信区间(在本例中为中心可信区间)的一种方法是基于后验分布的尾部，使得

$$\int_{-\infty}^{\underline{\theta}} h(\theta \mid x)\,\mathrm{d}\theta=\int_{\overline{\theta}}^{+\infty} h(\theta \mid x)\,\mathrm{d}\theta=\frac{\alpha}{2} \tag{1.5}$$

㊀ 样本空间的不相关性也导致了关于停止规则的相同问题，Mayo 和 Kruse(2001)在回忆阿米蒂奇(Armitage)时指出，这可能给贝叶斯学者带来问题。

式(1.4)有一个尴尬的暗示：区间$(\underline{\theta}, \overline{\theta})$不是唯一的。甚至有可能出现报告的区间内的 θ 值比同一区间外的 θ 值可信度低的情况。因此，为了继续选择满足式(1.4)且同时是最小的区间，贝叶斯学者倾向于使用最高后验密度(Highest Posterior Density，HPD)可信集合 $A=\{\theta: h(\theta \mid x_1, x_2, \cdots, x_n) \geqslant k(\alpha)\}$，其中 $k(\alpha)$是满足 $P(A) \geqslant 1-\alpha$ 的最大实数值。对于单峰型的后验，该集合成为一个 HPD 可信区间。

可信集合具有一个直接的概率意义解释。但置信区间的情况却并非如此，它们基于的概率与 θ 无关，而与数据相关；更具体地说，它们是基于一般样本的随机区间，并且在观测到特定样本之后，通过得到的数值区间，成为覆盖未知值 θ 的置信区间。一般来说，这不能解释为 θ 的概率或可信度。除了置信区间(或区域)理论的其他关键方面，还有 Lindley(1990)的讽刺评论，他声称知道各种概率公理——例如萨维奇、德费尼蒂或柯尔莫戈洛夫(Kolmogorov)提出的公理——但没听说过置信区间的公理化定义。 10

例如，当一个贝叶斯学者研究复合假设 H_0：$\theta \in \Theta_0$ 和一个复合备择假设 H_1：$\theta \in \Theta_1$，其中$\Theta_0 \cap \Theta_1 = \phi$，$\Theta_0 \cup \Theta_1 = \theta$，他会使用 θ 上的概率进行表达。当研究者拥有一个分布 $h(\theta)$，且 $\theta \in \Theta$，该分布表示归因于不同参数值的初始可信度，那么他的竞争假设的先验概率就可以由下式决定：

$$P(\Theta_0) = \int_{\Theta_0} h(\theta)\,\mathrm{d}\theta, \quad P(\Theta_1) = \int_{\Theta_1} h(\theta)\,\mathrm{d}\theta$$

$P(\Theta_0)/P(\Theta_1)$称为 H_0 对 H_1 的先验几率。在实验得出观测值 x 及确定 $h(\theta \mid x)$后，贝叶斯统计学家通过下式计算相应的后验概率：

$$P(\Theta_0 \mid x) = \int_{\Theta_0} h(\theta \mid x)\,\mathrm{d}\theta, \quad P(\Theta_1 \mid x) = \int_{\Theta_1} h(\theta \mid x)\,\mathrm{d}\theta$$

结果通常也是 H_0 对 H_1 的后验几率，即 $P(\Theta_0 \mid x)/P(\Theta_1 \mid x)$。因此，我们可以说，在贝叶斯框架中，推断结果与其说是接受或拒绝假设 H_0——与在奈曼-皮尔逊框架中一样——不如说是更新归因于竞争假设的似然性。通过下式，贝叶斯推断可以描述为一个比较后验几率和先验几率的方法：

$$B(x) = \frac{P(\Theta_0 \mid x)/P(\Theta_1 \mid x)}{P(\Theta_0)/P(\Theta_1)} \tag{1.6}$$

称为支持 H_0(或Θ_0)的贝叶斯因子。贝叶斯因子量化了数据 x 中有利于 H_0 的证据。当然，贝叶斯因子越大，后验几率相对于先验几率的增长就越大，因此数据对假设

H_0 的支持也就越大。一般来说，贝叶斯因子取决于先验分布，并且可以表示为一个似然比，似然比是通过 Θ_0 和 Θ_1 上相应假设的先验条件分布加权的[可参见 Paulino 等(2003)]。从这个意义上讲，不能说贝叶斯因子仅基于数据来衡量对 H_0 的支持程度。

当关于 θ 的假设对由 H_0：$\theta=\theta_0$ 定义的点特定时，对贝叶斯因子或后验几率的求值要求先验分布在避免 H_0 概率为零的意义上与这个假设是一致的，这就意味着一般
11 来说先验分布是一个混合模型。贝叶斯学者(如杰弗里斯)认为这种含义是很自然的，其论点是先验分布需要整合竞争假设陈述中内在的概率判断——在此情况下归为 θ_0 的重要性，而不是 θ 的其他值。

其他的一些贝叶斯学者，如林德利和泽尔纳(Zellner)，则主张采用不同的方法，采用点假设的陈述不干扰先验分布的方式，这与经典显著性检验有某种形式的相似。他们的方法可以描述为在 θ_0 值的后验下相对似然性的量化，这是通过评估 $P=P(\theta\notin R_0(x)\mid x)$ 来完成的，其中 $R_0(x)=\{\theta\in\Theta\colon h(\theta\mid x)\geqslant h(\theta_0\mid x)\}$ 是包含 θ_0 的最小 HPD 区域。H_0 的后验相对似然性 P 的大(小)值，是支持(反对)该假设的证据。

贝叶斯方法的基本工具和联合模型 $M=\{f(x\mid\theta)h(\theta),\ x\in\mathcal{X},\ \theta\in\Theta\}$ 用于实现推断的方式已经表明了，在绝对意义上评估一个假设模型充分性的问题，可能在经典拟合优度检验所保证的波普尔(Popper)(拒绝/不拒绝)意义上没有答案。

如果可以将模型 M(或其一部分)扩展到一个更大的族，该族包含作为未知量的真实模型，并且允许在其中比较模型，则可以使用贝叶斯因子。否则，我们只能在一类适当定义的竞争模型的语境中，为参考模型的相对分析定义模型充分性的各种度量(见第 5 章)。这种选择的这种不令人满意的性质，已经导致一些统计学家只在基本模型没有受到质疑时才为贝叶斯方法辩护，Gillies(2001)将这种情况称为理论框架的固定性。

1.3.2　预测推断

许多贝叶斯学者认为推断不应局限于关于不可观测参数的陈述。他们注意到，参数推断的尴尬之处在于参数的真实值很少为人所知，因此这种推断很少能与实际进行比较。对于像林德利这样的贝叶斯学者来说，最基本的问题是从一组观测值 $(x_1,x_2,\cdots,x_n)$(昨天)开始，用(主观)概率推断出关于一组未来观测值 $(x_{n+1},x_{n+2},\cdots,$

x_{n+m})(明天)的结论。

为了便于解释，我们假设 $m=1$，且 $n+1$ 个随机变量 $X_1, X_2, \cdots, X_n$，X_{n+1} 是独立同分布的，给定 θ 及其概率密度函数 $f(x \mid \theta)$。问题是在观测($X_1=x_1$，$X_2=x_2, \cdots$，$X_n=x_n$)之后预测随机变量 X_{n+1}。尝试用抽样模型 $f(x \mid \theta)$ 预测 X_{n+1}，我们面临两个随机性来源：(1) 与 X_{n+1} 是随机变量有关的不确定性；(2) 不确定性对 θ 的影响。例如，如果我们用极大似然估计器 $\hat{\theta}=\hat{\theta}(x_1, x_2, \cdots, x_n)$ 来估计 θ，并且将公式 $P(a < X_{n+1} < b \mid x_1, x_2, \cdots, x_n) \cong \int_a^b f(x \mid \hat{\theta}) \mathrm{d}x$ 作为事件 $a<X_{n+1}<b$ 的概率估计，那么这个表达式忽略了用估计值替代参数的随机性。然而，这两种类型的随机性都需要进入预测过程。因此，用估计值替代抽样模型(插入过程)中未知参数的方法应该有一些注意事项。 12

尽管预测问题的经典解决方案涉及的远不止这些(Amaral Turkman，1980)，但仍然可以说贝叶斯解决方案更简洁。如果我们只有先验信息，形式化为先验分布 $h(\theta)$，那么可以使用的自然工具就是已经讨论过的边缘分布或先验预测分布 $f(x)$。更有趣的情况是我们观测到 $x=(X_1=x_1, X_2=x_2, \cdots, X_n=x_n)$，并希望预测 X_{n+1}，假设 θ 上的条件为后者独立于先前的观测值(预测问题($x_{n+1}, x_{n+2}, \cdots, x_{n+m}$)差异不是很大)。使用一个完全概率的论证，我们得到 $f(x_{n+1} \mid x)=\int_\theta f(x_{n+1} \mid \theta)\, h(\theta \mid x) \mathrm{d}\theta$，其中后验分布代替了先验分布，作为对给定样本信息的表示。然后，我们可以报告该预测分布的概要，包括样本空间中任意区域的概率，该样本空间是对 X_{n+1} 或任何预先确定的概率 $P(a < X_{n+1} < b \mid x)=\int_a^b f(x_{n+1} \mid x) \mathrm{d}x_{n+1}$ 的值 $a=a(x)$ 和 $b=b(x)$ 的，然后它就确定了一个预测区间(如果需要的话可为 HPD 类型的)。

1.4 结论

总之，从贝叶斯观点来看：

- 统计推断的经典方法是通过归纳方法进行的，例如置信区间的概念，并没有被直接解释为概率。Jaynes(2003)强烈批评了直接使用概率解释进行推断的困难和不可能性——参数 θ 本身甚至不被视为随机变量。

13 • 在贝叶斯方法下，所有推断都可以从概率演算的逻辑应用中推导出。贝叶斯统计推断不依赖于任何不能从概率演算规则，特别是不能从贝叶斯定理推导出的结果。正如 O'Hagan(2010)所说："概率论是一个完全自洽的系统。任何概率问题都有一个且只有一个答案，尽管可以有许多方法来推导它。"

我们很容易回想到一些不采取极端立场的言论，例如 Dawid(1985)，他除了承认自己明显倾向于贝叶斯理论，还说没有任何统计理论，包括贝叶斯理论，能完全令人满意。今天，一些统计学家所争论的观点并不是像萨维奇所主张的完全贝叶斯观点，而是 Wasserman(2004)所持的一种折中观点，他认为，总的来说，将先验判断与数据相结合自然是通过贝叶斯方法完成的，但是，要构造在重复观测下保证长期良好结果的方法，就需要借助频率论方法。

习题

1.1 假定在旧金山有 N 辆缆车，从 1 到 N 编号。你不知道 N 的值，因此它是一个未知参数。N 上的先验分布是一个均值为 100 的几何分布，即

$$h(N)=\frac{1}{100}\left(\frac{99}{100}\right)^{N-1}$$

$N=1,2,\cdots$。你随机看到一辆缆车其编号为 $x=203$。假定 x 等于随机选择的缆车上的编号数值，且具有概率分布 $f(x \mid N)=1/N$ 对 $x=1,\cdots,N$ 和 $f(x \mid N)=0$ 对 $x>N$。

a. 给出后验分布 $h(N \mid x)$。给出 N 的贝叶斯估计，即 N 的后验均值，以及 N 的后验标准差(使用几何序列 $\sum_{x=k}^{\infty} a^x$ 的结果，或使用数值逼近)。

b. 给出一个 N 的 95% HPD 可信度区间(可能无法精确匹配 95%，尽量接近即可)。

1.2 记录 $n=6$ 个水样本(体积相同)中的细菌数(y_i)，我们发现 $y_i=2$，3，8，6，4，1(你可能需要 $S=\sum y_i=24$)。假设 $y_i(i=1,\cdots,N)$服从均值为 θ 的泊松分布是合理的。

14 同时假设对参数 θ 先验 $h(\theta)\propto 1/\sqrt{\theta}$(这是一个所谓的非正常先验——更多讨论见第 2 章)。

a. 给出后验分布 $h(\theta \mid y)$，并说明如何获得 θ 的 95%可信区间。

b. 假设现在你获知在上述实验中只记录了非零结果，因此 $y_i(i=1,\cdots,6)$的正确分布是由下式给出的截断泊松分布：

$$f(y \mid \theta)=\frac{e^{-\theta}\theta^{y}}{y!\ (1-e^{-\theta})},\quad y=1,2,\cdots$$

(i) 写出似然函数和后验函数(使用与之前相同的先验)，最多相差一个常数。

(ii) 通过数值积分给出一个 95%的可信区间(之前的后验不再是允许对可信区间进行解析评估的简单形式)。

1.3 假设等待公共汽车的时间服从参数为 θ 的指数分布。我们有一个观测值 $x=3$。假设 θ 只能取 5 个值中的一个，$\Theta=\{1,2,3,4,5\}$，先验概率 $h(\theta)\propto 1/\theta$，$\theta\in\Theta$。

a. 给出后验众数(MAP)、后验标准差 $SD(\theta \mid x)$ 和估计量的(频率论)标准差，即 $SD(MAP \mid \theta)$。

b. 给出一个 60% HPD 可信区间 $A=(\theta_0, \theta_1)$，即找到 $P(A \mid x)\geqslant 0.6$ 的最短区间 A。

c. 给出 $h(\theta \mid x, \theta\geqslant 2)$，即给出当我们知道 $\theta\geqslant 2$ 时 θ 的后验分布。

d. 给出 $\theta\geqslant 2$ 时的条件后验众数MAP_0、条件后验标准差 $SD(\theta \mid x, \theta\geqslant 2)$ 及估计量的(频率论)标准差 $SD(MAP_0 \mid \theta)$。

与(a)中的答案进行比较并进行讨论。

e. 你如何验证选择先验分布 $h(\theta)\propto 1/\theta$ 的合理性?

1.4 你的朋友总是用一枚特定的硬币来和你玩“正面还是反面”游戏，你对这个硬币游戏是否公正有质疑。令 θ 表示正面的概率，你想要检验 H_1: $\theta<0.5$ 对 H_2: $\theta=0.5$ 对 H_3: $\theta>0.5$。指定一个先验概率 1/2，即硬币是无偏的，令其他两个假设等概率，即 $p(H_2)=0.5$，$p(H_1)=p(H_3)=0.25$。在 H_1 和 H_3 下 θ 的先验分布是均匀的。也就是说，$h(\theta \mid H_1)=U(0, 0.5)$，$h(\theta \mid H_3)=U(0.5, 1)$。假设你观测到 $n=1$ 次掷硬币。令 $x_1\in\{0, 1\}$ 表示“正面”的指示函数。

a. 给出三种假设下的第一次投掷的预测分布(即边缘分布)，即给出 $p(x_1=1 \mid H_1)$、$p(x_1=1 \mid H_2)$和 $p(x_1=1 \mid H_3)$。 15

b. 给出第一次投掷的预测分布 $p(x_1=1)$。

c. 仍然使用来自一次掷硬币的数据 x_1，给定 $x_1=1$。

(i) 给出 H_1 对 H_2 以及 H_3 对 H_2 的贝叶斯因子。

(ii) 给出硬币无偏时的后验概率。

(iii) 一般来说，用无信息的均匀先验 $h(\theta)\propto c$ 来计算贝叶斯因子是没有意义的(因为 c 的选择是任意的)。为什么在这里是可以的? 16

第2章　先验信息表示

推断过程的机制要求恰当地指明所有基本要素。第一个是抽样模型，它可以解释数据(以或多或少的精度)，因为数据来自一些我们希望分析的实验或观测过程。这个模型包含了一组未知方面，有关这些方面的先验信息应包含在分析中，无论这些信息是多么模糊或重要，它们都需要以某种方式表示和量化。

表示先验信息的过程往往因涉及需要引出的主观因素而变得复杂。我们在这里针对两种情况讨论这个问题：

- 第一种情况是没有可用的先验信息，既无客观信息也无主观信息(有时称为“先验无用”)，或者先验知识相对于抽样模型的信息意义不大(“模糊的”或“不清楚的”先验信息)。我们回顾一些主要的方法来推导先验分布，这些先验在某种意义上信息性是非常小的，这通常被称为**无信息先验**。
- 第二种情况假设存在一个方便的参数族，然后通过为所需分布精心抽取的汇总度量来选择该族的一个成员。这种抽取过程的一个例子出现在 Paulino 等(2003)讨论的医学推断问题中。这就是所谓的**自然共轭先验**的背景。这种先验也可以用来生成非正常的无信息先验。从这个意义上讲，它与第一种情况密切相关。

关于先验规范和其他生成模糊先验或引出主观先验的方法问题的更多讨论，请
17 参见 O'Hagan(2010)、Kass 和 Wasserman(1996)以及 Paulino 等(2018)的著作。

2.1　无信息先验

无信息先验曾被广泛地解释为无知的形式表达，但如今的趋势是接受它们作为常规的默认选择(由于对无知缺乏特有的客观表达)，当先验信息的不足导致难以获得足够的主观先验时可以使用它们。与其解释无关，即使存在很强的先验信念，这种分布仍然可以起到参考作用：

- 当我们只有很少的初始知识时，可用它们推导出后验信念，即当样本提供了关于参数的绝大多数信息，并且主观上很难确定合理的分布时；
- 允许与“仅”使用(全部或部分)样本信息的经典推断进行比较；
- 通过与默认先验下的推断进行比较，来评估描述了实际可用信息的主观先验分布对推断的影响。

我们回顾一些使用最为广泛的构造这种先验分布的方法。

贝叶斯-拉普拉斯方法

该方法基于“不充分理性原则”，在没有先验信息的情况下，采用等概率的思想。根据 Θ 的基数，这一方法导致先验是离散均匀或是连续均匀的。

对于 θ 的值有有限种可能的情况，例如，$\Theta=\{\theta_1,\theta_2,\cdots,\theta_k\}$，该方法会导致一个分布 $h(\theta)=1/k$，$\theta\in\Theta$。然而，在其他情况下情况并非如此。如果 Θ 是可数无穷的，则得到的分布是非正常的，当 Θ 是无界不可数无穷集时也是如此，这对于不喜欢非归一化度量的研究者来说是不方便的(即使这并不一定妨碍使用贝叶斯定理，因为所有推断的来源后验分布——通常可能仍然是正常的)。

另一个也许是更严重的批评反对信息的缺乏(有些人称之为无知)应该用均匀分布来表示这一论点，事实上关于非线性变换这不是不变的，从而导致矛盾。以 18
$\{Ber(\theta),\ \theta\in(0,\ 1)\}$模型为例，该模型为自然参数为 $\psi=\ln[\theta/(1-\theta)]\in\mathbb{R}$ 的指数族的一部分。使用 θ(正常)和 ψ(非正常)的均匀分布在概率上是不一致的。实际上，$\theta\sim U(0,\ 1)\equiv Be(1,\ 1)$ 等价于 ψ 的密度为 $h(\psi)=\dfrac{e^{\psi}}{(1+e^{\psi})^2}$的约化 logistic 分布。

一般来说，令 $\psi=\psi(\theta)$表示实数值参数 θ 与先验密度 $h(\theta)$之间的一一变换，则 ψ 上隐含的先验是：

$$h(\psi)=h[\theta(\psi)]\left|\frac{d\theta}{d\psi}\right| \tag{2.1}$$

当 $h(\theta)$为均匀分布且雅可比行列式依赖于 ψ 时，后者不是均匀分布，如同前面的例子中非线性变换情况一样。

杰弗里斯先验

杰弗里斯提出了一种在一一变换下保证不变性的方法。对 $\theta\in\mathbb{R}$ 来说，基于费希尔信息的杰弗里斯先验定义为：

$$I(\theta)=E\left[\left(\frac{\partial \ln f(X \mid \theta)}{\partial \theta}\right)^{2} \,\middle|\, \theta\right]$$

对于一元的情况，杰弗里斯先验定义为 $h(\theta) \propto [I(\theta)]^{\frac{1}{2}}$。实际上，对于 $\theta \in \mathbb{R}$ 上任何实数值的一一变换 ψ 来说，

$$I(\psi)=I(\theta(\psi))\left(\frac{\mathrm{d}\theta}{\mathrm{d}\psi}\right)^{2}$$

这表明一元情况下的杰弗里斯先验具有我们期望的不变性，这保证了在参数空间的任意变换下（即重新参数化下）推断的不变性。

为了理解杰弗里斯先验的无信息本质，注意，$I(\theta)$ 随着 $\ln f(X \mid \theta)$ 中 θ 的变化（样本空间上的期望）的平方而增长。还要注意的是，模型区分 θ 和 $\theta+\mathrm{d}\theta$ 的能力越好，$I(\theta)$（即 θ 上的样本信息）就越大。因此，将具有较大（较小）$I(\theta)$ 的 θ 的值视为更可信（更不可信）的先验，可以最大限度地减少先验信息的影响。这就解释了杰弗里斯先验的无信息本质。而且可以称它是客观的，因为它是从假设的数据生成模型
19 中自动推导出的。

例 2.1　考虑一个具有下面似然函数的抽样模型

$$L(\theta \mid x, n)=k\theta^{x}(1-\theta)^{n-x}, \quad \theta \in (0,1)$$

其中，k 不依赖于 θ。如果 n 是固定的且 $k=C_x^n$，则模型简化为一个均值为 $n\theta$ 且 $I(\theta) \propto \theta^{-1}(1-\theta)^{-1}$ 的二项模型 Xln，$\theta \sim Bi(n, \theta)$，因此杰弗里斯先验为

$$h(\theta) \propto \theta^{-1/2}(1-\theta)^{-1/2}, \quad \theta \in (0,1), \quad 即\ \theta \sim Be(1/2,1/2)$$

通过之前的变换方法，它对应一个 $\psi=\arcsin\sqrt{\theta}$ 的均匀分布 $U(0, 2\pi)$。

另一种情况，如果 x 是固定的且 $k=C_{x-1}^{n-1}$，我们得到负二项模型 $N-x \mid x$，$\theta \sim NBin(x, \theta)$，均值为 $x(1-\theta)/\theta$ 且 $I(\theta) \propto \theta^{-2}(1-\theta)^{-1}$，这意味着杰弗里斯先验为

$$h(\theta) \propto \theta^{-1}(1-\theta)^{-1/2}, \quad \theta \in (0,1)$$

它对应一个非正常的先验分布，我们将其表示为 $Be(0,1/2)$，这与

$$\psi=\ln\frac{1-\sqrt{1-\theta}}{1+\sqrt{1-\theta}}$$

的“均匀”分布是一致的。 ■

例 2.1 强调，根据定义，杰弗里斯先验完全依赖于抽样模型，而不仅仅依赖于核。这种对样本空间的依赖性也是一些学者对杰弗里斯先验提出强烈批评的出发点，

特别是因为这可能导致对同一参数的不同后验推断，这取决于观测的实验的类型；例如，例 2.1 中的直接二项或逆二项抽样。然而，如该例所示，对于中等样本量，这种差异可能非常小。另一些学者则认为，这种依赖是合理的，因为这种模糊的先验信息正是杰弗里斯先验所要表示的，也就是说，这种依赖应该被视为与不同类型的抽样计划相关联的信息的函数，而不是绝对的。

杰弗里斯规则在一元位置参数 $\{f(x\mid\theta)=g(x-\theta),\ \theta\in\Theta\subseteq\mathbb{R}\}$（如方差已知的正态模型）上的应用会导致连续均匀分布，这在线性变换之下（即在移位之下）是不变的，如果 Θ 是无界的，则结果是非正常的。如果应用于一元尺度参数 $\left\{f(x\mid\theta)=\frac{1}{\theta}g\left(\frac{x}{\theta}\right),\ \theta\in\Theta\subseteq\mathbb{R}_+\right\}$（例如，均值已知的正态模型），则会导致一个非正常的分布 $h(\theta)\propto\theta^{-1}I_{(0,+\infty)}(\theta)$，它在幂变换下（即在尺度缩放之下）是不变的。这里，不变性指的是这样一个事实，即对任何 $\psi=\theta^r$，隐含的先验都是同一类型的，$h(\psi)\propto\psi^{-1}$，$\psi>0$。 20

在多参数模型中，杰弗里斯规则基于费希尔信息矩阵行列式的平方根。然而，由于对后验分布的不良影响，研究者往往倾向于替换此规则，甚至杰弗里斯自己都建议用一个参数间的先验独立假设（尤其是当它们具有不同性质时）和用于边缘先验分布的一元杰弗里斯来替换。例如，在模型 $\{N(\mu,\sigma^2):\ \mu\in\mathbb{R},\ \sigma^2\in\mathbb{R}_+\}$ 中，杰弗里斯先验为

$$h(\mu,\sigma^2)\propto\sigma^{-m},\quad \mu\in\mathbb{R},\quad \sigma^2>0$$

当使用二元规则时，$m=3$，当使用提到的位置 μ 和尺度 σ^2 的联合先验的分解时，$m=2$。

最大熵方法

熵的概念是从物理学中借用的，在物理学中它与不确定性的度量相关联。Jaynes（2003）提出将其作为一种获得代表相对无知状态的先验分布的方法。这种分布必须对应于最大熵。

定义分布 $h(\theta)$，$\theta\in\Theta$ 的熵 $\mathcal{E}$，其期望为 $\mathcal{E}(h(\theta))=E_h(-\ln h(\theta))$，很容易证明在有限情况下，当 $\Theta=\{\theta_1,\ \theta_2,\cdots,\theta_k\}$ 的最大熵（即具有最大不确定性）分布是离散均匀的 $h(\theta_i)=1/k$，$i=1,2,\cdots,k$，其熵为 $\ln k$。它足以最大化由 $\mathcal{E}(h(\theta))$ 和附加项

$\lambda\left(\sum_{i=1}^{k} h(\theta_i) - 1\right)$ 定义的拉格朗日函数，其中 λ 是由概率函数约束的拉格朗日因子。

接下来，考虑最大化熵，使其服从于表示为矩或分位数的预定值的信息，例如，$E(g_j(\theta))=u_j$，$j=1,2,\cdots,m$ 的形式。同样的过程也可以使用(拉格朗日乘子法)，引入额外的约束得到表达式

$$h(\theta_i) = \frac{\exp\left\{\sum_{j=1}^{m} \lambda_j g_j(\theta_i)\right\}}{\sum_{l=1}^{k} \exp\left\{\sum_{j=1}^{m} \lambda_j g_j(\theta_l)\right\}}$$

其中，m 个系数 λ_j 由相应的约束产生。

例 2.2 在离散分布的背景下，假设 $\Theta=\{1,2,\cdots,k\}$，中位数固定在一个可能的

21 值上，如 q。因此，我们有一个由 $u_1=q$ 施加的约束，且 $g_1(\theta)$ 为 $\theta\leqslant q$ 的指示函数，即由 $\sum_{i=1}^{q} h(i) = 1/2$ 给定。根据前面的表达式

$$h(i)=\begin{cases}\dfrac{e^{\lambda_1}}{e^{\lambda_1}q+(k-q)}, & 若\ i\leqslant q\\ \dfrac{1}{e^{\lambda_1}q+(k-q)}, & 若\ q<i\leqslant k\end{cases}$$

其中，由中位数的约束有 $e^{\lambda_1}=(k-q)/q$。于是我们得到

$$h(i)=\begin{cases}\dfrac{1}{2q}, & 若\ i\leqslant q\\ \dfrac{1}{2(k-q)}, & 若\ q<i\leqslant k\end{cases}$$

即一个分段均匀分布。 ■

在 Θ 是实轴上有界区间的情况下，变分法证明了最大熵分布是连续的均匀分布，正如我们所知，它在所有单射变换下不是不变的，这就给用熵 $\mathcal{E}(h(\theta))$ 作为不确定性的绝对度量带来了问题。

基于离散情况下熵与库尔贝克-莱布勒(Kullback-Leibler)信息测度之间的关系，Jaynes(1968)将连续情况下关于无信息参考分布 $h_0(\theta)$ 的熵重新定义为 $\mathcal{E}(h(\theta))=E_h\left[-\ln\dfrac{h(\theta)}{h_0(\theta)}\right]$。

如果我们像以前一样假设初始信息由约束表示，那么通过变分法可以得到最大化问题的解，可以表示为

$$h(\theta) \propto h_0(\theta)\exp\left\{\sum_{j=1}^{m}\lambda_j g_j(\theta)\right\}$$

其中，乘子 λ_j 是从引入的约束中获得的。

例 2.3　设 θ 是已知为正的位置参数，即 $\Theta=(0, +\infty)$，且它具有均值 u。使用 Θ 上的“均匀”分布作为无信息、平移不变的先验分布，可以得到 $h(\theta) \propto \exp(\lambda_1\theta)$，$\theta>0$，这意味着

$$h(\theta)=-\lambda_1\exp(\lambda_1\theta)I_{(0,+\infty)}(\theta)$$

其中，$\lambda_1<0$，即这是一个指数分布。要记住，固定的均值 $-1/\lambda_1=u$，我们可以求出最大熵的分布为 $\theta \sim Exp(1/u)$。 ■ 22

例 2.4　同样，设 θ 为位置参数，$\Theta=\mathbb{R}$，并假设 $E(\theta)=u_1$，$\mathrm{Var}(\theta)=u_2$。使用与之前相同的(非正常)参考分布，我们得到 $h(\theta) \propto \exp\{\lambda_1\theta+\lambda_2(\theta-u_1)^2\}$，$\theta\in\mathbb{R}$。通过简单的代数推导可得

$$\lambda_1\theta+\lambda_2(\theta-u_1)^2=\lambda_2\left[\theta-\left(u_1-\frac{\lambda_1}{2\lambda_2}\right)\right]^2+\left[\lambda_1 u_1-\frac{\lambda_1^2}{4\lambda_2}\right]$$

因此，

$$h(\theta) \propto \exp\left\{\lambda_2\left[\theta-\left(u_1-\frac{\lambda_1}{2\lambda_2}\right)\right]^2\right\}$$

这是一个正态分布的核，分布的均值为 $u_1-\lambda_1/(2\lambda_2)$，方差为 $-1/(2\lambda_2)$，$\lambda_2<0$。检查两个预先指定的矩，我们会发现 $\lambda_1=0$ 和 $\lambda_2=-1/(2u_2)$，并发现 $\theta \sim N(u_1, u_2)$ 为最大熵先验值。 ■

2.2　自然共轭先验

对于一个参数族，如果可以在其中选择一个成员与抽取的汇总保持一致，则理想情况下它应满足以下要求：

- 灵活性——容纳尽可能多的先验信念；
- 可解释性——便于进行其成员的汇总；
- 简单性——后验分布和预测分布的解析推导简便。

如果我们使用一个先验分布族 $\mathcal{H}=\{h_a(\theta):\ a\in\mathcal{A}\}$，其中 $\mathcal{A}$ 是超参数的值集，且 $\mathcal{H}$ 是从 $\mathcal{F}=\{f(x\mid\theta):\ \theta\in\Theta\}$（的任意元素）中**抽样封闭**的，也就是说，如果

$$h_a(\theta)\in\mathcal{H}\Rightarrow h(\theta\mid x)\propto h_a(\theta)f(x\mid\theta)\in\mathcal{H}$$

那么贝叶斯更新就变得简单了。

在这些条件下，我们称 $\mathcal{H}$ 为 $\mathcal{F}$ 的**自然共轭族**。换句话说，如果对于任何 x，$L(\theta\mid x)\equiv f(x\mid\theta)$ 均与 $\mathcal{H}$ 的一个成员成比例，并且 $\mathcal{H}$ 关于乘积是封闭的，则称族 $\mathcal{H}$ 是 $\mathcal{F}$ 的自然共轭，即对于任何 a_0，$a_1\in\mathcal{A}$，存在 $a_2\in\mathcal{A}$，使得

23

$$h_{a_0}(\theta)h_{a_1}(\theta)\propto h_{a_2}(\theta)$$

例 2.5　令 $x=(x_i,\ i=1,2,\cdots,n)$ 为一个伯努利模型 $Ber(\theta)$ 上一次随机抽样的观测值，即

$$f(x_1,x_2,\cdots,x_n\mid\theta)=\theta^{\sum_i x_i}(1-\theta)^{n-\sum_i x_i}$$

它与在 θ 上的 $Be(\sum_i x_i+1,\ n-\sum_i x_i+1)$ 分布的核成比例，该分布在乘积下是封闭的。因此，一个伯努利抽样模型的自然共轭模型就是一个贝塔分布族，具有众所周知的通用性。概括为

$$\theta\sim Be(a,b)\Rightarrow\theta\mid x\sim Be(A,B),\quad A=a+\sum_i x_i, B=b+n-\sum_i x_i$$

它显示了抽样信息是如何通过成功和失败的次数（即最小充分统计量），以及先验超参数（a，b）来影响易于计算的后验分布的。

由于 a，$b>0$，所以当 a，$b\to 0$ 时，先验信息逐渐消失（相对于似然中的信息）。因此，从自然共轭族中获得的无信息先验（或模糊先验）是非正常霍尔丹（Haldane）先验"$Be(0,\ 0)$"，定义为 $h(\theta)\propto\theta^{-1}(1-\theta)^{-1}$，$\theta\in(0,\ 1)$，它对应于 $\psi=\ln[\theta/(1-\theta)]\in\mathbb{R}$ 的"均匀"先验。因此，先验分布 $Be(a,\ b)$ 可以解释为一个后验分布，该后验分布是基于一个样本量为 $a+b$，成功次数为 a 的假设样本更新一个无信息先验而得到的。■

在共轭族中，贝叶斯更新的过程，即利用贝叶斯定理将先验信息和样本信息结合起来，是完全在其中进行的。这使我们能够通过超参数空间 $\mathcal{A}$ 中的变换来符号化表示更新过程，例如，例 2.5 中的

$$a\in\mathcal{A}\xrightarrow{\mathcal{F}}A=a+(A-a)\in\mathcal{A}$$

此变换显示了两类信息的相对权重，突出了贝叶斯机制在自然共轭族背景下的可解

释性和解析简单性。在上面的公式表述中，$A-a$ 表示了样本信息在先验信息（表示为 a）更新中的作用。例 2.5 说明了这一点。

例 2.6　在例 2.5 中，假设了一个随机样本来自具有密度函数 $f(x_i \mid \theta)=\theta(1-\theta)^{x_i}$，$x_i \in \mathbb{N}_0$ 的 $Geo(\theta)$ 抽样模型，仍会导致相同的自然共轭族和相同的无信息分布。然而，我们对于一个先验分布 $Be(a,\ b)$，可以得到 $\theta \mid x \sim Be(A,\ B)$，$A=a+n$，$B=b+\sum_i x_i$，它反过来可以解释为更新"$Be(0,\ 0)$"先验所得到的后验，该先验具有一个服从大小为 a、b 次成功的几何抽样分布的假设抽样。 24 ■

例 2.7　设 $x=(x_i,\ i=1,2,\cdots,n)$ 表示来自厄兰（Erlang）模型的一个随机样本的实现，即 $Ga(m,\ \lambda)$，其中假定 $m \in \mathbb{N}$ 已知。抽样密度函数为 $f(x_1,\cdots,x_n \mid \lambda) \propto \lambda^{mn} \mathrm{e}^{-\lambda \sum_i x_i}$。这是 λ 中的 $Ga(mn+1,\ \sum_i x_i)$ 核，在乘积下是封闭的。因此，伽马族就是厄兰抽样模型下的自然共轭先验，这也意味着后验分布 $\lambda \mid x \sim Ga(A,\ B)$（其中 $A=a+mn$，$B=b+\sum_i x_i$）对应于一个 $Ga(a,\ b)$ 先验（其中 a，$b>0$）。这个先验可以解释为从一个模糊的"$Ga(0,\ 0)$"先验（定义为 $h(\lambda) \sim \lambda^{-1}$，$\lambda>0$）和一个大小为 a/m、样本均值为 mb/a 的假设厄兰样本得到的后验。 ■

例 2.8　现在考虑从一个均值为 μ 和已知精度为 $1/\sigma^2$ 的正态分布抽样得到的一个随机样本。对于这个样本的一个实现 $x=(x_i,\ i=1,2,\cdots,n)$，密度函数对应的核可以写为：

$$f(x_1,x_2,\cdots,x_n \mid \mu) \propto \mathrm{e}^{-\frac{n}{2\sigma^2}(\mu-\bar{x})^2}$$

这与 μ 具有均值 $\bar{x}$、方差为 σ^2/n 的正态分布的核成比例。两个核的乘积还是同一类型的核㊀。

因此，自然共轭族就是具有 $\mu \sim N(a,\ b^2) \Rightarrow \mu \mid x \sim N(A,\ B^2)$ 的正态分布，这是由下面的恒等式得到的：

$$A=B^2\left(\frac{1}{b^2}a+\frac{n}{\sigma^2}\bar{x}\right),\quad 1/B^2=\frac{1}{b^2}+\frac{n}{\sigma^2}$$

令 $b \to +\infty$，我们得到的 $\mathbb{R}$ 中"均匀"分布为一个模糊分布，这又意味着一个后验分布 $\mu \mid x \sim N(\bar{x},\ \sigma^2/n)$。总之，先验分布 $\mu \sim N(a,\ b^2)$ 可以视为这个模糊先验的

㊀ 注意代数恒等式 $d_1(z-c_1)^2+d_2(z-c_2)^2=(d_1+d_2)(z-c)^2+\frac{d_1 d_2}{d_1+d_2}(c_1-c_2)^2$，其中 $c=\frac{d_1 c_1+d_2 c_2}{d_1+d_2}$。

后验更新的结果，此模糊先验具有一个大小为 m、经验均值为 a 和(已知)方差为mb^2的假设正态样本。 ■

25 本章中的示例均为一元参数的情况。然而，对于具有多元参数的模型，寻找其自然共轭族的方法(如果存在)是以与示例中完全相同的方式进行的。多参数模型的说明见第 3 章。

最大的区别是，要找出一个多元参数的自然共轭分布，需要引入大量汇总，难度要大得多。不幸的是，没有类似于一元情况下那么丰富的分布形式。在选择先验分布时，试图克服这些限制的策略包括在参数子集之间独立性的设定以及使用连续或有限混合的自然共轭分布。

也有其他的方法用于先验构造，特别是对具有多元参数的模型。一个具体的例子是贝耶(Berger)和伯纳多(Bernardo)的参考客观先验方法，Bernardo 和 Smith (2000)对此进行了详细的描述。然而，该方法并不总是有效的，由于有时所需结果的解析困难性，特别是在复杂的参数模型中。

习题

2.1 对于一个泊松抽样模型 $f(n \mid \lambda)=Poi(\lambda)$，给出 λ 的杰弗里斯先验。

2.2 为了诊断某一症状的原因，患者的医生要分析患者尿液中 24 小时的氢化可的松含量(THE)。实验室返回的结果是 THE=13 毫克/24 小时。有两种可能的原因，腺瘤($z=1$)和癌($z=2$)。已知 $y=\ln$ (THE)的分布，即尿液中 THE 的量的对数大致呈正态分布。我们假设

$$M_1: y \sim N(\mu_1, \sigma_1^2)$$

$$M_2: y \sim N(\mu_2, \sigma_2^2)$$

分别对应腺瘤(M_1)和癌(M_2)。THE 测量数据库提供了关于 6 位腺瘤患者和 5 位癌症患者的信息，如下所示(毫克/24 小时)：

腺瘤	3.1,3.0,1.9,3.8,4.1,1.9
癌	10.2,9.2,9.6,53.8,15.8

a. 首先，我们使用数据来确定抽样模型中的参数。也就是说，使用数据来估计 μ_j 和 σ_j，$j=1,2$。

如果医生团队根据患者的病历初步认为该患者患癌症的概率为 0.7，那么固定参数，

26 并确定该患者患癌症的后验概率，即 $p(z=2 \mid y)$。

b. 或者，令 x_{ji}，$i=1,2,\cdots,6$ 表示历史数据，假定 $x_{ji} \sim N(\mu_j, \sigma_j^2)$。利用一个模糊先验，求出

后验分布 $h(\mu, \sigma^2 \mid x)$，并将其用作新患者的先验概率模型。然后，给出新患者患癌症的后验概率。

c. 讨论 b 中方法的更多变化。b 中模型对历史患者和当前患者的假设是什么？在这两种情况下，模型对氢化可的松的测量有何假设？这里不需要做任何计算，只需要用语言来讨论问题即可。

2.3　对于确定的 n 和 r，考虑下面两个实验：

$$\text{E1}: X \sim Bi(n,\theta)$$

$$\text{E2}: Y \sim NBin(r,\theta)$$

使用负二项式 $f(y \mid \theta) = C_y^{y+n-1}\theta^n(1-\theta)^y$，其中 C_k^n 是二项式系数，θ 是伯努利成功概率。

a. 给出两个实验中的杰弗里斯先验 $h(\theta)$。

提示：实验 E2 中的负二项分布 $E(Y) = r(1-\theta)/\theta$（与附录 A 中的参数化相反）。

b. 使用 $n=2$，$r=1$。用 a 中求出的先验来计算 E1 中的 $p(\theta>0.5 \mid X=1)$ 与 E2 中的 $p(\theta>0.5 \mid Y=1)$。

c. b 中计算的两个概率是不同的。根据 a 和 b，讨论基于杰弗里斯先验的推断可能违背似然原理（如下所述供参考）。

似然原理： 考虑观测数据为 x_1 和 x_2 的任意两个实验使得 $f(x_1 \mid \theta) = c(x_1, x_2)f(x_2 \mid \theta)$，即似然函数与 θ 的函数成比例。这两个实验都给出了关于 θ 的相同信息，并且必然导致相同的推断（Robert，1994）。[1]

2.4　假设 n 个灯泡的生命周期 $x_1,\cdots,x_n$ 服从均值为 θ 的指数分布。

a. 对 θ 给出其杰弗里斯先验 $h(\theta)$，并证明其是非正常的。

b. 令 $y = \sum_i I(x_i<t)$ 表示固定时间 t 时灯泡坏掉的数量，给出似然函数 $f(y \mid \theta)$。

c. 如果在一个预先指定的时间 $t>0$ 之前没有任何灯泡坏掉，证明后验分布也是非正常的。 27

[1] 贝叶斯推断满足似然原理，因为它完全基于后验分布，反过来后验分布又通过似然 $f(x \mid \theta)$ 依赖于数据。

第 3 章　基础问题中的贝叶斯推断

在理解了用于统计推断的贝叶斯方法的基本思想和表示先验信息的主要方法之后，现在是继续进行一些说明的时候了。基本的贝叶斯范式在一些问题中可以很好地展示，在这类问题中，推断可以尽可能精确地表示出来，最好是解析表示，或者至少通过众所周知的后验分布进行模拟。

本章将通过讨论八个贝叶斯模型的分析来说明，这些模型和例 2.5 ~ 2.8 及本章中的一些练习一起涵盖了基础统计学课程中的大部分教科书问题。由于贝叶斯模型是由观测向量($\boldsymbol{X}$)和参数(θ)的联合分布定义的，因此每个模型的陈述包括抽样模型$\{f(x \mid \theta)\}$(经典统计模型)和先验分布 $h(\theta)$，我们将用类似 $f(x \mid \theta) \wedge h(\theta)$ 的符号表示。有关以下讨论中使用的所有参数族的说明，请参见附录 A。

3.1　二项分布与贝塔模型

设 $x=(x_i,\ i=1,2,\cdots,n)$ 是条件独立二项随机变量 $X_i \mid m_i,\ \theta \sim Bi(m_i,\ \theta)$，$i=1,2,\cdots,n$ 的一个实现，其中 m_i 已知，参数 θ 未知，具有固定超参数的先验分布 $Be(a,b)$。令 $C_k^n=k!(n-k)!/n!$ 表示二项式系数。θ 的后验密度的核为

$$h(\theta \mid x) \propto \prod_{i=1}^{n}\{C_{x_i}^{m_i}\theta^{x_i}(1-\theta)^{m_i-x_i}\}h(\theta \mid a,b)$$

$$\propto \theta^{a+\sum_i x_i-1}(1-\theta)^{b+\sum_i(m_i-x_i)-1}$$

这意味着 $\theta \mid x \sim Be(A,\ B)$，其中 $A=a+\sum_i x_i$ 且 $B=b+\sum_i(m_i-x_i)$。

28 此后验分布对应于使用 θ 的一些变换的其他类型的分布，在某些应用中对 θ 感兴趣，例如费希尔 F 分布和 Z 分布，

$$\frac{B}{A}\frac{\theta}{1-\theta} \mid x \sim F_{(2A,2B)}$$

$$\left[\frac{1}{2}\ln\left(\frac{B}{A}\right)+\frac{1}{2}\ln\left(\frac{\theta}{1-\theta}\right)\right] \mid x \sim Z_{(2A,2B)}$$

令 $B(a, b)=\Gamma(a)\Gamma(b)/\Gamma(a+b)$ 表示贝塔函数。很容易得到 θ 后验的混合矩

$$E[\theta^{r_1}(1-\theta)^{r_2} \mid x]=\frac{B(A+r_1, B+r_2)}{B(A,B)}$$

这可用来求分布的各种汇总，例如均值 $E(\theta \mid x)=A/(A+B)$ 和后验方差。后验众数是另一个相关的点估计，被定义为 $m_0=\frac{A-1}{A+B-2}$，如果 A，$B>1$。后验分位数和 θ 的概率可以用不完全贝塔函数(没有显式形式)来求值，或者在 a，b 为整数的情况下，使用

$$F_{Be(A,B)}(\theta_0)=1-F_{Bi(A+B-1,\theta_0)}(A-1)$$

为二项分布函数。

关于预测计算，考虑同一个模型的新的响应 $Y_j \equiv X_{n+j}$，$j=1,2,\cdots,k$，并假设它们分别独立于观测值，因为 $Y_j \mid \theta \sim Bi(m_{n+j}, \theta)$，$j=1,2,\cdots,k$ 是独立的。根据定义，$Y=(Y_1,Y_2,\cdots,Y_k)$ 的后验预测分布是关于 θ 的后验分布(贝塔分布)的混合抽样模型(二项函数的乘积)。我们可以得到预测概率函数

$$p(y_1,y_2,\cdots,y_k \mid x)=\left[\prod_{j=1}^{k} C_{y_j}^{m_{n+j}}\right]\frac{B(A+y_.,B+m_{n+.}-y_.)}{B(A,B)}$$

其中，$y_.=\sum_{j=1}^{k} y_j$，$m_{n+.}=\sum_{j} m_{n+j}$。将其写成两个概率函数的乘积是很有用的，一个是以 $y_.$ 为条件的多元超几何条件分布，另一个是 $y_.$ 的贝塔-二项边缘后验预测分布，

$$p(y_1,y_2,\cdots,y_k \mid x)=p_{hpg(\{m_{n+j}\},y_.)}(y_1,y_2,\cdots,y_k \mid y_.)\times p_{BeBin(m_{n+.},A,B)}(y_. \mid x)$$

事实上，这个表达式强调了多元预测分布中存在的依赖类型，以及它的一元性质——对 $k=1$，$BeBin(m_{n+1}, A, B)$，其均值为 $E(Y_1 \mid x)=m_{n+1}\frac{A}{A+B}$，方差为 $\mathrm{Var}(Y_1 \mid x)=$

$m_{n+1}\frac{AB}{(A+B)(A+B+1)}\left(1+\frac{m_{n+1}}{A+B}\right)$。 29

3.2　泊松分布与伽马模型

现在假设 $x=(x_i, i=1,2,\cdots,n)$ 是 $Poi(\theta)$ 模型上一个随机样本的实现，对应的抽样概率函数为 $f(x_1,x_2,\cdots,x_n \mid \theta)\propto e^{-n\theta}\theta^{x_.}$。由于这与 θ 的一个的核 $Ga(x_.+1, n)$ 成比例，又在乘积下封闭，因此我们可以看到，自然共轭族是伽马族，即

$$\theta \sim Ga(a,b) \Rightarrow \theta \mid x \sim Ga(A,B),\quad A=a+x_.,\quad B=b+n$$

其中 $h(\theta)\propto\theta^{-1}I_{(0,+\infty)}(\theta)$ 是相应的扩散非正常先验分布。后验 $h(\theta\mid x)$ 也可以写成 $\alpha=2B\theta\sim\chi^2_{2A}$。在 $\Theta=\mathbb{R}_+$ 中预先选择的事件的后验概率或 θ 上点假设的相对后验似然性，可以由不完全伽马函数或卡方(chi-square)分布函数进行求值。

后验矩由下式给出：

$$E(\theta^r\mid x)=\frac{\Gamma(A+r)}{\Gamma(A)}\frac{B^A}{B^{A+r}}$$

对于预测推断，令 $Y_j\equiv X_{n+j}\overset{\text{iid}}{\sim}Poi(\theta)$，$j=1,2,\cdots,k$，表示独立于被观测随机样本的未来观测值。$Y=(Y_1,Y_2,\cdots,Y_k)$ 的后验预测分布是关于 θ 上后验分布 $Ga(A,\ B)$ 的混合抽样模型(泊松乘积)。积分掉 θ，后验预测概率函数变为

$$p(y_1,y_2,\cdots,y_k\mid x)=\frac{\Gamma(A+y_.)}{\Gamma(A)\prod_j y_j!}\left(\frac{B}{B+k}\right)^A\left(\frac{1}{B+k}\right)^{y_.}$$

因为 $y_.=\sum_j Y_j$ 的抽样分布为 $Poi(k\theta)$，一个类似于前面讨论的论证可表明，$y_.$ 的后验预测分布是一个泊松-伽马混合分布，概率函数为

$$p(y_.\mid x)=\frac{\Gamma(A+y_.)}{\Gamma(A)y_.!}\left(\frac{B}{B+k}\right)^A\left(\frac{k}{B+k}\right)^{y_.}$$

其更广为人知的名字是广义负二项分布，参数为$(A,\ B/(B+k))$。这两个参数可以解释为固定的“成功”次数和每次“成功”的概率。与前面的表达式相比，我们可以

30 将其重写为 $p(y_1,y_2,\cdots,y_k\mid x)\prod_j y_j!(k^{y_.})/y_.!$，进而得到

$$p(y_1,y_2,\cdots,y_k\mid x)=p_{M_{k-1}(y_.,\frac{1}{k}\mathbf{1_k})}(y_1,y_2,\cdots,y_k\mid y_.)\times p_{BiN(A,B/(B+k))}(y_.\mid x)$$

也就是说，与二项∧贝塔情形类似，后验预测概率函数可以写成齐次多项概率函数和泊松-伽马边缘概率函数的乘积。这种表示强调了后验预测分布的依赖性的本质，当 $k=1$ 时，后验预测分布退化为负二项分布。

3.3　正态分布(μ 已知)与逆伽马模型

令 $x=(x_i,\ i=1,2,\cdots,n)$ 为 $X_i\mid\sigma^2\sim N(\mu_0,\ \sigma^2)(i=1,2,\cdots,n)$ 独立同分布的一个随机样本，其中 μ_0 已知。对应的密度函数为

$$f(x_1,x_2,\cdots,x_n\mid\sigma^2)\propto(\sigma^2)^{-n/2}\mathrm{e}^{-\frac{\sum_i(x_i-\mu_0)^2}{2\sigma^2}}$$

它是 σ^2 的一个函数，与逆伽马分布 $IGa\left(\frac{n}{2}-1,\ \frac{1}{2}\sum_i(x_i-\mu_0)^2\right)$ 的核成正比，该分布又在乘积下是封闭的。因此，逆伽马族是这个抽样模型的一个自然共轭先验，其中 $\sigma^2 \sim IGa(a,\ b) \Leftrightarrow 1/\sigma^2 \sim Ga(a,\ b)$，这意味着 $\sigma^2 \mid x \sim IGa(A,\ B)$，$A=a+\frac{n}{2}$，$B=b+\frac{1}{2}\sum_i(x_i-\mu_0)^2$。因此，先验分布 $IGa(a,\ b)$ 可以解释为一个更新的模糊先验“$Ga(0,\ 0)$”，它基于对应正态模型（均值为零、平方和为 $2b$）上大小为 $2a$ 的假设样本。

从逆伽马或伽马（或相关的）后验分布可以很容易地得到关于尺度或精度的参数推断。对于来自同一抽样模型的未来观测值 Y 的预测推断，与 $X_i(i=1,2,\cdots,n)$ 无关，可以作为 $N(\mu_0,\ \sigma^2)$ 关于后验分布 $\sigma^2 \mid x \sim IGa(A,\ B)$ 的尺度混合得到。这定义了一个具有 $2A$ 自由度的学生氏 t 分布，其中位置参数为 μ_0，尺度参数为 $\sqrt{B/A}$，分布记为 $t_{(2A)}(\mu_0,\ B/A)$，其预测密度函数为

$$
\begin{aligned}
p(y \mid x) &= \frac{B^A}{\sqrt{2\pi}\,\Gamma(A)}\int_0^{+\infty}(\sigma^2)^{-(A+3/2)}\mathrm{e}^{-(1/\sigma^2)\left[B+\frac{(y-\mu_0)^2}{2}\right]}\mathrm{d}\sigma^2 \\
&= \left[B\left(\frac{2A}{2},\frac{1}{2}\right)\right]^{-1}\left(\sqrt{2AB/A}\right)^{-1}\left[1+\frac{(y-\mu_0)^2}{2AB/A}\right]^{-\frac{2A+1}{2}}
\end{aligned}
$$

3.4　正态分布（μ，σ^2 未知）与杰弗里斯先验

令 $x=(x_i,\ i=1,2,\cdots,n)$ 为一个从模型 $N(\mu,\ \sigma^2)$ 上观测到的随机样本，其似然函数为

$$
f(x_1,x_2,\cdots,x_n \mid \mu,\sigma^2) \propto (\sigma^2)^{-n/2}\exp\left\{-\frac{n}{2\sigma^2}(\mu-\bar{x})^2-\frac{ks^2}{2\sigma^2}\right\}
$$

31

其中，$k=n-1$，$ks^2=\sum_i(x_i-\bar{x})^2$。这是$(\mu,\ \sigma^2)$的联合正态-逆伽马分布的核，该分布是由给定 σ^2 下 μ 的正态分布和 σ^2 的逆伽马分布所定义的。正态-逆伽马分布族在乘积下是封闭的。因此，自然共轭族由类型为 $h(\mu,\ \sigma^2 \mid a,\ v,\ c,\ d)=h_{N(a,\sigma^2/v)}(\mu \mid \sigma^2)\,h_{IGa_{(c,d)}}(\sigma^2)$ 的密度函数定义。

μ 和 σ^2 先验独立下的杰弗里斯先验 $h(\mu,\ \sigma^2) \propto \sigma^{-2}$ 是一个非正常正态-逆伽马的极限情况。在给定似然函数下进行贝叶斯更新，会产生如下后验分布

$$h(\mu,\sigma^2\mid x)\propto(\sigma^2)^{-1/2}\mathrm{e}^{-\frac{n}{2\sigma^2}}(\mu-\bar{x})^2\times(\sigma^2)^{-\left(\frac{n-1}{2}+1\right)}\mathrm{e}^{-\frac{ks^2}{2\sigma^2}}$$

意味着$\mu\mid\sigma^2$，$x\sim N(\bar{x}, \sigma^2/N)$，$\sigma^2\mid x\sim IGa\left(\frac{k}{2}, \frac{ks^2}{2}\right)\Leftrightarrow\frac{ks^2}{2\sigma^2}\Big| x\sim\chi^2_{(k)}$。

因此，μ的边缘后验分布是正态分布关于一个逆伽马的混合分布，我们已经知道这是学生氏t分布。实际上，关于逆伽马密度函数对σ^2积分，我们得到

$$h(\mu\mid x)=\left[B\left(\frac{k}{2},\frac{1}{2}\right)\right]^{-1}(\sqrt{ks^2/n})^{-1}\left[1+\frac{(\mu-\bar{x})^2}{ks^2/n}\right]^{-\frac{k+1}{2}}$$

也就是说，$\mu\mid x\sim t_{(k)}(\bar{x}, s^2/n)\Leftrightarrow\frac{\mu-\bar{x}}{s/\sqrt{n}}\mid x\sim t_{(k)}(0, 1)\Leftrightarrow\frac{(\mu-\bar{x})^2}{s^2/n}\mid x\sim F_{(1,k)}$，其中$t_{(k)}(0, 1)$是学生氏$t$分布，这在经典统计学中是众所周知的。因此，$E(\mu\mid x)=\bar{x}(k>1)$和$\mathrm{Var}(\mu\mid x)=\frac{k}{k-2}\frac{s^2}{n}(k>2)$。给定$\mu$下$\sigma^2$的条件后验分布可以确定为$\sigma^2\mid\mu$，$x\sim IGa\left(\frac{k+1}{2}, \frac{ks^2+n(\mu-\bar{x})^2}{2}\right)$。

从学生氏t分布和逆伽马分布(或适当变换后的χ^2)可以很容易地推断出抽样模型中的位置和尺度参数。在预测方面，例如，考虑来自同一模型的一个大小为m的未来随机样本，并假设我们希望预测其均值$\bar{Y}$。$\bar{Y}$的后验预测分布是$\bar{Y}\mid\mu$，$\sigma^2\sim N(\mu, \sigma^2/m)$关于联合后验$h(\mu, \sigma^2\mid x)=h(\mu\mid\sigma^2, x)h(\sigma^2\mid x)$的混合分布。利用二次型线性组合的代数恒等式$\frac{1}{\sigma^2}[m(\mu-\bar{y})^2+n(\mu-\bar{x})^2]$，我们看到这个分布为学生氏$t$分布的形式，

$$\bar{Y}\mid x\sim t_{(k)}\left(\bar{x},\frac{m+n}{mn}s^2\right)$$

32 从中可以很容易得到点估计和区间估计。

3.5　两个独立的正态模型与边缘杰弗里斯先验

令$x_j=(x_{ji}, i=1,2,\cdots,n_j)$，$j=1, 2$，表示模型$N(\mu_j, \sigma_j^2)$上两个独立随机样本的实现，通过通常假设的标准联合参数空间上的四个参数的杰弗里斯先验$h(\mu_1, \mu_2, \sigma_1^2, \sigma_2^2)\propto(\sigma_1^2\sigma_2^2)^{-1}$，我们可以补全模型。

均值比较

遵循与上一节中类似的方法，我们容易发现(μ_1, σ_1^2)和(μ_2, σ_2^2)仍是一个与下面的一元边缘分布独立的后验：

$$\mu_j \mid x_j \sim t_{(k_j)}(\bar{x}_j, s_j^2/n_j) \Leftrightarrow v_j = \frac{\mu_j - \bar{x}_j}{s_j/\sqrt{n_j}} \mid x_j \sim t_{(k_j)}$$

$$\sigma_j^2 \mid x_j \sim IGa\left(\frac{k_j}{2}, \frac{k_j s_j^2}{2}\right)。$$

其中，$k_j = n_j - 1$ 且 $k_j s_j^2 = \sum_{i=1}^{n_j} (x_{ji} - \bar{x}_j)^2$。

标准化差 $\lambda = \mu_1 - \mu_2$ 可以写为

$$\tau = \frac{\lambda - (\bar{x}_1 - \bar{x}_2)}{\sqrt{\frac{s_1^2}{n_1} + \frac{s_2^2}{n_2}}} \equiv v_1 \sin u + v_2 \cos u$$

其中，$u = \arctan\left(\frac{s_1}{\sqrt{n_1}} \Big/ \frac{s_2}{\sqrt{n_2}}\right)$是一个后验分布，是独立的学生氏 t 分布的线性组合，也被称为贝伦斯-费希尔(Behrens-Fisher)分布，由参数 k_1、k_2 和 u [㊀]决定。其密度函数是对称的，但不是闭型的，通常通过一个学生氏 t 近似 $\tau \mid x_1, x_2 \sim BF(k_1, k_2, u) \overset{\text{approx}}{\sim} t_{(b)}(0, a)$来求出[Patil(1964)]，其中

$$b = 4 + c_1^2/c_2, a = \sqrt{c_1(b-2)/b}, \text{其中}$$

$$c_1 = \frac{k_1}{k_1 - 2}\sin^2 u + \frac{k_2}{k_2 - 2}\cos^2 u, \text{及}$$

$$c_2 = \frac{k_1^2}{(k_1-2)^2(k_1-4)}\sin^4 u + \frac{k_2^2}{(k_2-2)^2(k_2-4)}\cos^4 u$$

作为使用帕蒂尔(Patil)近似的替代方法，可以采用计算机模拟，通过模拟 v_1 和 v_2 的后验分布，从 τ 的后验分布生成蒙特卡罗样本。在这个样本的基础上，我们可以根据经验求点估计和区间估计，并检验关于均值差的点假设。 33

㊀ 注意，对 u 的依赖性意味着 τ 的后验分布和抽样分布之间没有对偶性，因此，均值差的贝叶斯推断和经典推断之间没有数值一致性。这与其他情况下在无信息先验条件下发生的情况相反。

方差比较

现在假设我们关注的参数是 $\psi=\dfrac{\sigma_1^2}{\sigma_2^2}$。基于 $\{1/\sigma_j^2\}$ 的独立伽马后验，我们得到 $\psi \mid x_1$，$x_2 \overset{\mathrm{d}}{\equiv} \dfrac{s_1^2}{s_2^2}F_{(k_2,k_1)}$，它使得关于 ψ 的推断很容易实现。

同方差总体的均值比较

假设 $\sigma_1^2=\sigma_2^2\equiv\sigma^2$，使用杰弗里斯先验 $h(\mu_1,\ \mu_2,\ \sigma^2)\propto\sigma^{-2}$，$\mu_1$，$\mu_2\in\mathbb{R}$，$\sigma^2>0$。从前面小节的结果中，我们很快可以得到

$$\lambda=\mu_1-\mu_2 \mid \sigma^2, x_1, x_2 \sim N\left(\bar{x}_1-\bar{x}_2, \sigma^2\left(\frac{1}{n_1}+\frac{1}{n_2}\right)\right);$$

$$\sigma^2 \mid x_1, x_2 \sim IGa\left(\frac{k}{2}, \frac{ks^2}{2}\right)$$

其中，$k=n_1+n_2-2$。$s^2=k^{-1}\sum_j(n_j-1)s_j^2$ 是合并经验方差。这意味着，特别地对 $\lambda=\mu_1-\mu_2$ 有

$$\lambda \mid x_1, x_2 \sim t_{(k)}\left(\bar{x}_1-\bar{x}_2, s^2\left(\frac{1}{n_1}+\frac{1}{n_2}\right)\right) \Leftrightarrow \frac{\lambda-(\bar{x}_1-\bar{x}_2)}{s\sqrt{\frac{1}{n_1}+\frac{1}{n_2}}} \mid x_1, x_2 \sim t_{(k)}$$

这就是对同方差性下两个正态总体的比较得出的基本推断结果。

3.6　两个独立的二项分布与贝塔分布

令 t_j 表示已知 $\{m_j\}(j=1,\ 2)$ 的 $T_j \mid \theta_j \overset{\text{iid}}{\sim} Bi(m_j,\ \theta_j)$ 的观测值计数。用相互独立的先验 $\theta_j\sim Be(a_j,\ b_j)(j=1,\ 2)$ 补全模型。对二项分布与贝塔模型应用结果，我们可以得到

$$\begin{aligned}\theta_j \mid t_j &\sim Be(A_j, B_j), A_j=a_j+t_j, \quad \text{及 } B_j=b_j+m_j-t_j\\ &\Leftrightarrow \frac{B_j}{A_j}\frac{\theta_j}{1-\theta_j} \mid t_j, \sim F_{(2A_j, 2B_j)}\\ &\Leftrightarrow \left[\frac{1}{2}\ln\frac{B_j}{A_j}+\frac{1}{2}\ln\frac{\theta_j}{1-\theta_j}\right] \mid t_j \sim Z_{(2A_j, 2B_j)}\end{aligned}$$

34 $j=1$，2，它们相互独立。我们将在后面两种推断问题中使用这些分布结果。

对两个比例的精确的单边检验

考虑 H_0：$\theta_1 \leqslant \theta_2$ 和 H_1：$\theta_1 > \theta_2$，对后验几率和贝叶斯因子求值需要下面的量：

$$P(H_0 \mid t_1, t_2) = \int_0^1 h(\theta_1 \mid t_1) \left[\int_{\theta_1}^1 h(\theta_2 \mid t_2) \mathrm{d}\theta_2 \right] \mathrm{d}\theta_1$$

和一个先验概率的类似表达式。在 a_2 和 b_2 为整数的情况下，可以使用贝塔和二项分布函数的结果 $F_{Be(A_2,B_2)}(\theta_1) = 1 - F_{Bi(A_2+B_2-1,\theta_1)}(A_2-1)$ 来计算积分。我们得到

$$P(H_0 \mid t_1,\ t_2) = \frac{1}{B(A_1,\ B_1)} \sum_{u=0}^{A_2-1} C_u^{A_2+B_2-1} B(A_1+u,\ B_1+A_2+B_2-1-u)$$

如果 a_1 和 b_1 也是整数，贝塔函数可以用阶乘计算得到。

齐性检验：H_0：$\theta_1 = \theta_2$ 对 H_1：$\theta_1 \neq \theta_2$

首先考虑使用变换 $\pi = \theta_1 - \theta_2$ 和 $\Delta = \dfrac{\theta_1/(1-\theta_1)}{\theta_2/(1-\theta_2)}$ 进行检验 H_0：$\pi = 0 \Leftrightarrow \ln\Delta = 0$。首先，从 θ_j 上的 $Be(A_j,\ B_j)$ 后验分布进行模拟。转换为 π 或 Δ（或 $\ln\Delta$）的后验样本，这样可以得到 H_0 或 HPD 区间上相对后验似然性水平的很好的蒙特卡罗近似。当然，同样的方法也可以用于单边假设，即根据模拟样本计算适当的比例。

在观测到的成功和失败次数都很多的情况下，可以使用费希尔 Z 分布的渐近逼近；例如：

$$Z_{(v_1,v_2)} \overset{\text{approx}}{\sim} N\left[\frac{1}{2}\ln\frac{v_1^{-1}-1}{v_2^{-1}-1}, \frac{1}{2}(v_1^{-1}+v_2^{-1})\right]$$

这与本小节开头所述的 $(1/2)\ln\left[\theta_j/(1-\theta_j)\right]$ 的分布结果一起，给出了近似后验分布

$$\ln\Delta \mid t_1, t_2 \overset{\text{approx}}{\sim} N\left[\ln\frac{(A_1-1/2)/(B_1-1/2)}{(A_2-1/2)/(B_2-1/2)}, \sum_{j=1,2}(A_j^{-1}+B_j^{-1})\right]$$

这可以用来构造用于比例比较的单边或双边贝叶斯检验。 35

3.7　多项分布与狄利克雷模型

这个贝叶斯模型是二项∧贝塔模型的一个多元版本，但是用的很少。我们首先回顾与推断相关的模型的主要性质。

设 $\boldsymbol{X} = (X_1, \cdots, X_c)$ 和 $\boldsymbol{\theta} = (\theta_1, \cdots, \theta_c)$ 为在子空间 $\mathcal{X} = \{\boldsymbol{x} = (x_1, x_2, \cdots, x_c):\ x_i \in \mathbb{N}_0,\ x_\cdot = \sum_{i=1}^{c} x_i \leqslant N\}$ 中取值的随机向量，其中 N 和 $\Theta = \{(\theta_1, \theta_2, \cdots, \theta_c):\ \theta_i \in (0,$

1)，$\theta_{.}=\sum_{i=1}^{c}\theta_i<1\}$ 分别已知。空间 Θ 也称为 c 维单纯形 $\mathcal{S}_c$。

X 的一个(c 维)多项模型

$\boldsymbol{X}\mid\boldsymbol{\theta}\sim M_c(N,\ \boldsymbol{\theta})$ 的概率函数为

$$f(\boldsymbol{x}\mid\boldsymbol{\theta})=\frac{N!}{\prod_{i=1}^{c+1}x_i!}\prod_{i=1}^{c+1}\theta_i^{x_i},\quad \boldsymbol{x}\in\mathcal{X}$$

其中 $x_{c+1}=N-x_{.}$，$\theta_{c+1}=1-\sum\theta_i$。前两个矩定义为(例如，使用矩生成函数)：

$$\boldsymbol{\mu}=E(\boldsymbol{X}\mid\boldsymbol{\theta})=N\boldsymbol{\theta};\quad \boldsymbol{\Sigma}=\mathrm{Var}(\boldsymbol{X}\mid\boldsymbol{\theta})=N(\boldsymbol{D}_{\boldsymbol{\theta}}-\boldsymbol{\theta}\boldsymbol{\theta}')$$

其中$\boldsymbol{D}_{\boldsymbol{\theta}}=\mathrm{diag}(\theta_1,\cdots,\theta_c)$。

接下来，我们考虑在子集上总计数的隐含分布。设 $C_k=\{j_{k-1}+1,j_{k-1}+2,\cdots,j_k\}$，$k=1,2,\cdots,s+1$ 表示指标集$\{1,\ 2,\cdots,c,\ c+1\}$划分得到的 $s+1$ 个子集，其中$\#C_k=d_k$，$j_0=0$ 且 $j_{s+1}=c+1$。X 的相应分割定义为

$$X^{(k)}=(X_i,i\in C_k);\quad M_k=\sum_{i\in C_k}X_i,\quad k=1,2,\cdots,s+1$$

其中，M_k 表示子集 C_k 上 X_i 的总计数。

使用矩生成函数技术和一个条件分布的定义，我们得到

$$\boldsymbol{M}=(M_1,M_2,\cdots,M_s)\mid\boldsymbol{\theta}\sim M_s(N,\boldsymbol{\alpha}),\quad \boldsymbol{\alpha}=(\alpha_1,\alpha_2,\cdots,\alpha_s),\alpha_k=\sum_{i\in C_k}\theta_i$$

$$X^{(k)}\mid\boldsymbol{M},\boldsymbol{\theta},k=1,2,\cdots,s+1\overset{\text{iid}}{\sim}M_{d_k-1}(M_k,\boldsymbol{\pi}_k)$$

其中 $\boldsymbol{\pi}_k=(\theta_i/\alpha_k,\ i\in C_k-j_k)$。这些结果表明，一个多项分布的各分量的边缘分布和条件分布也是多项分布(在一元情况下是二项分布)。这显然与相依表分析等多种语
36 境有关。例如，如果 $\boldsymbol{X}$ 表示二维相依表中的频率向量，则行(列)的边缘频率由 $\boldsymbol{M}$ 给出，并且行(或列)的条件频率，以边缘总计为条件，是多项分布的指示乘积。

$\boldsymbol{\theta}$ 的一个狄利克雷模型

狄利克雷模型由密度函数 $\boldsymbol{\theta}\mid\boldsymbol{a}\sim D_c(\boldsymbol{a})$：$h_{\boldsymbol{a}}(\boldsymbol{\theta})=[B(\boldsymbol{a})]^{-1}\times\prod_{i=1}^{c+1}\theta_i^{a_i-1}$，$\boldsymbol{\theta}\in\Theta=\mathcal{S}_c$ 定义，其中 $\boldsymbol{a}=(a_1,a_2,\cdots,a_c,\ a_{c+1})\in\mathbb{R}_+^c$，$\theta_{c+1}=1-\theta_{.}$，且 $B(\boldsymbol{a})=\prod_{i=1}^{c+1}\Gamma(a_i)/\Gamma(\boldsymbol{a}_{.})$ 为多元贝塔函数。

出于理论和计算上的原因，最好基于独立伽马分布通过变换 $\theta_i = v_i / \sum_{j=1}^{c+1} v_j$，$i=1, 2,\cdots,c$ 来定义狄利克雷分布，其中随机变量为 v_i，$i=1,2,\cdots,c+1 \overset{\text{iid}}{\sim} Ga(a_i, 1)$ 的。

根据它们的定义，可以由 $E\left[\prod_{i=1}^{c+1}\theta_i^{r_i} \mid \boldsymbol{a}\right] = B(\boldsymbol{a}+\boldsymbol{r})/B(\boldsymbol{a})$ 给出混合矩，其中 $\boldsymbol{r}=(r_1,r_2,\cdots,r_c, r_{c+1})$。从中我们可以发现

$$E(\theta_i \mid \boldsymbol{a}) \equiv E_i = \frac{a_i}{a_{\cdot}};\quad \mathrm{Var}(\theta_i \mid \boldsymbol{a}) = \frac{E_i(1-E_i)}{a_{\cdot}+1};$$

$$\mathrm{cov}(\theta_i,\theta_j \mid \boldsymbol{a}) = -\frac{E_iE_j}{a_{\cdot}+1},\quad i\neq j$$

由于$(\alpha, \pi_1,\pi_2,\cdots,\pi_{s+1})$是 $\boldsymbol{\theta}$ 的再参数化，我们可以发现(例如，从伽马分布的表示中)

$$\alpha \mid \boldsymbol{a} \sim D_s\left(\sum_{i\in C_k} a_i, k=1,2,\cdots,s+1\right)$$

$$\pi_k \mid \boldsymbol{a}, k=1,2,\cdots,s+1 \overset{\text{iid}}{\sim} D_{d_k-1}(a_i, i\in C_k)$$

X 的一个多项-狄利克雷模型

这种分布，也称为波利亚(Pólya)分布，是关于狄利克雷模型 $\boldsymbol{X} \mid \boldsymbol{a} \sim MD_c(N, \boldsymbol{a})$ 的混合多项分布，概率函数为

$$p(\boldsymbol{x} \mid \boldsymbol{a}) = \frac{N!}{\prod_{i=1}^{c+1} x_i!}\frac{B(a_1+x_1,a_2+x_2,\cdots,a_{c+1}+x_{c+1})}{B(a_1,a_2,\cdots,a_{c+1})},\quad \boldsymbol{x}\in\mathcal{X}$$

前两阶矩可以表示为(例如，使用条件期望的性质)：

$$E(\boldsymbol{X} \mid \boldsymbol{a}) = N\frac{\boldsymbol{a}}{a_{\cdot}};\quad V(\boldsymbol{X} \mid \boldsymbol{a}) = \frac{a_{\cdot}+N}{a_{\cdot}(a_{\cdot}+1)}N\left(D_{\boldsymbol{a}} - \frac{\boldsymbol{a}\boldsymbol{a}'}{a_{\cdot}}\right)$$ 37

和之前一样，使用 $\boldsymbol{X}$ 的分割，容易发现

$$M=(M_1,M_2,\cdots,M_s) \mid \boldsymbol{a} \sim MD_s\left(N; \sum_{i\in C_k} a_i, k=1,2,\cdots,s+1\right)$$

$$X^{(k)} \mid M, \boldsymbol{a}, k=1,2,\cdots,s+1 \overset{\text{iid}}{\sim} MD_{d_k-1}(M_k; a_i, i\in C_k)$$

应用到推断

假设 $\boldsymbol{x}=(x_1,\cdots,x_c)$ 是随机向量 $\boldsymbol{X} \mid \boldsymbol{\theta} \sim M_c(N, \boldsymbol{\theta})$ 的一个实现。由于 $f(\boldsymbol{x} \mid \boldsymbol{\theta})$ 与在

乘积下封闭的 $D_c(x_i+1,\ i=1,2,\cdots,c+1)$ 分布的核成比例，我们可以得出结论：对于多项抽样模型，狄利克雷族是自然共轭的。因此，如果 $\boldsymbol{\theta} \mid \boldsymbol{a} \sim D_c(\boldsymbol{a})$，则有 $\boldsymbol{\theta} \mid \boldsymbol{a},\ \boldsymbol{x} \sim D_c(\boldsymbol{A})$，$\boldsymbol{A}=(A_i=a_i+x_i,\ i=1,2,\cdots,c+1)$。

$(\theta_i,\ i=1,2,\cdots,c+1)$ 的贝叶斯估计可以特别地从后验众数 $(\boldsymbol{A}-\mathbf{1}_{c+1})/A_.$ 的分量推导得到(如果 $A_i>1,\ \forall i$)，其中 $\mathbf{1}_{c+1}$ 是一个长度为 $c+1$ 的全 1 向量，或者是后验均值 $\boldsymbol{A}/A_.$。请注意为何这是先验均值 $\boldsymbol{a}/a_.$ 和样本比例向量 $p=(x_i/N,\ i=1,2,\cdots,c+1)$ 的加权平均。

在相依表的分析中，我们感兴趣的推断通常与独立结构(或其他对数线性模型)有关，其中参数函数 $\sum_i b_i \ln\theta_i$(其中 $\sum_i b_i=0$)通常起着关键作用[见 Paulino 和 Singer (2006)]。当 A 的分量较大时，可以利用后验分布的近似后验正态性，并将得到的 χ^2 分布用于适当的二次型，从而允许对此类结构进行检验。更多详情参见如 Paulino 等(2018)。在 2×2 表的特殊情况下，使用这种方法来检验独立性，可以把问题简化为两个二项分布的齐性检验，从而得到上一节末尾提到的方法。

假设现在的目标是预测一个向量 $\boldsymbol{Y}$，$\boldsymbol{Y} \mid m,\ \boldsymbol{\theta} \sim M_c(m,\ \boldsymbol{\theta})$。相应的后验预测分布是一个多项-狄利克雷模型，即 $\boldsymbol{Y} \mid m,\ \boldsymbol{x} \sim MD_c(m,\ \boldsymbol{A})$，其前两阶矩的汇总可通过附录 A 中的公式计算得出。

3.8　有限总体中的推断

考虑已知大小为 N 的有限总体，划分为未知大小 N_i，$i=1,2,\cdots,c$ 的 $c\leqslant N$ 个组，$\sum_{i=1}^{c} N_i = N$。假设我们随机(有放回)选择 $n\leqslant N$ 个单元的一个样本 $\mathcal{S}$，目的是推断组
38 $\boldsymbol{\theta}=(N_1,N_2,\cdots,N_c)$ 的总体大小。设 n_i，$i=1,2,\cdots,c$ 为各组的观测频率，$\sum_{i=1}^{c} n_i = n$，假设 $\boldsymbol{x}=(n_1,n_2,\cdots,n_c)$ 现在是来自多元超几何分布 $\boldsymbol{X} \mid N,\ n,\ \boldsymbol{\theta} \sim Hpg_{c-1}(\boldsymbol{\theta},\ n)$ 的一个观测值(方便起见，我们在这里和后续随机向量定义中，都使用冗余符号，例如 X 的定义中明确说明所有超参数)。

用 $\boldsymbol{U}_k$ 表示第 k 个单元的组成员指示的向量。$\boldsymbol{U}_k$ 的可能取值是 $\mathbb{R}^c$ 的标准基(即正好包含一个“1”，大小为 $(c\times1)$ 的二进制向量)。推断目标可以概括为

$$\boldsymbol{\theta} = \sum_{k=1}^{N} \boldsymbol{U}_k = \sum_{k\in\mathcal{S}} \boldsymbol{U}_k + \sum_{k\notin\mathcal{S}} \boldsymbol{U}_k \equiv \boldsymbol{X} + (\boldsymbol{\theta} - \boldsymbol{X})$$

特别强调这是一个仅 $\boldsymbol{\theta}-\boldsymbol{X}$ 未知的后验。

我们可以通过

$$\boldsymbol{U}_1,\boldsymbol{U}_2,\cdots,\boldsymbol{U}_N \overset{\text{iid}}{\sim} M_{c-1}(1,\boldsymbol{\phi})$$

定义的层次模型来构造一个先验，底层超参数为 $\boldsymbol{\phi}=(\phi_j,\ j=1,2,\cdots,c)$，其中 $\sum_j \phi_j=1$。在第二层上，我们假设超先验 $\boldsymbol{\phi}\mid\boldsymbol{a}\sim D_{c-1}(\boldsymbol{a})$，$\boldsymbol{a}=(a_1,a_2,\cdots,a_c)\in\mathbb{R}_+^c$。

考虑层次先验模型的第一层，我们有 $\boldsymbol{\theta}\mid\boldsymbol{\phi}\sim M_{c-1}(N,\ \boldsymbol{\phi})$，由定义 $\boldsymbol{X}$ 和 $\boldsymbol{\theta}-\boldsymbol{X}$ 是先验，条件独立于给定 ϕ，它们具有相同类型的分布 $\boldsymbol{X}\mid n,\ \boldsymbol{\phi}\sim M_{c-1}(n,\ \boldsymbol{\phi})$ 和 $\boldsymbol{\theta}-\boldsymbol{X}\mid n,\ \boldsymbol{\phi}\sim M_{c-1}(N-n,\ \boldsymbol{\phi})$。还要注意的是，$\boldsymbol{X}$ 的超几何抽样模型可以写成：

$$f(\boldsymbol{x}\mid n,\boldsymbol{\theta})=\frac{\prod_{j=1}^{c} C_{x_j}^{N_j}}{C_n^N}=\frac{f(\boldsymbol{x}\mid n,\boldsymbol{\phi})h(\boldsymbol{\theta}-\boldsymbol{x}\mid n,\boldsymbol{\phi})}{h(\boldsymbol{\theta}\mid\boldsymbol{\phi})}=\frac{f(\boldsymbol{x},\boldsymbol{\theta}\mid n,\boldsymbol{\phi})}{h(\boldsymbol{\theta}\mid\boldsymbol{\phi})}$$
$$=f(\boldsymbol{x}\mid n,\boldsymbol{\theta},\boldsymbol{\phi})$$

利用第二层的信息，我们可以确定多项-狄利克雷模型产生下列边缘(或先验预测)分布：

$$\begin{aligned}&\boldsymbol{\theta}\mid\boldsymbol{a}\sim MD_{c-1}(N,\boldsymbol{a})\,;\boldsymbol{X}\mid n,\boldsymbol{a}\sim MD_{c-1}(n,\boldsymbol{a})\\&\boldsymbol{\theta}-\boldsymbol{X}\mid n,\boldsymbol{a}\sim MD_{c-1}(N-n,\boldsymbol{a})\end{aligned}\tag{3.1}$$

我们还可以看到，给定 $\boldsymbol{x}$ 条件下 $\boldsymbol{\phi}$ 的先验信息的更新为 $\boldsymbol{\phi}\mid\boldsymbol{x}\sim D_{c-1}(\boldsymbol{a}+\boldsymbol{x})$。另一方面，由于 $\boldsymbol{\theta}-\boldsymbol{x}\mid\boldsymbol{x},\ \boldsymbol{\phi}\overset{\text{d}}{=}\boldsymbol{\theta}-\boldsymbol{x}\mid\boldsymbol{\phi}\sim M_{c-1}(N-n,\ \boldsymbol{\phi})$，我们可以得到 $\boldsymbol{\theta}-\boldsymbol{x}\mid\boldsymbol{x}\sim MD_{c-1}(N-n,\ \boldsymbol{a}+\boldsymbol{x})$。

总之，超几何抽样下的 $\boldsymbol{\theta}-\boldsymbol{x}$ 的后验分布与先验分布一样为多项-狄利克雷类型。 39
组总数向量 $\boldsymbol{\theta}$ 的后验分布是由 $\boldsymbol{x}$ 转换得到的，这当然意味着总体比 $\boldsymbol{\theta}/N$ 的向量的后验分布也是如此。(Basu 和 Pereira，1982)。

习题

3.1 **指数∧伽马模型**。令 $x_i\sim \text{Exp}(\theta)\,(i=1,2,\cdots,n)$ 独立同分布。

a. 假定 θ 服从 $Ga(\alpha,\ \beta)$ 分布，其中 α 和 β 均固定。给出后验分布 $h(\theta\mid x_1,x_2,\cdots,x_n)$。

b. 在同样的假设下，计算预测分布 $p(x_{n=1}\mid x_1,x_2,\cdots,x_n)$。

c. 现在考虑一种略有不同的情况。假设指数型随机变量代表 n 名患者在时刻 0 接受手术治疗后疾病复发的时间。在时刻 a，所有患者都还活着。n 名患者中的一部分可能已经复发。我们记录了他们的复发时间 x_i(假设患者复发后没有跟进观察，即我们没有进一步的数据)。其他患者可能仍然健康，所以我们不知道确切的复发时间。我们仅知道 $x_i>a$。对于这种情况，重复步骤(a)和(b)。

3.2 **二项(θ，n未知)∧贝塔/泊松模型**。对于一个二项抽样模型 $x\mid\theta\sim Bi(n,\ \theta)$。

a. 对于固定的 n 和 $\theta\sim Be(a_0,\ b_0)$，给出边缘分布 $p(x)$。这也称为贝塔-二项模型(参见3.1节)。

b. 假定 n 也是未知的，$h(n)\propto 1/n^2$，绘制 $x=50$，$(a_0,\ b_0)=(1,\ 4)$时的联合后验分布 $h(n,\ \theta\mid x)$的图像。

提示：使用$0.01\leqslant\theta\leqslant 0.99$ 和 $x\leqslant n\leqslant 500$ 的网格。使用R中的函数 `lgamma(n+1)`来计算$\ln(n!)$。

3.3 **层次泊松∧伽马模型**。一项动物实验记录了A和B两种不同品系小鼠的肿瘤计数。肿瘤计数近似泊松分布。对$n_A=10$只A品系小鼠和$n_B=13$只B品系小鼠观测肿瘤计数，观测结果如下：

$$y_A=(12,9,12,14,13,13,15,8,15,6);n_A=10$$

$$y_B=(11,11,10,9,9,8,7,10,6,8,8,9,7);n_B=13$$

我们假定 $y_{Ai}\sim Poi(\theta_A)$，$i=1,2,\cdots,n_A$，独立同分布，$y_{Bi}\sim Poi(\theta_B)$，$i=1,2,\cdots,n_B$，独立同分布，它们彼此独立。从(a)到(c)我们将考虑3种可选择的先验模型，能够在不同的水平上反映关于 θ_A 和 θ_B 的先验信息。

a. 假设每组为泊松抽样分布以及满足下式给出的先验分布，给出 θ_A 和 θ_B 的后验分布、均
40 值、方差和95%可信区间。

$$\theta_A\sim Ga(120,10),\quad \theta_B\sim Ga(12,1),\quad h(\theta_A,\theta_B)=h(\theta_A)\cdot h(\theta_B)$$

b. 对 θ_A 和 θ_B 构造层次结构先验，将类型A和类型B相似的概念形式化，即两级层次结构模型：

$$\theta_A\mid\psi\sim h(\theta_A\mid\psi)\text{和}\ \theta_B\mid\psi\sim h(\theta_B\mid\psi)\quad \psi\sim h(\psi)$$

提示：例如，可以使用层次化超先验来表示 θ_A 和 θ_B 的共同先验均值 ψ。

c. 现在，修正(b)中得到的先验模型，允许 $\theta_A=\theta_B$ 的正概率值。求 $h(\theta_A=\theta_B\mid y)$。

3.4 **瑞利∧伽马模型**。瑞利分布的概率密度函数为$f(x\mid\delta)=\delta x\,\mathrm{e}^{-\delta x^2/2}I_{(0,+\infty)}(x)$，多用于一些工程问题。假设$x=(x_i,\ i=1,2,\cdots,n)$是这个模型上一个随机样本的实现，假设$\delta$服从先验分布$Ga(a,\ b)$。

a. 给出后验分布 $h(\delta\mid x)$。论证伽马族为自然共轭模型。给出 $E(\delta\mid x)$和 $\mathrm{Var}(\delta\mid x)$。

b. H_0：$\delta=\delta_0$ 的假设检验可以使用不完全的伽马函数来进行。例如，使用杰弗里斯先验 $h(\delta)\propto\delta^{-1}I_{(0,+\infty)}(\delta)$，给定瑞利模型中一个观测值 x 的条件下的后验分布为 $\delta\mid x\sim \mathrm{Exp}(x^2/2)$。求 H_0 的相对后验似然水平(回忆1.3.1节中的定义)。

c. 接着，我们计算贝叶斯因子。假设瑞利模型中一个具有5个测量值的样本有$\sum_i x_i^2=7.54$。假定需要基于 H_0 的50%的先验概率来检验 $H_0(\delta_0=2)$，并备择假设下采用的先验分布为$Ga(0.02,\ 0.01)$。注意$\delta\mid H_1$的先验分布是均值为2、方差为200的正常分布，与非正常杰弗里斯先验很相似。除了小的正值，它在大多数支撑上都很平滑。计算贝叶斯因子

$$B(x)=\frac{P(H_0 \mid x)}{P(H_1 \mid x)}。$$

d. 最后，我们考虑 Y 的预测，$Y \mid \delta \sim Ray(\delta)$ 是独立于 $(X_1, X_2, \cdots, X_n)$ 的。给出后验预测密度函数 $p(y \mid x)$、点估计 $E(Y \mid x)$ 和 $P(Y>1 \mid x)$。

提示：使用条件期望和分部积分法的性质证明 $E(Y \mid \delta)=\sqrt{\pi/2}\delta^{-1/2}$。

3.5　均匀∧帕累托模型。令 $x=(x_i, i=1,2,\cdots,n)$ 为均匀模型 $U(0, \theta)$ 上的一个随机样本，密度为

$$f(x_1, x_2, \cdots, x_n \mid \theta)=\theta^{-n} I_{[t,+\infty)}(\theta), \quad t=x_{(n)} \equiv \max_{1 \leqslant i \leqslant n} x_i$$ 41

a. 证明 $f(x \mid \theta)$ 是 θ 的帕累托分布的核。给出帕累托核的参数。

b. 假定 $\theta \sim Pa(a, b)$，a，$b>0$，给出 $h(\theta \mid x)$。

c. 给出 θ 的后验均值、众数和中位数。

d. 给出 θ 的一个 γ-HPD 可信区间。

e. 令 $y=x_{n+1}$ 表示抽样模型中的一个新的观测值，同时假定与已有观测数据独立。求 $p(y \mid x_1, x_2, \cdots, x_n)$。

提示：求解结果最好写成 y 低于或高于某个阈值的两种情况，

3.6　正态线性回归($\boldsymbol{\beta}$，Σ 未知)。考虑一个 $x_{ij}(j=1,2,\cdots,k)$ 上 $y_i(i=1,2,\cdots,n)$ 的正态线性回归模型，在 $\boldsymbol{\beta}$ 上有一个正常多元正态先验，且在协方差矩阵上有三个可选先验。设 $\boldsymbol{y}=(y_1, y_2, \cdots, y_n)'$ 是一个 $n\times1$ 的响应向量，$\boldsymbol{X}$ 是一个 $n\times k$ 设计矩阵(即在第 i 行和第 j 列的值为 x_{ij} 的矩阵)。令 $\boldsymbol{\beta}=(\beta_1, \beta_2, \cdots, \beta_k)$ 是回归系数的向量。我们假设

$$\boldsymbol{y} \mid \boldsymbol{\beta}, \boldsymbol{\Sigma} \sim N(\boldsymbol{X\beta}, \boldsymbol{\Sigma})$$

$$\boldsymbol{\beta} \sim N(\boldsymbol{\mu}, \boldsymbol{T})$$

a. 假设 $\boldsymbol{\Sigma}$ 已知，令 $\boldsymbol{V}_{\beta}=(\boldsymbol{X}'\boldsymbol{\Sigma}^{-1}\boldsymbol{X})^{-1}$，$\hat{\boldsymbol{\beta}}=\boldsymbol{V}_{\beta}\boldsymbol{X}'\boldsymbol{\Sigma}^{-1}\boldsymbol{y}$。证明 $h(\boldsymbol{\beta} \mid \boldsymbol{\Sigma}, \boldsymbol{y})=N(\boldsymbol{m}, \boldsymbol{V})$，其中

$$\boldsymbol{V}^{-1}=\boldsymbol{T}^{-1}+\boldsymbol{V}_{\beta}^{-1} \text{ 且 } \boldsymbol{m}=\boldsymbol{V}(\boldsymbol{T}^{-1}\boldsymbol{\mu}+\boldsymbol{V}_{\beta}^{-1}\hat{\boldsymbol{\beta}})$$

最后一项简化为 $V_{\beta}^{-1}\hat{\beta}=X'\Sigma^{-1}y$。

b. 我们现在通过假设一个未知但是对角的协方差矩阵来扩展模型：

$$\boldsymbol{y} \mid \boldsymbol{\beta}, \sigma^2 \sim N(\boldsymbol{X\beta}, \sigma^2\boldsymbol{I}),$$

$$\boldsymbol{\beta} \mid \sigma^2 \sim N(\boldsymbol{\mu}, \sigma^2\boldsymbol{R}),$$

$$\sigma^2 \sim \text{Inv-}\mathcal{X}^2(v_0, s_0)$$

求 $\tau=1/\sigma^2$ 时的 $h(\tau \mid y)$ 和 R，v_0，s_0 固定时的 $h(\boldsymbol{\beta} \mid \sigma^2, \boldsymbol{y})$。

c. 将 $\boldsymbol{\beta}$ 上的先验替换为 $\boldsymbol{\beta} \sim N(\boldsymbol{\mu}, \boldsymbol{T})$，求 $h(\tau \mid \boldsymbol{\beta}, \boldsymbol{y})$。

注意：这里和问题(b)中的 $h(\boldsymbol{\beta} \mid \sigma^2, \boldsymbol{y})$ 一起，允许我们定义一个算法来交替模拟这两个完全条件后验分布。该算法称为吉布斯抽样器，我们将在第 6 章详细讨论。另见习题 6.11。 42

第 4 章　蒙特卡罗方法推断

绝大多数的统计推断问题都涉及复杂的模型，这往往使得对任何感兴趣的推断汇总，考虑解析解是不现实的(甚至数值解都是不现实的)，解析解在贝叶斯推断中往往采取积分的形式。在这种情况下，经典蒙特卡罗方法作为一种有吸引力的替代方法出现了。蒙特卡罗方法基于从概率分布中抽取的随机样本上的计算来求解相关的推断，而概率分布又可以由(伪)随机变量发生器[均匀模型 $U(0,\ 1)$的实现]生成。随机模拟的相关方法是延伸文献㊀中的主题，现在可以通过几种可用的统计和数学软件包实现。

本章描述了传统蒙特卡罗方法的基本版本和重要性抽样的一般思想，以及一些与贝叶斯推断有关的专用版本和变体。

4.1　简单蒙特卡罗方法

考虑如下形式的积分的近似问题：

$$\int g(\theta) h(\theta \mid x) \mathrm{d}\theta = E[g(\theta) \mid x] \tag{4.1}$$

其中 θ 和 x 可以是向量，假设关于 $h(\theta \mid x)$ 的期望存在。对于某些可积函数 $g(\theta)$，许多后验汇总可以由式(4.1)表示。这是 θ 的元素的后验矩、参数空间子集的后验概率和后验预测密度对应的情况，其中对 θ 的第 i 个坐标值的均值、$A \subset \Theta$ 以及固定的
43 y，$g(\theta)$分别为 θ_i、$I_A(\theta)$和 $f(y \mid \theta)$。

感兴趣的其他量也可以使用适当的积分来表示，包括后验分布的归一化常数、边缘后验密度、贝叶斯因子和后验模型概率。

如果我们可以通过后验分布 $h(\theta \mid x)$模拟一组随机样本 $\theta_1, \cdots, \theta_n$，那么最简单的蒙特卡罗方法对式(4.1)中的积分通过下式进行近似：

㊀ 包括 Devroye(1986)、Ripley(1987)和 Gentle(2004)，其中 Devroye 的著作有免费的 pdf 版本。

$$\hat{E}[g(\theta)\mid x]=\frac{1}{n}\sum_{i=1}^{n}g(\theta_i) \tag{4.2}$$

根据强大数定律，结果几乎必然收敛到 $E[g(\theta)\mid x]$。估计器的精度可以通过蒙特卡罗平均的(估计的)标准误差来估计，由

$$\frac{1}{\sqrt{n(n-1)}}\left\{\sum_{i=1}^{n}\left[g(\theta_i)-\frac{1}{n}\sum_{i=1}^{n}g(\theta_i)\right]^2\right\}^{1/2} \tag{4.3}$$

给出，其中 $E\{[g(\theta)]^2\mid x\}<\infty$。

在我们感兴趣的式(4.1)中，积分可以用无穷多个变分来表示，变分涉及参数空间、被积函数和目标分布的三元组(Θ, g, h)的一致变化(Ripley，1987)。与每一种表示相关的蒙特卡罗估计器具有不同的精度，且意味着为得到可靠估计所需的不同计算代价(更容易或更困难的随机变量生成及更大或更小的蒙特卡罗样本量)。这意味着我们可以使用更有效的工具，以相对较小的蒙特卡罗样本量来获得高精度的估计㊀。

总之，如果可以从后验分布 $h(\theta\mid x)$生成样本，那么式(4.1)类型的积分计算是很简单的。还要注意的是，一个模拟的蒙特卡罗样本大大简化了许多其他解析困难的推断汇总。例如，重参数化和边缘化就是这种情况，它们仅仅分别通过模拟的样本的相应变换和感兴趣的分量的选择即可完成。后文将更详细地讨论后验概率、边缘后验分布、可信区间和后验预测汇总的估计。

例 4.1　癌症化疗药物的第一阶段临床试验旨在确定最大耐受剂量(MTD)，该 44
剂量可在不出现剂量限制毒性(DLT)的情况下使用。假设高剂量对肿瘤治疗更有效，我们希望找到没有过度毒性的最高剂量。但是，有些毒性必须忍受，否则治疗无效。例如，研究人员可能会寻找 DLT 概率小于 $\pi^*=30\%$的最高剂量。连续重新估计方法(CRM)是第一个基于贝叶斯模型的此类试验设计(O'Quigley 等，1990)。在其最基本的形式中，该方法通过简单的单参数模型来表征剂量-毒性关系，例如双曲正切模型、logistic 模型或幂模型。设 δ_k，$k=1,\cdots,K$，表示试验中可用的剂量水平，π_k 表示在第 K 剂量时出现 DLT 的概率。双曲正切模型假设

㊀ 有关蒙特卡罗估计方差缩减技术的详细信息，请参见(Rubinstein，1981)及(Robert 和 Casella，2004)的文章。

表 4.1　连续重新估计方法：剂量水平，毒性的先验概率 π_k^0，及标准化剂量 δ_k

k	剂量水平					
	1	2	3	4	5	6
剂量(mg/m^2)	10	20	40	60	75	90
毒性概率 π_k^0	0.05	0.10	0.20	0.30	0.50	0.70
标准化剂量 δ_k	−1.47	−1.1	−0.69	−0.42	0	0.42

$$\pi_k(a)=[(\tanh(\delta_k)+1)/2]^a=\left[\frac{\exp(\delta_k)}{\exp(\delta_k)+\exp(-\delta_k)}\right]^a \tag{4.4}$$

为了突出 π_k 作为未知参数 a 的函数的本质，我们记为 $\pi_k(a)$。令 π_k^0 表示在第 k 剂量水平上期望毒性的先验专家判断。将剂量记录为标准化的剂量水平 $\delta_k=\tanh^{-1}(2\pi_k^0-1)$，我们可以将先验均值 $E(\pi_k \mid a=1)$ 与专家先验判断进行匹配，即 $E(\pi_k \mid a=1)=\pi_k^0$。

假定在开发一种新药剂时，要研究 $K=6$ 的剂量水平。我们假设一个先验分布为 $h(a)=\text{Exp}(1)$ 的双曲正切剂量–毒性曲线。目标毒性水平设定为 $\pi^*=20\%$。表 4.1 给出了剂量水平和我们对各剂量水平下毒性概率的先验判断。假设前四名患者的治疗剂量分别为 $k_i=3, 4, 4, 5$，即患者 $i=1$ 使用剂量 δ_3 进行治疗，以此类推。令
45 $y_i\in\{0, 1\}$ 表示第 i 个提供 DLT 报告的患者的指示器。假定观察到的毒性结果为 $y_i=0, 0, 0, 1$。在式(4.4)中，抽样模型为 $f(y_i=1 \mid k_i=k, a)=\pi_k(a)$。

令 $D_i=(y_1,\cdots,y_i)$ 表示直到第 i 个患者的数据。为了实施 CRM 方法，我们需要计算 $k=1,\cdots,K$ 时的 $\overline{\pi}_k\equiv E\{\pi_k(a) \mid D_i\}$。这里采取了式(4.1)中的后验期望形式，其中 $\theta=a$ 和 $g(\cdot)=\pi_k(\cdot)$。考虑恰在第 $(i+1)=5$ 个病人登记前，计算 $\overline{\pi}_k$，$k=1,\cdots,K$。后验分布 $h(a \mid D_4)$ 为

$$h(a \mid D_4)\propto e^{-a}(1-\pi_3(a))(1-\pi_4(a))^2\pi_5=$$
$$e^{-a}(\exp(2\delta_3)+1)^{-a}(\exp(2\delta_4)+1)^{-2a}(1+\exp(-2\delta_t))^{-a}$$

我们使用蒙特卡罗积分来估计 $\overline{\pi}_k$。我们产生(例如，使用附录 B 中 R 的宏 `sim.x()` 指令)$M=5000$ 个样本 $a_m \sim h(a \mid D_4)$，$m=1,2,\cdots,M$，使用式(4.2)中的蒙特卡罗平均估计 $\hat{\pi}_k=\frac{1}{M}\pi_k(a_m)$。图 4.1 显示了后验估计和估计的后验分布 $h\{\pi_k(a) \mid D_4\}$。CRM 方法将要求下一个患者接受最高剂量 $k(\hat{\pi}_k\leqslant\pi^*)$ 的治疗。在这种情况下，我们

取 $k^*=3$，将对应的剂量安排给下一个参与试验的患者。■

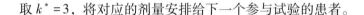

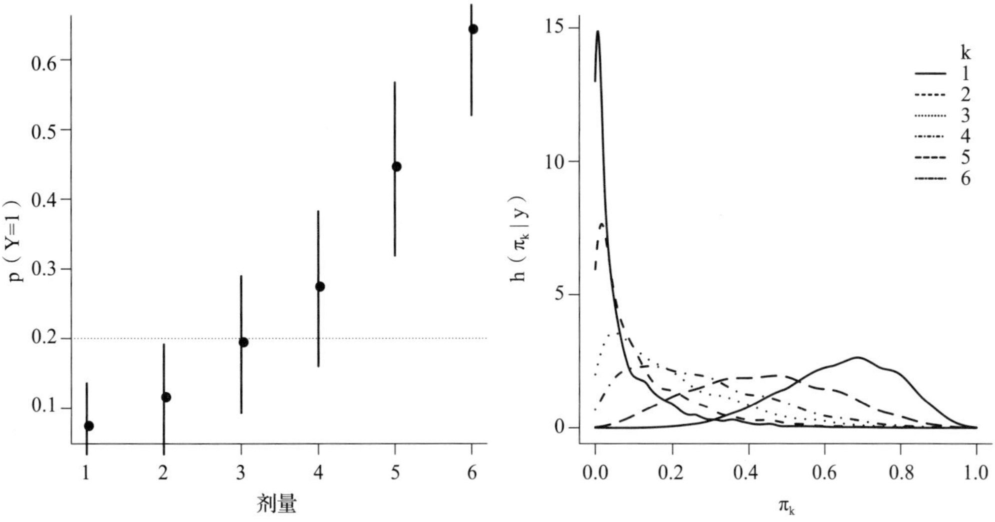

a) $\bar{\pi}_k$　　　　b) $h(\pi_k(a)\mid D_4)$

图 4.1　图 a 显示了用蒙特卡罗平均 $\hat{\bar{\pi}}_k$ 估计的后验平均毒性。纵轴显示了±0.5 的后验标准差。图 b 显示了边缘后验分布 $h(\pi_k \mid D_4)$，用 $\{\pi_k(a_m);\ m=1,2,\cdots,M\}$ 的直方图的核密度估计来求值

4.1.1　后验概率 46

如果 $g(\theta)=I_A(\theta)$ 是某个事件 A 在参数空间中的一个指示函数，则式(4.2)中的蒙特卡罗估计成为落入 A 的模拟样本的比例。作为一个具体的例子，考虑最短 HPD 集合的后验概率的估计，该集合包含一个固定值 $\theta_0\in\mathbb{R}$，

$$P(\theta_0)\equiv P_{h(\theta\mid x)}(\{\theta:h(\theta\mid x)\geqslant h(\theta_0\mid x)\})$$

这是我们在第 1 章中介绍过的一种为 H_0：$\theta=\theta_0$ 构造贝叶斯假设检验的方式。相对后验似然性水平的求值不需要一元 $h(\theta\mid x)$ 的归一化常数。对应的蒙特卡罗估计变为

$$\hat{P}(\theta_0)=\frac{1}{n}\#\{\theta_i,1\leqslant i\leqslant n:L(\theta_i\mid x)h(\theta_i)\geqslant L(\theta_0\mid x)h(\theta_0)\}\tag{4.5}$$

4.1.2　可信区间

现在考虑一个来自一元后验分布 $h(\theta\mid x)$ 的蒙特卡罗样本(θ_i，$1\leqslant i\leqslant n$)，具有累积分布函数 $H(\theta\mid x)$，假设我们希望用一个在水平 γ 上的可信区间 $R(\gamma)$ 对后验分

布进行汇总。构造这样一个区间需要完全了解后验分布。在归一化常数未知的情况下，可以利用蒙特卡罗样本从相应的经验分位数得到可信区间的近似值。

通过对蒙特卡罗样本进行排序和使用经验分位数，可以得到一个中心 γ 可信区间 $R_*(\gamma)$ 的蒙特卡罗近似。特别地，令 $(\theta_{(i)},\ 1\leqslant i\leqslant n)$ 表示已经排序的样本，$R_c(\gamma)$ 的蒙特卡罗估计为

$$\hat{R}_*(\gamma)=(\theta_{(\ell)},\theta_{(h)}) \quad 其中 \quad \ell=\left[n\left(\frac{1}{2}-\frac{\gamma}{2}\right)\right],\quad h=\left[n\left(\frac{1}{2}+\frac{\gamma}{2}\right)\right] \tag{4.6}$$

其中 $[n\alpha]$ 是 $n\alpha$ 的整数部分。

单峰分布(可能是不对称分布)的最佳区间汇总是 HPD 区间 $R_0(\gamma)=\{\theta:\ h(\theta\mid x)\geqslant k_\gamma\}$，其中 k_γ 是最大的阈值，这样 $R_0(\gamma)$ 的后验概率至少为 γ。这个定义使得这个区间比具有固定的、预先确定的尾部区域的区间更难估计，即使 θ 的后验密度的
47 封闭形式表达式是可用的。Chen 和 Shao(1999)提出了一种近似 $R_0(\gamma)$ 的蒙特卡罗方法，该方法实现起来非常简单。基于有序蒙特卡罗样本 $(\theta_{(i)},\ 1\leqslant i\leqslant n)$，水平 γ 上的可信区间可通过以下方式确定：

$$\hat{R}_i(\gamma)=(\theta_{(i)},\theta_{(i+[n\gamma])}),\quad i=1,2,\cdots,n-[n\gamma]$$

其中 $[n\gamma]$ 表示 $n\gamma$ 的整数部分。考虑到 HPD 区间的最小长度性质，将 Chen 和 Shao 提出的 $R_0(\gamma)$ 的蒙特卡罗近似定义为 $\hat{R}_0(\gamma)=R_{i_0}(\gamma)$，其中 i_0 由 $i_0=\arg\min_i[\theta_{(i+[n\gamma])}-\theta_{(i)}]$，$1\leqslant i\leqslant n-[n\gamma]$ 确定。㊀

注意，该方法很容易根据参数函数 $\psi(\theta)$ 的 HPD 区间进行修正。这足以将其应用于变换后的蒙特卡罗样本 $(\psi(\theta_i),\ 1\leqslant i\leqslant n)$。然而，回想一下，在非线性变换下，HPD 的性质并不是不变的。

4.1.3　边缘后验分布

假设 $\boldsymbol{\theta}=(\theta_1,\theta_2,\cdots,\theta_k)\in\mathbb{R}^k$，$k>1$，我们的目标是基于 $h(\boldsymbol{\theta}\mid x)$ 上的蒙特卡罗样本 $\boldsymbol{\theta}_{(i)}=(\theta_{(i)1},\theta_{(i)2},\cdots,\theta_{(i)k})$，$1\leqslant i\leqslant n$，(这里使用下标 i 对样本进行索引编号，使用 $(i)m$ 对 $\boldsymbol{\theta}_{(i)}\in\mathbb{R}^k$ 的分量进行索引编号)对边缘后验密度进行估计。可以使用以下几种方法。

当目标是估计一个边缘密度，比如 $h(\theta_j\mid x)$ 时，最简单的方法是选择每个多元

㊀ 参见 Chen 等(2000：第 7 章)关于近似 $\hat{R}_0(\gamma)$ 的渐近有效性的论述。

蒙特卡罗样本的第 j 个分量，根据得到的一元样本 $(\theta_{(1)j},\theta_{(2)j},\cdots,\theta_{(n)j})$ 创建直方图，并使用一些简单的平滑方法将曲线拟合到直方图。所谓的核方法，是一种更复杂的非参数平滑方法，用于估计边缘密度 $h(\boldsymbol{\theta}^{(m)}\mid x)$，其中对固定的 $m=1,2,\cdots,k-1$，有 $\boldsymbol{\theta}^{(m)}=(\theta_1,\theta_2,\cdots,\theta_m)\in\mathbb{R}^m$。关于非参方法的描述可以在任何一本书中找到[例如，Silverman(1986)]。

为了介绍另一种基于条件的方法，假设矩 $k=2$，令 Θ 表示 $\boldsymbol{\theta}=(\theta_1,\ \theta_2)$ 的后验密度 $h(\theta_1,\ \theta_2\mid x)$ 的支撑，令 $\Theta_{-1}(\theta_1)=\{\theta_2:(\theta_1,\ \theta_2)\in\Theta\}$ 表示 Θ 的子集，它由固定 θ_1 时 $h(\theta_1,\ \theta_2\mid x)$ 的支撑组成，并令 $\Theta_1(\theta_2)=\{\theta_1:(\theta_1,\ \theta_2)\in\Theta\}$ 表示条件密度 $h(\theta_1\mid\theta_2,\ x)$ 的支撑。 48

对于 θ_1 的一个固定值 θ_{1*}，令[假设使用富比尼(Fubini)定理]

$$\begin{aligned}h(\theta_{1*}\mid x)&=\int_{\Theta_{-1}(\theta_{1*})}h(\theta_{1*}\mid\theta_2,x)h(\theta_2\mid x)\,\mathrm{d}\theta_2\\&=\int_{\Theta_{-1}(\theta_{1*})}h(\theta_{1*}\mid\theta_2,x)\left\{\int_{\Theta_1(\theta_2)}h(\theta_1,\theta_2\mid x)\,\mathrm{d}\theta_1\right\}\mathrm{d}\theta_2\\&=\int_{\Theta}h(\theta_{1*}\mid\theta_2,x)h(\boldsymbol{\theta}\mid x)\,\mathrm{d}\boldsymbol{\theta}\end{aligned}\tag{4.7}$$

这表明 θ_1 的边缘后验密度的值可以解释为 θ_1 的条件后验密度的对应值的后验期望(关于 θ，尤其包括 θ_2)。

将本方法推广到 $\boldsymbol{\theta}=(\boldsymbol{\theta}^{(m)},\ \boldsymbol{\theta}^{(-m)})$，其中 $\boldsymbol{\theta}^{(-m)}=(\theta_{m+1},\theta_{m+2},\cdots,\theta_k)$，我们得到

$$h(\boldsymbol{\theta}_*^{(m)}\mid x)=\int_{\Theta}h(\boldsymbol{\theta}_*^{(m)}\mid\boldsymbol{\theta}^{(-m)},x)h(\boldsymbol{\theta}\mid x)\,\mathrm{d}\boldsymbol{\theta}\tag{4.8}$$

上述公式意味着 $\boldsymbol{\theta}^{(m)}=(\theta_1,\theta_2,\cdots,\theta_m)$ 的边缘后验密度可以用基于 $h(\boldsymbol{\theta}\mid x)$ 的随机样本 $\boldsymbol{\theta}_{(i)}=(\boldsymbol{\theta}_{(i)}^{(m)},\ \boldsymbol{\theta}_{(i)}^{(-m)})$ 的蒙特卡罗估计来近似表示，其中 $\boldsymbol{\theta}_{(i)}^{(m)}=(\theta_{(i)1},\theta_{(i)2},\cdots,\theta_{(i)m})$，$\boldsymbol{\theta}_{(i)}^{(-m)}=(\theta_{(i)m+1},\theta_{(i)m+2},\cdots,\theta_{(i)k})$，$i=1,\ \cdots,\ n$，

$$\hat{h}(\boldsymbol{\theta}_*^{(m)})=\frac{1}{n}\sum_{i=1}^{n}h(\boldsymbol{\theta}_*^{(m)}\mid\boldsymbol{\theta}_{(i)}^{(-m)},x)\tag{4.9}$$

这个估计是由 Gelfand 和 Smith(1990)提出的，也可参见 Gelfand 等(1992)。它没有使用模拟值的 $\boldsymbol{\theta}_{(i)}^{(m)}$，$i=1,2,\cdots,n$ 部分(核密度估计基于此)，而是要求在给定 $\boldsymbol{\theta}^{(-m)}$ 的条件下 $\boldsymbol{\theta}^{(m)}$ 的条件后验密度的完整知识。

假设满足这个条件，式(4.9)中的估计比核方法得到的估计更有效，这一点已经

由 Gelfand 和 Smith(1990)证明了。这是因为它利用了模型结构的知识，而这一点正体现在所需的条件分布中。类似的情况也发生在下述对$\boldsymbol{\theta}^{(m)}$的后验均值估计中，根据式(4.9)，估计可由下式给出

$$\hat{\boldsymbol{\theta}}^{(m)} = \frac{1}{n}\sum_{i=1}^{n} E(\boldsymbol{\theta}^{(m)} \mid \boldsymbol{\theta}_{(i)}^{(-m)}, x) \tag{4.10}$$

此估计量利用了可用的指示条件期望，由于条件期望的性质，从$\boldsymbol{\theta}^{(m)}$的边缘分布的样
49 本得到的结果比经典的蒙特卡罗估计器更精确⊖。

4.1.4　预测汇总

注意 Y 的后验预测密度的值是期望 $p(y \mid x) = E_{\theta \mid x}[f(y \mid \theta, x)]$，我们可以很容易基于 $h(\theta \mid x)$的抽样的后验蒙特卡罗样本推导出蒙特卡罗近似：

$$\hat{p}(y \mid x) = \frac{1}{n}\sum_{i=1}^{n} f(y \mid \theta_i, x) \tag{4.11}$$

对与预测模型 $p(y \mid x)$关联的汇总蒙特卡罗估计，我们需要从该分布中随机抽样。如果可以从 y 的抽样模型进行模拟的话，则可以通过所谓的复合方法来实现(Tanner, 1996)。该方法可以从 $p(y \mid x)$中生成一个样本$(y_1, y_2, \cdots, y_n)$，如下所示。

1. 由 $h(\theta \mid x)$生成大小为 n 的独立同分布样本$(\theta_1,\ \theta_2,\ \cdots\theta_n)$。
2. 对于每个 i，由$f(y \mid \theta_i,\ x)$，$i = 1, 2, \cdots, n$ 生成 y_i。

基于此蒙特卡罗样本，我们可以轻松估计各种预测汇总的近似值。例如，对于未来观测数据 $y \in \mathbb{R}$ 的预测均值和预测 HPD 区间的估计，与我们之前讨论的基于 θ 的后验蒙特卡罗样本得出 θ 的后验均值和 HPD 可信区间的方法是相同的。

4.2　重要性抽样蒙特卡罗方法

虽然对于许多特定分布都有随机变量生成器[参见如 Ripley(1987)]，但在许多
50 情况下，不可能从后验 $h(\theta \mid x)$生成独立同分布样本，这使得考虑替代策略很有必要。其中一种可能的策略是根据与所需后验分布“相似”的分布进行模拟。重要性抽样就是这类方法的一个例子，我们将在下面介绍。直到 1990 年左右，重要性抽样

⊖ 这个论点类似于 Rao-Blackwell 定理，该定理建立了一个充分统计量条件下估计量的期望值是一个具有相等偏差但比原估计量更有效的估计量。即使这里的背景并不一样，但用于条件化的术语 Rao-Blackwellization，也适用于式(4.10)和式(4.9)中的条件化。

一直是后验模拟的首选方法，但现在的应用要少得多。我们仍然在此介绍它，是出于历史背景，也是因为其基本思想在许多应用中仍然有用。

令 $p(\theta)$ 为一个密度，其支撑 Θ_p 包含了 $h(\theta \mid x)=cf(x \mid \theta)h(\theta)$ 的支撑，且作为期望的抽样的一个工具被提出来。假设所关心的量是关于 θ 上后验分布的 $g(\theta)$ 的期望。可以使用分布 $p(\theta)$ 将其写成如下形式：

$$\bar{g} \equiv \int g(\theta)h(\theta \mid x)\mathrm{d}\theta = \int g(\theta)\frac{h(\theta \mid x)}{p(\theta)}p(\theta)\mathrm{d}\theta$$

即作为关于 p 的原始函数 g 的期望值，但通过乘法因子 $h(\theta \mid x)/p(\theta)$ 进行调整。根据关于分布 $p(\theta)$ 的支撑的假设，后一个期望总是存在的。根据上一节的讨论，从 $p(\theta)$ 而不是从 $h(\theta \mid x)$ 进行模拟的想法自然会导致通过 $(\Theta_p, (gh)/p, p)$ 来估计所关心的量，也就是说，将其估计为 Θ_p 上 $(gh)/p$ 关于 p 的积分。

此外，所关心的量的这种新表示只需得到的后验相差不超过一个比例常数 c 即可，对于 $p(\theta)$ 也是如此。事实上，

$$\begin{aligned}\int g(\theta)h(\theta \mid x)\mathrm{d}\theta &= \frac{\int g(\theta)f(x \mid \theta)h(\theta)\mathrm{d}\theta}{\int f(x \mid \theta)h(\theta)\mathrm{d}\theta} \\ &= \frac{\int g(\theta)\frac{f(x \mid \theta)h(\theta)}{p(\theta)}p(\theta)\mathrm{d}\theta}{\int \frac{f(x \mid \theta)h(\theta)}{p(\theta)}p(\theta)\mathrm{d}\theta} = \frac{\int g(\theta)w(\theta)p(\theta)\mathrm{d}\theta}{\int w(\theta)p(\theta)\mathrm{d}\theta} \qquad (4.12)\end{aligned}$$

其中 $w(\theta)=f(x \mid \theta)h(\theta)/p(\theta)$。密度 $p(\cdot)$ 称为重要性函数，可能是因为它允许人们更好地探索参数空间中对于所感兴趣的积分的计算最重要的区域。因此，从该分布进行模拟的过程称为重要性抽样。

假设，$(\theta_1,\cdots,\theta_n)$ 是从 $p(\theta)$ 得到的重要性样本。使用 $w_i=w(\theta_i)$，我们现在可以应用蒙特卡罗方法将 $E[g(\theta) \mid x]$ 近似为

$$\hat{E}[g(\theta) \mid x] = \frac{1}{\sum_{i=1}^{n} w_i}\sum_{i=1}^{n} w_i g(\theta_i) \qquad (4.13)$$ 51

该估计器的形式表明，重要性抽样可视为加权抽样，$g(\theta_i)$ 的权重 w_i 称为重要性抽样权重。在适当的假设下，特别是在 $p(\theta)$ 的支撑包括 $h(\theta \mid x)$ 的支撑且积分

$\int g(\theta)h(\theta \mid x)\mathrm{d}\theta$ 存在且有限的情况下，Geweke(1989)证明了对于来自 $p(\theta)$ 的独立同分布重要性样本 θ_i，有

$$\frac{1}{\sum_{i=1}^{n} w_i}\sum_{i=1}^{n} w_i g(\theta_i) \rightarrow \int g(\theta)h(\theta \mid x)\mathrm{d}\theta \text{ 几乎必然}$$

其中，蒙特卡罗标准误差可以由下式估计得到：

$$\hat{\sigma}_n = \frac{1}{\sum_{j=1}^{n} w_j}\left[\sum_{i=1}^{n}\left\{g(\theta_i) - \frac{1}{\sum_{j=1}^{n} w_j}\sum_{i=1}^{n} w_i g(\theta_i)\right\}^2 w_i^2\right]^{1/2} \tag{4.14}$$

此结果假设蒙特卡罗估计量$[g(\theta)]^2$ 和重要性权重 $h(x \mid \theta)/p(\theta)$ 的乘积的后验期望值的方差是有限的(这与关于 p 的 $g(\theta)h(x \mid \theta)/p(\theta)$ 的平方的期望值是相同的)。

重要性抽样估计器的收敛速度取决于重要性分布和目标分布 $h(x \mid \theta)$ 之间的比。要注意的是，当 $p(\theta)<h(x \mid \theta)$ 时，估计器会给 θ 赋予更大的权重，反之则权重更小。如果这个重要性比是无界的，如 p 比 $h(\cdot \mid x)$ 轻尾，则权重可以发生很大变化，并在目标分布下以低概率在一个范围(尾部)内对少数模拟值赋予很高的重要性。取决于函数 g，估计器的方差甚至可能是无穷的，这意味着比直接基于目标分布的估计器(如果可能的话)的性能差得多。

总之，重要性抽样蒙特卡罗方法是否为一种很有前途的方差缩减技术取决于所选的重要性抽样密度，更多详细信息，请参见 Robert 和 Casella(2004)。一个好的重要性抽样密度的理想特性是：(1) 容易生成随机变量；(2) 比目标分布 $h(\cdot \mid x)$ 更重尾；(3) 对 $h(\cdot \mid x)$ 有好的近似。Shaw(1988)开发了一类一元分布，其设计适合作为重要性函数[另见 Smith(1991)]。对于多元参数的情况，通常使用多元正态分布或学
52 生氏 t 分布[㊀]。

例 4.2 回顾例 4.1 中的设置。在 I 期试验中，特意选择了单参数模型(4.4)，以便在小样本量的情况下进行有意义的推断。在仍然保留一个简约模型的基础上，但考虑到更多的灵活性，Neuenschwander 等(2008)提出了一种基于双参数概率单位

㊀ 基于 Genz 和 Kass(1997)描述的方法，程序 BAYESPACK 为 Fortran 子程序提供了一个 R 接口，这些子程序通过重要性抽样实现数值积分。该软件包可以从 http://cran.r-project.org/src/contrib/Archive/bayespack 下载。

回归的设计，

$$f(y_i=1\mid d_i=\delta_k)=\pi_k \quad \text{其中} \quad \pi_k=1-\Phi[-a-b\ln(\delta_k/\delta^0)] \tag{4.15}$$

这里，a 和 b 为概率单位回归系数，δ^0 为参考剂量。该模型可以方便地解释参数，a 由参考剂量 δ^0 的先验几率确定，b 决定了剂量距离 δ^0 的对数几率偏移。再加上一个二元正态先验 $(a, b)\sim N(\mu, \Sigma)$，该模型就完整了。我们将先验均值设置为 $\mu=(1.65, 1.327)$ 来分别匹配先验期望 $E(\pi_1)=0.01$ 和 $E(\pi_K)=0.95$，并设置 $\Sigma=\boldsymbol{I}$ 以在似然剂量-响应曲线的一个范围内得到较宽的先验支撑。

注意不可能定义单一精度靶向毒性 π^*，Neuenschwander 等(2008)将单一靶向毒性水平 π^* 的概念扩展到四个毒性概率子区间上的顺序尺度。Neuenschwander 等人(2008)将毒性概率 π_k 的范围划分为四个区间：剂量不足，$I_{\mathrm{u}}=(0, 0.20]$；靶向毒性，$I_{\mathrm{t}}=(0.20, 0.35]$；毒性超量，$I_{\mathrm{e}}=(0.35, 0.60]$；不可接受的毒性，$I_{\mathrm{a}}=(0.60, 1.00]$。基于 π_k，$k=1,\cdots,K$，的后验概率，在这四个区间内，他们提出了一种实用的设计，即根据这四种概率来确定对当前剂量降低、升高或继续。

我们考虑研究参考剂量为 $\delta^0=250$ 的一个剂量网格 $\delta=(12.5, 25, 50, 100, 150, 200, 250)$。假设前 $n=7$ 名患者的指定剂量为 $k_i=1, 1, 2, 2, 3, 2, 3$，对应的记录结果为 $y_i=0, 0, 0, 0, 1, 0, 1$。我们使用重要性抽样来得到 $P(\pi_k\in I_t\mid D_n)$，对 I_{e} 和 I_{a} 类似，其中 $k=1,\cdots,K$。设 $\boldsymbol{\theta}=(a, b)$。我们使用二元正态重要性函数 $p(\boldsymbol{\theta})=N(\boldsymbol{m}, \boldsymbol{V})$，其中 $\boldsymbol{m}$ 为后验众数(MAP)，$\boldsymbol{V}$ 为该众数下对数后验的黑塞-矩阵的负逆[㊀]，即 $\boldsymbol{S}=-\boldsymbol{H}^{-1}$。图 4.2 总结了后验推断。于是试验设计即可确定具有最大 $P(\pi_k\in I_{\mathrm{t}}\mid D_n)$ 的剂量，将搜索限制在 $P(\pi_k\in I_{\mathrm{e}}\cup I_{\mathrm{a}}\mid D_n)<0.25$ 范围内的所有剂量即可。

与前一节类似，我们现在继续描述该方法(及其变体)在与可信区间、贝叶斯因子和边缘后验密度相关的推断中的应用[㊁]。

4.2.1　可信区间

考虑更一般的情况，我们现在假设抽样模型中的参数向量被划分为 $\boldsymbol{\theta}=(\gamma, \phi)$，其中 γ 是一个我们感兴趣的一元参数，ϕ 是干扰参数的向量(在与 4.1 节相对应的讨

㊀ 见 8.1.1 节对后验分布的正态近似的更多讨论。

㊁ 更多的讨论可参见 Paulino 等(2018)以及 Chen 等(2000)。

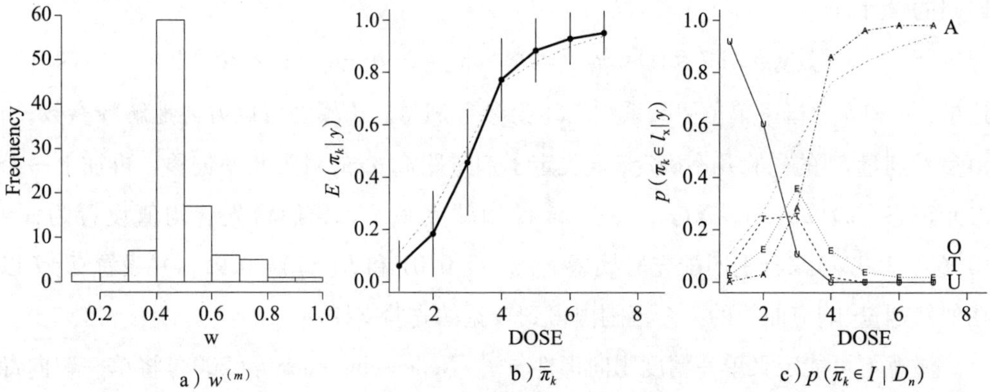

图 4.2　有序毒性区间：图 a 显示了重要性抽样权重 $w^{(m)}$。图 b 显示了在 $n=7$ 名患者试验后的 DLT 的后验估计概率 $\bar{\pi}_k=E(\pi_k \mid D_n)$。短的竖直线段显示了 π_k 的±1 后验标准差。图 c 绘制了 4 个区间 $I=I_u$，I_t，I_o，I_a（分别标记为 U、T、O 和 A）的后验概率 $P(\pi_k \in I \mid D_n)$

论中，没有 ϕ，因此 $\theta=\gamma$）。

令$(\gamma_i,\ \phi_i)$表示一个重要性抽样密度 $p(\gamma,\ \phi)$ 上的随机样本，$1 \leqslant i \leqslant n$，将其设计为用于后验分布 $h(\gamma,\ \phi \mid x) \propto L(\gamma,\ \phi \mid x) h(\gamma,\ \phi)$。$\gamma_*$ 中 γ 的边缘后验分布的累积分布函数为

54

$$H(\gamma_* \mid x)=E[I_{(-\infty,\gamma_*)}(\gamma) \mid x]$$

$$=\frac{\int I_{(-\infty,\gamma_*)}(\gamma)\dfrac{L(\gamma,\phi \mid x)h(\gamma,\phi)}{p(\gamma,\phi)}p(\gamma,\phi)\mathrm{d}\gamma\mathrm{d}\phi}{\int \dfrac{L(\gamma,\phi \mid x)h(\gamma,\phi)}{p(\gamma,\phi)}p(\gamma,\phi)\mathrm{d}\gamma\mathrm{d}\phi}$$

它可以由加权的蒙特卡罗平均近似：

$$\hat{H}(\gamma_* \mid x)=\frac{1}{n}\sum_{i=1}^{n} w_i I_{(-\infty,\gamma_*)}(\gamma_i) \tag{4.16}$$

其中权重为

$$w_i=\frac{L(\gamma_i,\phi_i \mid x)h(\gamma_i,\phi_i)/p(\gamma_i,\phi_i)}{\dfrac{1}{n}\sum_{j=1}^{n} L(\gamma_j,\phi_j \mid x)h(\gamma_j,\phi_j)/p(\gamma_j,\phi_j)}$$

[注意在式(4.13)的变体中，我们现在已经包括了 w_i 中归一化的权重]。将样本按照 γ_i 的值排序表示为$(\gamma_{(i)},\ \phi_{(i)})$，$1 \leqslant i \leqslant n$，其中 $\phi_{(i)}$ 为与 $\gamma_{(i)}$ 一起模拟的值（也就是

说，如果 ϕ 是一元，则它不是 ϕ 的 i 阶统计量)，并由 $w_{(i)}$ 表示($\gamma_{(i)}$，$\phi_{(i)}$)对的相应权重。于是我们定义如下的 γ 的加权经验分布函数：

$$\hat{H}(\gamma_* \mid x)=\begin{cases}0, & \gamma_* < \gamma_{(1)} \\ \sum_{j=1}^{i} w_{(j)}/n, & \gamma_{(i)} \leqslant \gamma_* < \gamma_{(i+1)} \\ 1, & \gamma_* \geqslant \gamma_{(n)}\end{cases}$$

如果 $p(\gamma, \phi)=h(\gamma, \phi \mid x)$，这就自然地与经验分布函数相匹配(因此 $\forall i$ 有 $w_{(i)}=c$)。

令 $\gamma_\alpha=\inf\{\gamma: H(\gamma \mid x)\geqslant\alpha\}$ 表示 γ 的后验边缘的 α 分位数，其蒙特卡罗模拟为

$$\hat{\gamma}_\alpha=\begin{cases}\gamma_{(1)}, & \alpha=0 \\ \gamma_{(i)}, & \frac{1}{n}\sum_{j=1}^{i-1} w_{(j)} < \alpha \leqslant \frac{1}{n}\sum_{j=1}^{i} w_{(j)}\end{cases}$$

$(1-\alpha)$中心可信区间 $R_*(1-\alpha)$可(一致地)由下式估计得到：

$$\hat{R}_*(1-\alpha)=(\hat{\gamma}_{\frac{\alpha}{2}},\hat{\gamma}_{1-\frac{\alpha}{2}}) \tag{4.17}$$

类似地，令

$$\hat{R}_i(1-\alpha)=(\hat{\gamma}_{\frac{i}{n}},\hat{\gamma}_{\frac{i+[n(1-\alpha)]}{n}}),\quad i=1,2,\cdots,n-[n(1-\alpha)]$$

表示 γ 的一个$(1-\alpha)$可信区间序列，HPD 区间 $R_0(1-\alpha)$可以通过 $\hat{R}_0(1-\alpha)=\hat{R}_{i_0}(1-\alpha)$估计得到，其中 $\hat{R}_{i_0}(1-\alpha)$是这个序列中最小的区间。

对关于任何实值函数 $\psi(\gamma, \phi)$的可信区间来说，对值 $\psi_i=\psi(\gamma_i, \phi_i)$进行排序并通过相同的方案估计分位数就足够了，这只需重新排列相同的权重 $w_{(i)}$。 55

4.2.2　贝叶斯因子

如第 1 章所述，可信区间通常用作构造贝叶斯显著性检验的手段。然而，通过其后验概率来比较陈述的想法意味着假设检验(以及通常的模型比较过程)应使用贝叶斯因子，一般来说，这可能是复杂的边缘似然比。

具体地，相对于模型 H_1 更支持 H_0 的贝叶斯因子就是边缘似然比 $B(x)=p(x \mid H_0)/p(x \mid H_1)$，其中

$$p(x \mid H_k)=\int_{\Theta_k} f(x \mid \theta_k, H_k)h(\theta_k \mid H_k)\mathrm{d}\theta_k,\quad k=0,1$$

这是 $f(x \mid \theta_k, H_k)h(\theta_k \mid H_k)$ $(k=0, 1)$的归一化常数的比。因此，我们将描述的估计

$B(x)$的方法同样适用于估计任何归一化常数的比。

我们首先考虑分子和分母中积分的密度是相同维数的情况。在这种情况下，表示时不需要区分 H_0 和 H_1 下的参数，我们可以写出 $\theta \equiv \theta_0 = \theta_1$。对于更简单的表示，我们可以使用

$$h(\theta \mid x, H_k) = \bar{h}_k(\theta) / c_k$$

其支撑为Θ_k。这里，$\bar{h}_k$ 是先验与似然的非归一化乘积，且 $c_k = p(x \mid H_k)$，$k=0$，1，是归一化常数。那么，假设对难以解析处理(或很难估计)的 c_k，我们希望估计比

$$B(x) = \frac{c_0}{c_1} = \frac{\int_{\Theta_0} \bar{h}_0(\theta)\,\mathrm{d}\theta}{\int_{\Theta_1} \bar{h}_1(\theta)\,\mathrm{d}\theta}$$

令 $p_k(\theta)$表示 $\bar{h}_k$ 的重要性抽样密度，假定它是完全已知的，并令$\{\theta_1^{(k)}, \theta_2^{(k)}, \cdots, \theta_{n_k}^{(k)}\}$($k=0$，1)表示对应的重要性抽样样本。直接应用蒙特卡罗方法，对每个 c_k 进行重要性抽样，得出以下近似值：

$$\hat{B}_1(x) = \frac{\hat{c}_0}{\hat{c}_1}, \quad \hat{c}_k = \frac{1}{n_k} \sum_{i=1}^{n_k} \frac{\bar{h}_k(\theta_i^{(k)})}{p_k(\theta_i^{(k)})}, \quad k = 0,1 \tag{4.18}$$

根据大数定律，这是 $B(x)$的一致估计。

56 注意，也可以使用独立的简单蒙特卡罗方法估计 c_k，使用先验分布中的抽样得出 $\frac{1}{n_k}\sum_{i=1}^{n_k} f(x \mid \theta_i^{(k)}, H_k)$，模拟值现在是一个从先验 $h(\theta \mid H_k)$抽取的随机样本，其大小为 n_k。然而，先验可能与似然函数有很大差异，尤其是在先验不明显的子集上，这意味着这可能是一个相当差的 c_k 的估计值。关于估计 c_k 的替代方法，可以参见第 5 章。

在$\Theta_0 \subset \Theta_1$ 的特殊情况下，可以使用蒙特卡罗方法估计 $B(x)$，即只使用从$h_1(\theta)$生成的样本(可以在不知道 c_1 的情况下获得，我们将在第 6 章中看到)。事实上，

$$B(x) = \frac{c_0}{c_1} = \int_{\Theta_1} \frac{\bar{h}_0(\theta)}{c_1}\mathrm{d}\theta = E_{h_1}\left[\frac{\bar{h}_0(\theta)}{\bar{h}_1(\theta)}\right]$$

假设现在($\theta_i^{(1)}$，$i=1,2,\cdots,n_1$)是 h_1 的一个随机样本，那么

$$\hat{B}_2(x) = \frac{1}{n_1} \sum_{i=1}^{n_1} \frac{\bar{h}_0(\theta_i^{(1)})}{\bar{h}_1(\theta_i^{(1)})} \tag{4.19}$$

是 $B(x)$ 的一个(无偏和一致)蒙特卡罗估计。注意，在 $h_1(\theta)$ 比 $h_0(\theta)$ 更重尾时这种近似是最有效的，而当 $h_0(\theta)$ 和 $h_1(\theta)$ 有少许重叠时则不甚有效(即 $E_{h_1}[h_0(\theta)]$ 较小时)。

在许多问题中，贝叶斯因子涉及维度不同的密度，因此需要不同的策略。我们将在第 7 章中对此进行讨论。有关该问题的更一般性讨论，可参阅 Chen 等(2000)和 Paulino 等(2018)等著作。

4.2.3　边缘后验密度

正如我们在 4.1.3 节中所解释的，Gelfand 和 Smith(1990)提出的对边缘后验密度估计的条件方法要求充分了解对应的条件后验密度知识(不仅仅是核)，不幸的是，这种知识全部可用的情况并不常见，$\boldsymbol{\theta}^{(-m)}$ 的边缘后验分布的蒙特卡罗样本的可用性也是如此。如果后者不可用但可以用 $p(\cdot)$ 替代 $h(\boldsymbol{\theta}^{(-m)} \mid x)$ 进行模拟，则可以定义 $\boldsymbol{\theta}^{(m)}$ 的边缘密度的重要性抽样估计

57

$$\hat{h}(\boldsymbol{\theta}_*^{(m)} \mid x) = \frac{\sum_{i=1}^{n} w_i h(\boldsymbol{\theta}_*^{(m)} \mid \boldsymbol{\theta}_{(i)}^{(-m)}, x)}{\sum_{i=1}^{n} w_i} \tag{4.20}$$

其中

$$w_i = h(\boldsymbol{\theta}_{(i)}^{-(m)} \mid x) / p(\boldsymbol{\theta}_{(i)}^{-(m)})$$

$i=1,2,\cdots,n$。或者，如同式(4.8)中的方法，我们可以使用 $w_i = h(\boldsymbol{\theta}_{(i)} \mid x)/p(\boldsymbol{\theta}_{(i)})$，$i=1,\cdots,n$，其中 $h(\boldsymbol{\theta} \mid x)$ 的重要性抽样密度为 $p(\cdot)$。

作为另一种选择，我们可以通过使用 $p(\boldsymbol{\theta}^{(-m)})$ 和 $h(\boldsymbol{\theta}^{(m)} \mid \boldsymbol{\theta}^{(-m)}, x)$ 的组合方法来生成$\boldsymbol{\theta}_{(i)}^{(m)}$，$i=1,2,\cdots,n$。然而，由于我们使用 $p(\cdot)$ 取代了$\boldsymbol{\theta}^{(-m)}$ 的边缘后验，抽样 $\boldsymbol{\theta}_{(i)}^{(m)}$ 不是一个 $h(\boldsymbol{\theta}^{(m)} \mid x)$ 上的随机样本。相反，$\boldsymbol{\theta}_{(i)}^{(m)}$ 是 $h(\boldsymbol{\theta}^{(m)} \mid x)$ 估计的一个加权抽样，权重为 $p_i = w_i / \sum_{i=1}^{n} w_i$，$i = 1,2,\cdots,n$。为了得到大小为 L 的随机样本，我们可以从离散分布($\boldsymbol{\theta}_{(i)}^{(m)}$，$p_i$)，$i=1,2,\cdots,n$，中，按自助法思想来模拟 L 个值$\boldsymbol{\theta}_{(j)*}^{(m)}$，$j=1,2,\cdots,L$。因此，Smith 和 Gelfand(1992)将该方法命名为加权自助法。

这种估计边缘后验密度的方法与 Gelfand 和 Smith(1990)提出的方法类似，当条件后验密度 $h(\boldsymbol{\theta}^{(m)} \mid \boldsymbol{\theta}^{(-m)}, x)$ 的归一化常数是未知时，就无法适用了。在这种情况

下，Chen(1994)基于如下等式提出一种 $h(\boldsymbol{\theta}_*^{(m)}\mid x)$ 的加权估计器：

$$h(\boldsymbol{\theta}_*^{(m)}\mid x)=\int_{\Theta_{-m}(\boldsymbol{\theta}_*^{(m)})}h(\boldsymbol{\theta}_*^{(m)},\boldsymbol{\theta}^{(-m)}\mid x)\mathrm{d}\boldsymbol{\theta}^{(-m)}$$

$$=\int_{\Theta}w(\boldsymbol{\theta}^{(m)}\mid\boldsymbol{\theta}^{(-m)})\frac{h(\boldsymbol{\theta}_*^{(m)},\boldsymbol{\theta}^{(-m)}\mid x)}{h(\boldsymbol{\theta}^{(m)},\boldsymbol{\theta}^{(-m)}\mid x)}h(\boldsymbol{\theta}\mid x)\mathrm{d}\boldsymbol{\theta} \tag{4.21}$$

其中 $\Theta_{-m}(\boldsymbol{\theta}^{(m)})=\{\boldsymbol{\theta}^{(m)}:(\boldsymbol{\theta}^{(m)},\boldsymbol{\theta}^{(-m)})\in\Theta\}$ 是在 $\boldsymbol{\theta}^{(m)}$ 固定条件下 Θ 的子空间，$w(\boldsymbol{\theta}^{(m)}\mid\boldsymbol{\theta}^{(-m)})$ 是由 $\Theta_m(\boldsymbol{\theta}^{(-m)})=\{\boldsymbol{\theta}^{(m)}:(\boldsymbol{\theta}^{(m)},\boldsymbol{\theta}^{(-m)})\in\Theta\}$ 给出的完全已知的条件密度，其支撑大于等于 $h(\boldsymbol{\theta}^{(m)}\mid\boldsymbol{\theta}^{(-m)},x)$。选择函数 w 的标准和选择重要性抽样密度的是一样的。

式(4.21)的形式强调了联合后验分布的归一化常数(更确切地说，是有条件的)的抵消，并且所讨论的边缘密度可以基于 $h(\boldsymbol{\theta}\mid x)$ 的样本 $\boldsymbol{\theta}_{(i)}=(\boldsymbol{\theta}_{(i)}^{(m)},\boldsymbol{\theta}_{(i)}^{(-m)})$，$1\leqslant i\leqslant n$，按如下方式进行无偏估计：

58

$$\hat{h}(\boldsymbol{\theta}_*^{(m)}\mid x)=\frac{1}{n}\sum_{i=1}^{n}w(\boldsymbol{\theta}_{(i)}^{(m)}\mid\boldsymbol{\theta}_{(i)}^{(-m)})\frac{h(\boldsymbol{\theta}_*^{(m)},\boldsymbol{\theta}_{(i)}^{(-m)}\mid x)}{h(\boldsymbol{\theta}_{(i)}^{(m)},\boldsymbol{\theta}_{(i)}^{(-m)}\mid x)} \tag{4.22}$$

4.3　序贯蒙特卡罗方法

时间序列数据和相关模型带来了具有挑战性的后验积分问题。其中一些问题可以通过称为序贯蒙特卡罗(SMC)的蒙特卡罗模拟方法来解决，这是本节的主题。我们首先简要回顾动态状态空间模型，包括流行的正态动态线性模型，这些模型可得到解析解，并对一些 SMC 方案有所启发。

4.3.1　动态状态空间模型

对随时间推移而收集的时间序列数据 y_t，我们很自然地将其参数以 θ_t 为索引，$t=1,2,\cdots,T$。这允许引入 y_t 的跨时间依赖性作为以 θ_t 为条件的独立抽样，θ_t 随时间推移的演化会产生所需的边缘依赖性。假设 $\boldsymbol{y}_t$ 的抽样模型(观测方程，OE)和 $\boldsymbol{\theta}_t$ 随时间的演化(演化方程，EE)均为正态线性模型，这就定义了正态动态线性模型(NDLM)：

$$\begin{aligned}\mathrm{OE}:\boldsymbol{y}_t&=\boldsymbol{F}_t'\theta_t+v_t,\quad v_t\sim N(\mathbf{0},\boldsymbol{V}_t)\\\mathrm{EE}:\boldsymbol{\theta}_t&=\boldsymbol{G}_t\theta_t+w_t,\quad w_t\sim N(\mathbf{0},\boldsymbol{W}_t)\end{aligned} \tag{4.23}$$

其中 $\boldsymbol{\theta}_0\sim N(\boldsymbol{m}_0,\boldsymbol{C}_0)$。这里，$\boldsymbol{y}_t\in\mathbb{R}^p$ 是观测数据，$\boldsymbol{\theta}_t\in\mathbb{R}^q$ 是一个潜状态向量，$\boldsymbol{F}_t$ 和

$\boldsymbol{G}_t$ 是已知的设计矩阵，可能包括了协变量的回归。

NDLM 中的后验更新可以通过以下有限递归直接实现。令 $D_t=(\boldsymbol{y}_1, \boldsymbol{y}_2, \cdots, \boldsymbol{y}_t)$ 表示时间 t 之前的数据。以 D_t 为条件定义了一系列后验分布，包括 $h(\boldsymbol{\theta}_t \mid D_{t-1})$ 和 $h(\boldsymbol{\theta}_t \mid D_t)$，$t=1,2,\cdots,T$。从 $h(\boldsymbol{\theta}_0 \mid D_0)=N(\boldsymbol{m}_0, \boldsymbol{C}_0)$ 开始，对 $t=1,2,\cdots,T$，我们很容易确定：

$$
\begin{aligned}
&\boldsymbol{\theta}_t \mid D_{t-1} \sim N(\boldsymbol{a}_t, \boldsymbol{R}_t), \quad \boldsymbol{a}_t=\boldsymbol{G}_t m_{1-1}, \quad \boldsymbol{R}_t=\boldsymbol{G}_t \boldsymbol{C}_{t-1} \boldsymbol{G}_t'+\boldsymbol{W}_t \\
&\boldsymbol{y}_t \mid D_{t-1} \sim N(\boldsymbol{f}_t, \boldsymbol{Q}_t), \quad \boldsymbol{f}_t=\boldsymbol{F}_t' \boldsymbol{a}_t, \quad \boldsymbol{Q}_t=\boldsymbol{F}_t' \boldsymbol{R}_t \boldsymbol{F}_t+\boldsymbol{V}_t \\
&\boldsymbol{\theta}_t \mid D_t \sim N(\boldsymbol{m}_t, \boldsymbol{C}_t), \quad \boldsymbol{m}_t=\boldsymbol{a}_t+\boldsymbol{A}_t \boldsymbol{e}_t \quad \boldsymbol{C}_t=\boldsymbol{R}_t-\boldsymbol{A}_t \boldsymbol{Q}_t \boldsymbol{A}_t' \\
&\boldsymbol{e}_t=\boldsymbol{y}_t-\boldsymbol{f}_t \text{ 和 } \boldsymbol{A}_t=\boldsymbol{R}_t \boldsymbol{F}_t \boldsymbol{Q}_t'
\end{aligned}
\tag{4.24}
$$

通过一组类似的递归方程，可以得到如下的后验分布：

$$
h(\boldsymbol{\theta}_{t-k} \mid D_t)=N(\boldsymbol{a}_t(-k), \boldsymbol{R}_t(-k))
$$

其中 $k=1,2,\cdots,t-1$。从 $\boldsymbol{a}_t(0)=\boldsymbol{m}_t$ 和 $\boldsymbol{R}_t(0)=\boldsymbol{C}_t$（对 $k=0$）开始，并定义 $\boldsymbol{B}_t=\boldsymbol{C}_t \boldsymbol{C}_{g+1}'$ 59
$\boldsymbol{R}_{t+1}^{-1}$，我们可以得到：

$$
\begin{aligned}
\boldsymbol{a}_t(-k)&=\boldsymbol{m}_{t-k}+\boldsymbol{B}_{t-k}[\boldsymbol{a}_t(-k+1)-\boldsymbol{a}_{t-k+1}], \\
\boldsymbol{R}_t(-k)&=\boldsymbol{C}_{t-k}+\boldsymbol{B}_{t-k}[\boldsymbol{R}_t(-k+1)-\boldsymbol{R}_{t-k+1}]\boldsymbol{B}_{t-k}'
\end{aligned}
\tag{4.25}
$$

在 $t=0$ 时没有初始先验，或等价地，$\boldsymbol{C}_0^{-1}=0$，此时递归方程确定了最大似然估计，即我们所知的卡尔曼滤波器。随着后验更新，式(4.24)中相同的方程称为前向滤波(FF)，而式(4.25)中的则称为后向平滑(BS)。例如，参见 Prado 和 West(2010：第 4 章)对 NDLM 及许多有用变体的详细讨论，尤其包括观测和演化方程中未知方差的情况。

式(4.23)表示的 NDLM 是更一般动态状态空间模型的特例。其特征是模型的隐马尔可夫性。数据 $\boldsymbol{y}_t$ 是与潜状态 $\boldsymbol{\theta}_t$ 条件独立的，潜状态 $\{\boldsymbol{\theta}_t, t=1, 2, \cdots\}$ 的先验包括一个马尔可夫假设，假定在给定 $\boldsymbol{\theta}_{t-1}$ 时，$\boldsymbol{\theta}_t$ 和 $\boldsymbol{\theta}_{t-k}$ 是条件独立的，$k>1$。一般动态状态空间模型由给定 $\boldsymbol{\theta}_t$ 条件下 $\boldsymbol{y}_t$ 的抽样模型和马尔可夫先验的状态转移概率定义：

$$
f(\boldsymbol{y}_t \mid \boldsymbol{\theta}_t) \text{ 和 } p(\boldsymbol{\theta}_t \mid \boldsymbol{\theta}_{t-1})
\tag{4.26}
$$

其中，$t=1, 2, \cdots$。模型由初始先验 $h(\boldsymbol{\theta}_0)$ 完成。与 NDLM 一样，一般动态状态空间模型产生了一系列的后验分布 $h_t=h(\boldsymbol{\theta}_t \mid D_t)$、预测分布等。许多应用在 $f_t(\boldsymbol{y}_t \mid \boldsymbol{\theta}_t, \phi)$ 或 $p(\boldsymbol{\theta}_t \mid \boldsymbol{\theta}_{t-1}, \phi)$ 中还包括了额外的(静态)参数 ϕ。参见 4.3.4 节。

4.3.2 粒子滤波器

由于 NDLM 缺乏特殊的正态和线性特征，式(4.26)表示的一般动态状态空间模型中的后验推断不易进行解析处理，需要进行后验模拟。后验分布序列 $h_t = h(\boldsymbol{\theta}_t \mid D_t)$ 的蒙特卡罗后验模拟方法很自然地以贯序方式建立，包括将从 h_t 抽样的后验蒙特卡罗样本 $B_t = \{\theta_{t,i},\ i=1,2,\cdots,M\}$ 更新为从 h_{t+1} 抽样的蒙特卡罗样本 B_{t+1}。这种方法称为 SMC 方法。例如，Doucet 等(2001)以及最近 Doucet 和 Lee(2018)的研究中对此都有很好的论述。

60 作为参考，我们对相关的后验和后验预测分布进行描述，并定义下述表示：

$$\begin{aligned} &h_t \equiv h(\theta_t \mid D_t)\, t \text{ 时刻的后验} \\ &h'_t \equiv h(\theta_t \mid D_{t-1})\, t \text{ 时刻的先验分布} \\ &f_t \equiv p(y_t \mid D_{t-1}) \text{ 预测分布} \end{aligned} \tag{4.27}$$

最早提出的 SMC 方法之一是 Pitt 和 Shephard(1999)描述的辅助粒子滤波器。该算法从来自 $h(\boldsymbol{\theta}_0)$ 的蒙特卡罗样本 $B_0 = \{\theta_{0,i},\ i=1,2,\cdots,M\}$ 开始，然后将 B_{t-1} 迭代更新为来自先验分布 $h'_t = h(\theta_t \mid D_{t-1})$ 的蒙特卡罗样本 $B'_t = \{\theta'_{t,i}\}$，然后从 t 时刻的后验 h_t 中得到蒙特卡罗样本 $B_t = \{\theta_{t,i}\}$。换句话说，B_0 的元素（“粒子”）通过一系列更新步骤，从 f_t 和 h_t 生成所需的蒙特卡罗样本。关键恒等式将 h'_t 表示为 h_{t-1} 的卷积，而迁移模型为

$$h'_t(\theta_t) = h(\theta_t \mid D_{t-1}) = \int p(\theta_t \mid \theta_{t-1})\,\mathrm{d}h_{t-1}(\theta_{t-1}) \tag{4.28}$$

和后验更新

$$h_t(\theta_t) = h(\theta_t \mid D_t) \propto h'_t(\theta_t) f(y_t \mid \theta_t) \tag{4.29}$$

该算法不是从目标分布生成蒙特卡罗样本，而是从重要性抽样密度以及与 B_t 对应的权重 $W_t = \{w_{ti},\ i=1,2,\cdots,M\}$ 和与 B'_t 对应的权重 $W'_t = \{w'_{ti},\ i=1,2,\cdots,M\}$ 来生成蒙特卡罗样本。令 $\hat{h}_t \approx h_t$ 和 $\hat{h}'_t \approx h'_t$ 表示重要性抽样密度。那么 $w_{ti} = h_t(\theta_{t,i})/\hat{h}_t(\theta_{t,i})$、$w'_{ti} = h'_t(\theta_{t,i})/\hat{h}'_t(\theta_{t,i})$ 以及关于目标分布的后验积分可以近似为：

$$\int g(\theta_t) h(\theta_t \mid D_t)\,\mathrm{d}\theta_t \approx \frac{1}{\sum w_{ti}} \sum_{i=1}^{M} w_{ti} g(\theta_{t,i})$$

其中蒙特卡罗平均遍历了所有粒子 $\theta_{t,i} \in B_t$。特别地，这允许我们使用式(4.28)中的表示近似 h'_t，如下所示：

$$h_t'(\theta_t)\approx\hat{h}_t'(\theta_t)=\frac{1}{\sum w_{ti}}\sum w_{t-1,i}p(\theta_t\mid\theta_{t-1,i}) \tag{4.30}$$

基本粒子滤波器可以按以下步骤实现。假设 B_{t-1} 和 W_{t-1} 已知。首先，通过 $\hat{h}_t'(\theta_t)$ 按照下面的步骤抽样生成 B_t'：（1）与 $w_{t-1,i}$ 成概率比例地从 B_{t-1} 中抽样生成$\boldsymbol{\theta}_{t-1,i}$；（2）生成 $\theta_{t,i}'\sim p(\theta_t'\mid\theta_{t-1,i})$并记录权重 $w_{ti}'=1/M$。其次，在步骤(3)中，通过设置 $\theta_{t,i}\equiv\theta_{t,i}'$ 以及与 y_t 的似然因子成比例的 $w_{t,i}\propto f(y_t\mid\theta_{t,i})$来定义 B_t。这本质上是辅助变量粒子滤波器的思想，不同之处只是结合了步骤(1)和步骤(3)，该算法使抽样更加有效。 61

和公式(4.30)类似，我们定义

$$h_t\approx\hat{h}_t\propto\sum_i w_{t-1,i}f(y_t\mid\theta_t)p(\theta_t\mid\theta_{t-1,i}) \tag{4.31}$$

基于 B_{t-1} 和 W_{t-1} 作为对 h_t 的一个蒙特卡罗近似。换句话说，技巧在于，（1）将 $\hat{h}_t(\theta_t)$加入联合模型 $\hat{h}_t(\theta_t, i)$中；（2）用$\mu_{t,i}=E(\theta_{t,i}'\mid\theta_{t-1,i})$替换$f(y_t\mid\theta_t)$中的 θ_t 来近似 $\hat{h}_t(\theta_t, i)\approx g(\theta_t, i)$；（3）生成$(\theta_t, i)\sim g$，并使用 $w_{t,i}=f(y_t\mid\theta_{t,i})/f(y_t\mid\mu_{t,i})$作为权重。该算法的主要优点是，我们在 $\hat{h}_t'$ 中选择第 i 项，就在某种程度上已经预料到后面要与似然因子相乘。我们对步骤(1)至步骤(3)做更正式的表述：

1. 在式(4.31)中加入 $\hat{h}_t(\theta_t)$替代近似值$f(y_t\mid\theta_t)\approx f(y_t\mid\mu_{t,i})$

$$\hat{h}(\theta_t,i)\propto w_{t-1,i}f(y_t\mid\theta_t)p(\theta_t\mid\theta_{t-1,i})$$

例如，使用$\mu_{ti}=E(\theta_t\mid\theta_{t-1,i})$得到

$$g(\theta_t,i)\propto w_{t-1,i}f(y_t\mid\mu_{t,i})p(\theta_t\mid\theta_{t-1,i}) \tag{4.32}$$

2. 令 $g(i)\propto w_{t-1,i}f(y_t\mid\mu_{t,i})$表示在 $g(\theta_t, i)$下关于 i 的潜边缘，生成 $i\sim g(i)$和 $\theta_{t,i}\mid i\sim p(\theta_t\mid\theta_{t-1,i})$。

3. 记录权重 $w_{ti}=\dfrac{\hat{h}(\theta_{t,i}, i)}{g(\theta_{t,i}, i)}=\dfrac{f(y_t\mid\theta_{t,i})}{f(y_t\mid\mu_{t,i})}$。

4.3.3 自适应粒子滤波器

Pitt 和 Shephard(1999)提到了以$f(y_t\mid\mu_{ti})\approx f(y_t\mid\theta_{ti})$作为基本自适应粒子滤波器的算法。利用状态空间模型的特定结构，我们有时可以构造更好的自适应方案，目标是以最小方差得到权重 w_{ti}。

具有正态抽样模型和演化的状态空间模型(使用均值和方差对正态模型进行索

引），可以实现完全自适应，即权重恒定：

$$f(y_t \mid \theta_t)=N(\theta_t,1)\text{ 和 } p(\theta_t \mid \theta_{t-1})=N[\mu(\theta_{t-1}),\sigma^2(\theta_{t-1})] \tag{4.33}$$

此时，为简单起见，假设抽样模型中为单位方差。在这种情况下，之前步骤(i)中的 $g(\theta_t,\ i)$ 可以替换为 $\hat{h}$ 自身：

62
$$\hat{h}(\theta_t,i)\propto w_{t-1,i}N(y_t \mid \theta_t,1)N(\theta_t \mid \mu(\theta_{t-1,i}),\sigma^2(\theta_{t-1,i})) \tag{4.34}$$

而无需 $g(\theta_t,\ i)$ 中的似然近似。取而代之，正态假设允许我们使用贝叶斯定理并替换最后两个因子，从而得到

$$\hat{h}(\theta_t,i)\propto w_{t-1,i}N(\theta_t \mid m_i,v_i)\underbrace{N(y_t \mid \mu(\theta_{t-1,i}),\sigma^2(\theta_{t-1,i})+1)}_{\lambda_i} \tag{4.35}$$

式中 $(m_i,\ v_i)$ 为正态-正态模型中的后验矩，其中最后两个因子给出了抽样模型和先验。换言之，我们将式(4.34)中的抽样模型乘以先验这一项 $f(y_t \mid \theta_t,\cdots)\times p(\theta_t \mid \theta_{t-1},\cdots)$ 替换为式(4.35)中的后验乘以边缘 $h(\theta_t \mid y_t,\ \cdots)\times p(y_t \mid \cdots)$（参见例 2.8）。这将辅助粒子滤波器简化为

1′. $\hat{h}(\theta_t,\ i)\propto w_{t-1,i}\lambda_i N(\theta_t \mid m_i,\ v_i)$。

2′. 生成 $i\sim\hat{h}(i)\propto w_{t-1,i}\lambda_i$ 和 $\theta_t \mid i\sim N(\theta_t \mid m_i,\ v_i)$。

3′. 记录 $w_{ti}=1/M$。

对于任何共轭抽样模型和演化，都可以进行类似的具有完美自适应的简化处理。

例 4.3　考虑一个具有附加独立正态残差的 ARCH 模型：

$$f(y_t \mid \theta_i)=N(\theta_t,\sigma^2),\quad f(\theta_{t+1} \mid \theta_t)=N(0,\beta_0+\beta_1\theta_t^2) \tag{4.36}$$

在固定静态参数 $(\beta_0,\ \beta_1,\ \sigma^2)$ 的情况下，该模型是式(4.33)的一个特例，可实现完美自适应粒子滤波器。设 $N(x \mid m,\ s^2)$ 表示用于估计 x 的正态概率密度函数，其矩为 $(m,\ s^2)$。在这种情况下，$\lambda_i=N(y_t \mid 0,\ \beta_0+\beta_1\theta_{t,i}^2+\sigma^2)$ 和 $(m_i,\ v_i)$ 分别为在式(4.36)中的似然和先验下 θ_{t+1} 的后验矩。 ■

在一般动态状态空间模型中，对于任意抽样模型 $f(y_t \mid \theta_t)$，仍然可以使用 $\ln f(y_t \mid \theta_t)$ 的二阶泰勒级数近似来实现步骤(1′)和(2′)。展开是关于 θ_t 的(Pitt 和 Shephard，1999)。参见习题 4.9。

4.3.4　参数学习

回顾式(4.26)中的一般动态状态空间模型。通常，除了动态参数 θ_t，模型可能包含未知的静态参数 ϕ，定义如下模型：

$$p(y_t \mid \theta_t, \phi) \text{ 和 } p(\theta_t \mid \theta_{t-1}, \phi) \tag{4.37}$$ 63

再加上静态参数上的先验和初始状态$(\phi, \theta_0) \sim h(\phi, \theta_0)$，模型就完整了。例如，在 ARCH 模型中，$\phi=(\beta_0, \beta_1, \sigma^2)$。

有几种方法可以推广粒子滤波器方法，包括参数学习。Liu 和 West(2001)将静态参数学习简化为早期问题，这是通过允许 ϕ 的一个极小可忽略但为正值的演化噪声，从而将其作为 ϕ_t 包含在状态向量中而实现的。Polson 等(2008)使用一个(近似的)充分统计量来定义“实用滤波器”。关于综述和更详细的讨论，参见如 Prado 和 West(2010)。

习题

4.1　**简单蒙特卡罗积分**。实现例 4.1 中的推断。

a. 验证图 4.1 中的后验均值 $\overline{\pi}_k$，并为 π_k 增加中心化的 50%可信区间，$k=1,2,\cdots,K$。

b. 假设下一位患者接受了剂量 $k_5=3$ 的治疗，我们记录为无毒性，即 $y_5=0$。找出区域更新的后验均值 $\overline{\pi}_k=E(\pi_k \mid D_5)$以及确定下一位患者的治疗方案 k^*。

4.2　**重要性抽样：概率单位回归**。对于例 4.2 中的问题。

a. 根据图 4.2 和例 4.2 中总结的设计规则，应给下一位(即第 $n+1$ 位)患者分配哪个剂量 k^*？

b. 令 $\boldsymbol{\theta}=(a, b)$，如例 4.2 中那样，分别使用重要性抽样和二元正态重要性函数 $p(\boldsymbol{\theta})=N(\boldsymbol{m}, \boldsymbol{V})$对边缘后验分布 $h(\pi_k \mid D_n)$进行估计。对 $h(\pi_k \mid D_n)$的值绘制点图，$k=1,\cdots,K$。在图中，通过区间边界上的竖直虚线指示剂量不足、靶向剂量、剂量超量和不可接受毒性的四个区间。

c. 令$\{\theta^{(m)}; m=1,2,\cdots,M\}$表示 $p(\theta)$上的重要性抽样。图 4.2a 显示了大小为 $M=100$ 的重要性蒙特卡罗抽样$\{\theta^{(m)}; m=1,\cdots,M\}$的重要性权重 $w^{(m)} \equiv h(\theta^{(m)} \mid y)/p(\theta^{(m)})$。重做重要性抽样估计，现设定 $M=1000$，并绘制权重直方图。会观察到什么？

d. 现在考虑另一个二元学生氏 t 重要函数，$p_2(\theta)=t_2(m, V; v)$，其中 $v=4$。绘制重要性抽样权重 $w_2^{(m)}=h(\theta^{(m)} \mid y)/p_2(\theta^{(m)})$的直方图并进行比较。

4.3　**重要性抽样：非线性回归**。设 x 表示单位面积的植物数量，y 表示每株植物的产量。为了模拟产量和种植密度之间的关系，我们使用抽样模型：

$$f(y_i \mid \theta)=N(\mu_i, \sigma^2) \text{ 其中 } \mu_i=1/(\alpha+\beta x_i+\gamma x_i^2)$$ 64

令 $\tau=\ln(\sigma^2)$，$\theta=(\alpha, \beta, \gamma, \tau)$。在该模型中，$1/\alpha=\lim_{x\to 0} y$ 被解释为“遗传潜力”，$1/\beta$ 被解释为“环境潜力”。

加上无信息先验 $h(\theta)\propto 1$，模型就完整了。使用 R 包 SemiPar 中的数据集 `onion`。数据集包括 `dens`、`yield` 和 `location` 等变量。我们仅使用 `location` 0(Purnong Landing)的数据。将 y=`yield`/100 放大 100 倍，将 x 标准化为 $x=(d-\bar{d})/s_d$，其中 d=`density`，$\bar{d}$ 和 s_d^2 是样本的均值和方差。

a. 建立多元正态重要性抽样密度 $p(\boldsymbol{\theta})$。使用一个正态分布 $N(\boldsymbol{m},\ \boldsymbol{V})$，其中 $\boldsymbol{m}$ 为后验众数(MAP)，$\boldsymbol{V}=-\boldsymbol{H}^{-1}$ 为此众数处对数后验的黑塞矩阵的负逆⊖。进行重要性抽样来估计 θ 的后验均值和标准差。给出其中数值不确定性的报告并绘制显示重要性抽样权重的直方图。

b. 重复相同的重要性抽样估计，用具有 $v=4$ 的密度函数(见附录 A)的多元学生氏 t 分布。另请参见习题 4.4(b)的提示。

c. 为什么这里推荐学生氏 t 重要性函数？请给出解释。

4.4 **重要性抽样：层次模型**。Carlin 和 Gelfand(1991)考虑了在给定暴露时间(t_i)，$i=1,\cdots,n=10$ 时泵故障次数(y_i)的层次事件率模型。数据如下表所示。

y_i	5	1	5	14	5
t_i	94.32	15.72	62.88	125.76	5.24
y_i	19	1	1	4	22
t_i	31.44	1.048	1.048	2.096	10.48

我们假定一个泊松回归

$$y_j \sim Poi(\lambda_i t_i)$$

其具有对 $L_i=\ln(\lambda_i)$ 的层次先验如下

$$L_i \sim N(\eta,\sigma^2),\quad \eta \sim N(\mu,\tau^2),\quad \gamma \equiv 1/\sigma^2 \sim Ga(a,b)$$

在$(\mu,\ \tau^2,\ a,\ b)=(-1,\ 1,\ 1,\ 1)$处，我们固定超参数。

令 $g=\ln(\gamma)$，并令 $\theta=(\eta,\ g,\ L_1,\cdots,L_n)$ 表示完全参数向量(现在 $g=\ln(\gamma)$)。令 $\hat{\theta}$ 和 S 表示联合后验分布 $h(\theta\mid y)$ 的多元正态近似的均值和协方差矩阵(例如，后验众数和在此众
65 数处对数后验的黑塞矩阵的负逆，如习题 4.3)。在 θ 的多元分布 $N(\hat{\theta},\ S)$ 下，令 $m=(\hat{\theta}_1,\ \hat{\theta}_2)$ 和 V 表示 $\psi=(\eta,\ g)$ 对应的边缘矩。

令 $p_1(\psi)=t_2(m,\ V;\ v)$(这里使用 $v=2$)，$p_2(L_i\mid\eta,\ \gamma)\propto N(L_i\mid\eta,\ \sigma^2)Poi(y_i\mid t_i\,\mathrm{e}^{L_i})$。这里，$Poi(y\mid\mu)$ 表示泊松概率质量函数，其中比 μ 用于估计 y，对 $N(x\mid\mu,\ \sigma^2)$ 类似。使用重要性抽样密度

⊖ 我们将在第 8 章中讨论这种多元正态近似的使用。

$$p(\theta) = p_1(\eta,g)\prod_{i=1}^{n} p_2(L_i \mid \eta,g) \tag{4.38}$$

我们可以从 $p(\cdot)$ 生成样本，首先从二元 t 分布 $p_1(\psi)$ 生成 $\psi=(\eta,\ g)$，然后从 p_2 中生成 L_i，例如，使用基于网格的方法运用网格上 p_2 的估计（使用 R 函数 `sample()`；见附录 B）。

a. 使用式（4.38）中的重要性抽样函数，求重要性抽样权重 w_i 的表达式。

提示：不要忘了 $p_2(L_i \mid \eta,\ g)$ 中的归一化常数。

b. 令 $y=(y_1,\cdots,y_n)$ 表示数据。实现重要性抽样来估计后验矩 $\overline{\lambda}_i=E(\lambda_i \mid y)$ 和 $s_i^2=\mathrm{Var}(\lambda_i \mid y)$，$i=1,\cdots,n$。给出重要性抽样权重的直方图、估计后验矩 $\overline{\lambda}_i(s_i)$ 的表格以及相应的数值不确定性。

提示：为了从二元 t 分布 $t_v(m,\ \boldsymbol{V})$（其中 $\boldsymbol{V}=\boldsymbol{L}\boldsymbol{L}'$）中生成数据，可以使用：$\boldsymbol{z}\sim N_2(0,\ \boldsymbol{I})$，$\boldsymbol{y}=\boldsymbol{L}\boldsymbol{z}$，$u\sim\chi^2(v)$ 以及 $\boldsymbol{\psi}=\boldsymbol{m}+\sqrt{v/u}\,\boldsymbol{y}$，那么

$$p(\boldsymbol{\psi})\propto\left[1+\frac{1}{v}(\boldsymbol{\psi}-\boldsymbol{m})'\boldsymbol{V}^{-1}(\boldsymbol{\psi}-\boldsymbol{m})\right]^{-\frac{v+2}{2}}=[1+\boldsymbol{z}'\boldsymbol{z}/u]^{-\frac{v+2}{2}}$$

c. 使用合适的蒙特卡罗方法来估计边缘后验分布 $h(\lambda_i \mid y)$，$i=1,2,\cdots,n$，并且绘制对应的图形。

d. 该问题可以通过 $\lambda_i\sim Ga\left(c,\ \dfrac{c}{\eta}\right)$ 来大幅度简化，为什么？

4.5 偏正态分布定义了一个偏连续随机变量。令 $\varphi_{m,s}$ 表示矩为（m，s）的正态概率密度函数，$\Phi(z)$ 表示标准正态累积分布函数。偏正态可以由其概率密度函数定义：

$$f(x \mid \mu,\sigma,\alpha)\propto\varphi_{\mu,\sigma}(x)\,\Phi\left(\alpha\frac{x-\mu}{\sigma}\right)$$

对于 $\alpha>0(\alpha<0)$，分布是右（左）偏的。我们将一个偏正态随机变量 X 记为 $X\sim SN(\mu,\ \sigma,\ \alpha)$。对下面的问题使用 `stockreturns.txt`[1] 中（模拟的）股票收益数据集，我们假定抽样模型

$$x_i\sim SN(\mu,\sigma,\alpha)$$ 66

$i=1,\cdots,n$，是独立同分布的使用 μ，σ 上的条件共轭先验和 α 上的伽马先验来补全模型：

$$1/\alpha^2\sim Ga(a/2,a\sigma_0^2/2),h(\mu \mid \sigma)=N(\mu_0,\kappa\sigma^2)\text{ 和 }h(\alpha)=Ga(c,d)$$

固定超参数 κ，c，d，μ_0，a 和 σ_0^2。

a. 令 $\gamma=1/\sigma^2$。对于固定的 α，建议采用重要性抽样策略来估计后验均值（以 α 为条件）。令 $p(\mu,\ \gamma)$ 表示重要性抽样密度，令 w 表示重要性抽样权重。对 $p(\cdot)$ 提出一个选择，并找到一个界 M，使得 $w\leqslant M$。

b. 我们断言

[1] 该文件位于本书主页 sites. google. com/view/computationalbayes/home。

$$h(\alpha \mid x)=2E\{\Phi(W)\}$$

其中期望是关于 t 分布的随机变量 W 的。证明该断言，然后使用它求网格 $\alpha \in \{1, 1.1, 1.2, 1.3, 1.4, 1.5\}$ 上 α 的边缘后验众数。

4.6 在一项研究中，将 $N=97$ 名酗酒者按照如下标准分类：X_1——职业状况(有或没有工作)、X_2——每日饮酒情况(是或否)和 X_3——某些恐惧症的表现(是或否)，如表 4.2 所示[来自 Paulino 和 Singer(2006)]。这项研究的目的是推断三个二元变量 X_1，X_2 和 X_3 之间可能存在的关联。我们假设观测计数为一个多项式抽样模型，$(n_{ijk}, i, j, k=0, 1) \sim M_7(N, \theta_{ijk}, i, j, k=0, 1)$，并用一个不正常先验 $h(\theta) \propto \prod_{i,j,k} \theta_{ijk}^{-1}$ 来补全模型。该模型意味着一个狄利克雷后验分布，其中 $A=(10, 24, 6, 12, 13, 17, 4, 7)$。

我们对给定 X_1 条件下 X_2 和 X_3 的条件独立性假设感兴趣，即

$$H_{IC}:\theta_{ijk}=\theta_{ij\cdot} \cdot \theta_{i\cdot k}/\theta_{i\cdot\cdot}, \forall i,j,k \Leftrightarrow \psi_i \equiv \ln\frac{\theta_{i11}\theta_{i22}}{\theta_{i12}\theta_{i21}}=0, \forall i$$

简而言之，$\psi_i = a_i' \ln\theta$，其中 $a_1=(1, -1, -1, 1, 0, 0, 0, 0)'$，$a_2'=(0, 0, 0, 0, 1, -1, -1, 1)'$。我们感兴趣的参数 $\psi=(\psi_1, \psi_2)$ 的分布是难以获得封闭形式的。

表 4.2　观测频率 n_{ijk}

职业状况(X_1)	每日饮酒情况(X_2)	恐惧症(X_3)	
		是	否
失业	是	10	24
	否	6	12
受雇	是	13	17
	否	4	7

67

a. 使用蒙特卡罗模拟估计 $h=(\psi_1, \psi_2 \mid n)$。首先，从狄利克雷后验分布 $\theta^{(m)} \sim h(\theta \mid n)$，$m=1,2,\cdots,M$ 生成 $M=10\,000$ 个抽样。接下来，对每一个抽样计算 $\psi^{(m)}$。使用生成的后验蒙特卡罗样本 $\psi^{(m)}$，$m=1,2,\cdots,M$ 绘制二元直方图或等高线图。

b. 使用二元网格上 $h=(\psi_1, \psi_2 \mid n)$ 的一个近似求 $\psi=(\psi_1, \psi_2)$ 的 95%HPD 可信区域。

c. 可信区域提供了关于假设 H_{IC} 的什么证据?

4.7 **重要性抽样**。令 $\hat{g}_n$ 表示后验期望 $\bar{g}=\int g(\theta)h(\theta \mid x)\mathrm{d}\theta$ 的重要性抽样估计式(4.13)。利用中心极限定理，Geweke(1989)证明了 $n^{1/2}(\bar{g}_n-\bar{g}) \rightarrow N(0, \sigma^2)$，其中 $\sigma^2=E\{[g(\theta)-\bar{g}]^2 w(\theta)\}$。收敛是依分布的。回顾式(4.14)中 $\hat{\sigma}_n^2$ 的定义，证明 $n\hat{\sigma}_n^2 \rightarrow \sigma^2$，陈述其收敛模式。

提示：参见 Geweke(1989)的讨论。

4.8 **蒙特卡罗一致性**。考虑一个大数据集 y，因为太大而无法一次性处理。一致性蒙特卡罗的想

法[Scott 等(2016)]是将令人望而却步的大数据 y 分解成若干小的“分片” y_s，$s=1,2,\cdots,S$，分别对每个分片进行后验计算，然后适当地将子集后验组合起来，以恢复或至少近似完全数据下的后验推断。

假定 $y_s \mid \boldsymbol{\theta} \sim N(\boldsymbol{\theta}, \boldsymbol{\Sigma}_s)$，$s=1,2,\cdots,S$，对已知的$\boldsymbol{\Sigma}_s$(例如，$\boldsymbol{\Sigma}_s=\sigma^2\boldsymbol{I}$)，其共轭先验为$h(\boldsymbol{\theta})=N(\boldsymbol{m}, \boldsymbol{T})$。

a. 定义一个子集后验为 $h_s(\boldsymbol{\theta} \mid y) \propto f(y_s \mid \boldsymbol{\theta}) h(\boldsymbol{\theta})^{1/S}$，即在修正的先验 $h_s(\boldsymbol{\theta}) \propto h(\boldsymbol{\theta})^{1/S}$ 下子集 y_s 上的条件后验。证明 $h_s(\boldsymbol{\theta} \mid y_s)=N(\boldsymbol{m}_s, \boldsymbol{V}_s)$，$h(\boldsymbol{\theta} \mid y)=\prod_s h_s(\boldsymbol{\theta} \mid y_s)=N(\boldsymbol{m}, \boldsymbol{V})$。求$\boldsymbol{m}_s$、$\boldsymbol{V}_s$、$\boldsymbol{m}$ 和 $\boldsymbol{V}$。

b. 令$\boldsymbol{\theta}_s \sim h_s(\boldsymbol{\theta} \mid y)$表示从子集后验抽样得到的样本，$s=1,2,\cdots,S$。令 $\boldsymbol{\theta}=\boldsymbol{V}(\boldsymbol{\Sigma}_s \boldsymbol{V}_s^{-1} \boldsymbol{\theta}_s)$。证明 $\boldsymbol{\theta} \sim N(\boldsymbol{m}, \boldsymbol{V})$，也就是说，$\boldsymbol{\theta}$ 是一个联合后验抽样。

对于多元正态后验，所述算法提供了从联合后验得到的精确抽样。一般来说，我们可以称它提供了联合后验抽样的一个合理近似，联合后验抽样可以通过仅对小的分片进行计算而获得。

4.9 **自适应辅助粒子滤波器**。回顾 4.3.3 节中模型(4.33)的完美自适应辅助粒子滤波器的步骤(1′)、(2′)和(3′)。现在将式(4.33)中的正态抽样模型替换为一般抽样模型$f(y_t \mid \theta_t)$。

a. 令 $\ell(\theta_t)=\ln f(y_t \mid \theta_t)$表示 θ_t 的对数似然因子，使用 $\ell(\theta_t)$ 的泰勒级数展开求二次逼近 $\ell(\theta_t) \approx -1/(2\sigma_t^2)(\theta_t-\mu_t)^2$ 的(μ_t, σ_t)。 68

b. 使用这个二次近似来推导式(4.35)的一个变体。

c. 使用式(4.35)的变体，求出自适应粒子滤波器的适当变体(1″)、(2″)和(3″)(步骤(3″)中的权重不再是常数)。

4.10 考虑一个随机波动模型

$$y_t=\epsilon_t \beta \exp(\theta_t/2) \text{ and } \theta_{t+1}=\phi\theta_t+\eta_t$$

其中 $\epsilon_t \sim N(0, 1)$，$\eta_t \sim N(0, \sigma_\eta^2)$。对这个问题，我们固定 $\phi=0.9702$，$\sigma_\eta=0.178$ 和 $\beta=0.5992$(Pitt 和 Shephard，1999)。

a. 使用 $\theta_0=0$ 和 $T=200$ 模拟一个数据集 $y_1,y_2,\cdots,y_T$。说明你使用的随机变量种子。例如，如果你使用 R，用的随机变量种子为 `set.seed(1963)`。绘制 y_t 随 t 变化的图。

b. 令 $\ell(\theta_t)=\ln f(y_t \mid \theta_t)$表示 θ_t 的对数似然因子，求二次近似 $\ell(\theta_t) \approx -1/(2\sigma_t^2)(\theta_t-\mu_t)^2$ 的(μ_t, σ_t)(参见上一道习题)。

c. 执行上一个问题中的自适应辅助粒子滤波器。如 4.3 节所述，令 $D_t=(y_1,\cdots,y_t)$表示时间 t 之前的数据。绘制随时间变化的后验均值 $\bar{\theta}_t=E(\theta_t \mid D_t)$，并添加后验中位数和 25%分位数与 75%分位数。 69

第5章 模型评估

本章将介绍模型评估的方法，旨在通过选择和比较确定出最佳模型。从5.1节开始，我们描述模型诊断，例如与各种差异度量、残差、条件预测坐标有关的贝叶斯 p 值方法以及相应的伪贝叶斯因子。在5.2节中，我们将考虑几种预测性能的度量方法，缩写分别为AIC、SIC（或BIC）、DIC和WAIC的方法，以及使用贝叶斯因子进行选择和比较的方法。最后，在5.3节中，我们使用蒙特卡罗样本来表示复杂模型中的后验分布，综述在这种情况下对模型评估中相关量进行估计的方法。

5.1 模型评判与充分性

验证或评判性地检验一个模型是统计分析的一个阶段，目的是评估模型与当前处理的问题的数据和已知特征的拟合程度。在本练习中，我们旨在量化模型与数据之间的差异，评估这些差异是否出于偶然，并确定与模型各要素相关的推断的敏感程度，进而提出修正模型的方法。

贝叶斯 p 值

Box（1980，1983）提出，将一个模型的评判分析建立在通过边缘 p 值 $P[p(X)\geqslant p(x)]$ 对于数据 x 和边缘（或先验预测）$p(x)=E_h[f(x\mid\theta)]$ 的比较上。这种方法不适用于非正常先验。特别地，它阻止了使用基于 $h(\theta)$ 上的模拟的假设复制数据。即使 $h(\theta)$ 是正常的，蒙特卡罗方法的性能通常不稳定（Gelfand，1996），因此用来评估
70 $p(x)$ 并不可靠。

关于评判模型检验，使用最广泛的策略之一是基于模型的后验预测分布：

$$p(y\mid x)=\int_{\Theta}f(y\mid\theta)h(\theta\mid x)\mathrm{d}\theta \qquad (5.1)$$

这里，y 是假设的未来数据（详见下文），x 是观测数据。在模型拟合良好（不好）的情况下，数据 y 按预期应（或不）反映观测数据。两个数据集 y 和 x 之间的任何系统

性差异都是模型中存在某些缺陷的证据。

观测数据和模型下可观测数据之间的差异可通过汇总变量 $V(x,\ \theta)$ 进行评估，该变量的选择应与研究者希望评估的特定模型相关。此类变量的例子包括由下式定义的标准化均方差：

$$V(x,\theta)=\sum_i \frac{[x_i-E(X_i\mid\theta)]^2}{\mathrm{Var}(X_i\mid\theta)} \tag{5.2}$$

以及实际的对数似然 $\ln f(x,\ \theta)$ 和统计量 $V(x)$ 的特例、只包含参数的函数 $g(\theta)$。

后验预测分布通常是由以 x 为条件的联合分布 $(y,\ \theta)$ 上的模拟来决定的。然后，考虑从该联合分布上生成的一组值 $\{(y_k,\ \theta_k),k=1,2,\cdots,m\}$。实际数据 x 与通过汇总变量 V 得到的预测数据之间的比较，可以通过数值 $\{V(y_k,\ \theta_k),V(x,\ \theta_k),k=1,\cdots,m\}$ 的散点图或 $\{V(y_k,\ \theta_k)-V(x,\ \theta_k),k=1,2,\cdots,m\}$ 的直方图显示出来。对于一个拟合数据良好的模型来说，散点图中的点应关于45度线对称，直方图应包括0。

$V(x,\ \theta)$ 和 $V(Y,\ \theta)$ 的分布之间差异的一个汇总度量是后验预测 p 值，有时称为**贝叶斯 p 值**，定义为

$$\begin{aligned} P_{\mathrm{B}} &= P[V(Y,\theta)\geqslant V(x,\theta)\mid x] \\ &= E_{(Y,\theta)}\{I\{V(Y,\theta)>V(x,\theta)\}\mid x\} \end{aligned} \tag{5.3}$$

注意，如果 P_{B} 的值非常小或非常大(例如，低于1%或高于99%)，则意味着给定 x 条件下(在两种情况下，在当下模型下通常是不可能的)，$V(x,\ \theta)$ 落入了 $V(Y,\ \theta)$ 的后验分布的一个极端尾部。按这种方式，就所选汇总变量中反映的特征而言，两种情况都是模型与数据拟合不佳的证据。因此，贝叶斯 p 值也可以定义为 $P_{\mathrm{B}}=P[V(Y,\ \theta)\leqslant V(x,\ \theta)\mid x]$，这可以视为由式(5.3)取所选变量的负值得出的结果。通常，贝叶斯 p 值 P_{B} 是在给定 x 满足 $V(y_k,\ \theta_k)\geqslant V(x,\ \theta_k)$ 条件下，根据后验预测分布 $(Y,\ \theta)$ 的模拟值中的比例计算出来的。这种模拟值可以通过先从 $h(\theta\mid x)$ 生成样本，然后从抽样模型生成未来数据 y 来获得。 71

当差异度量为统计量 $V(X)$ 时，也可以利用边缘预测分布 $p(y_i\mid x)$，对每个观测值单独应用后验预测评估。与 $V(X_i)$ 相关的对应的边缘 p 值定义为 $P_{\mathrm{B}_i}=P[V(Y_i)\geqslant V(x_i)\mid x]$，$i=1,2,\cdots,n$，如果 V 是等式，则可简化为 $P_{\mathrm{B}_i}=P(Y_i\geqslant x_i\mid x)$。这一点非常有助于检测离群值，并检查模型和观测数据之间是否存在全局对应关系。集中于极值或过于集中在值范围中间的 p 值分别是关于预测数据过度分散和欠分散的证据。

如果由相应变量 V 表示的特征不具有很大的实际相关性，则统计显著性度量的极值，如 P_{B}，不一定会促使人们完全放弃模型。即使放弃模型，符合本次模型检查评判结果的特征也应为模型修正提供可能的方向，以找到更适合实际数据的模型。

残差和模型充分性与诊断的其他度量

通过比较基于不同观测数据的模型的预测分布特征，可以构建其他度量。这在交叉验证的情况下是可能的，我们使用训练样本 $x=(x_1,x_2,\cdots,x_n)$ 生成后验分布 $h(\theta \mid x)$，并使用另一个独立于 x 的样本 $y=(y_1,y_2,\cdots,y_\ell)$，通过检查相应的后验预测 $p(y \mid x)$ 或其某些特征来评估模型的有效性。例如，向量 $\boldsymbol{Y}$($\boldsymbol{y}$ 是其实现)的每个分量 Y_j 的预测均值和方差可用于定义如下归一化贝叶斯预测残差，

72

$$d_j=\frac{y_j-E(Y_j \mid x)}{\sqrt{\operatorname{Var}(Y_j \mid x)}}, \quad j=1,2,\cdots,\ell \tag{5.4}$$

和经典推断中所做的一样，它可用于非正式模型验证的工具。

这种方法假设独立样本的存在，然而，这在实际中不经常发生。当然，如果原始样本很大，总有可能将其分成两部分，一部分作为训练样本来构建后验分布，另一部分作为测试样本来获得以早期样本为条件的预测分布。

如果划分整个样本 x 来实施这种交叉验证是不可行的，那么可以使用折刀法(留一法)，该方法重复交叉验证 n 次，始终在训练子样本之外留下一个观测值。该观测值起到了测试样本的验证作用。这被称为**留一交叉验证**。

用$\boldsymbol{x}_{(-i)}=(x_1,\cdots,x_{i-1},\ x_{i+1},\cdots,x_n)$表示除了 x_i 之外所有观测值的向量，我们可以得到条件预测分布 $p(y_i \mid \boldsymbol{x}_{(-i)})$，

$$p(y_i \mid x_{(-i)})=\int f(y_i \mid \theta,x_{(-i)})h(\theta \mid x_{(-i)})\mathrm{d}\theta \tag{5.5}$$

以及由此得到归一化的留一贝叶斯残差，

$$d_i'=\frac{x_i-E(Y_i \mid x_{(-i)})}{\sqrt{\operatorname{Var}(Y_i \mid x_{(-i)})}}, \quad i=1,2,\cdots,n \tag{5.6}$$

其中，相应的条件预测分布的均值和方差可以通过解析或模拟计算得到。

基于这些残差，可以再次进行非正式验证。对 x_i 计算的 $p(y_i \mid \boldsymbol{x}_{(-i)})$值通常被称为**条件预测坐标**(CPO)，可以用于非正式诊断。事实上，这些值是在给定所有其他观测值的情况下，每个观测值的似然证据，因此，低的 CPO 值对应于拟合不佳的观

测值。从这个意义上讲，CPO 对数值之和（也称为对数伪边缘似然（LPML））

$$\mathrm{LPML}=\sum_{i=1}^{n}\ln\mathrm{CPO}_i=\ln\prod_{i=1}^{n}p(x_i\mid x_{(-i)}) \tag{5.7}$$

越高，模型越充分。有关其他诊断工具，请参见文献（Gelfand，1996；Gelman 和 Meng，1996）。 73

例 5.1　Henderson，Velleman（1981）描述了一项关于燃油消耗的汽车模型的性能研究。我们使用了这项研究的一部分数据。数据报告了效率（E_f，用每加仑⊖英里⊖数进行度量）、车重（X_1，用磅度量）、功率（X_4^*，以马力⊖表示）以及变速器的挡位（3、4、5，用 4 挡（X_2）和 5 挡（X_3）的指示变量联合表示）。经过一些初步分析，他们考虑变换后的响应变量 $Y=100/E_f$ 和每 100 英里的加仑数的正态线性回归模型（这里，Y 与预测数据的较早的符号表示 y 无关）。

其中一个模型涉及多元回归模型中的解释变量 X_1，（X_2，X_3）和 $X_4=X_4^*/X_1$（单位重量的功率）：

$$M_1:\mu\equiv E(Y)=\beta_0+\sum_{j=1}^{4}\beta_jX_j\beta_5X_2X_4+\beta_6X_3X_4$$

它对应于 X_1 和 X_4 的三个不同回归函数，每个挡位对应一个回归函数，通过关于 X_4 的截距和斜率进行区分。

回归模型 $Y_i\overset{\text{iid}}{\sim}N(\mu,\sigma^2)$，$i=1,2,\cdots,n=29$，再加上无信息先验分布 $\beta_j\sim N(0,10^4)$ 和 $1/\sigma^2\sim Ga(10^{-3},10^{-3})$ 就完整了。在自然共轭先验或（μ，σ^2）的一般无信息先验下，该线性回归模型的贝叶斯分析可以解析实现［例如，见 Paulino 等（2018）的文献］。

在此贝叶斯回归模型的背景下，我们使用蒙特卡罗模拟展示本章中描述的一些量及其变化形式，并用回归系数对 μ 进行参数化。我们通过删除交互项（在模型 M_2 中）和删除挡位数（在模型 M_3 中）指标器的主要影响来简化 μ，从而定义与前述模型竞争的简化模型。用 θ 表示每个模型中由回归系数和剩余方差组成的参数。

图 5.1 显示了 M_1 和 M_2 模型的差异度量散点图，差异度量基于式（5.2）中定义的标准化均方差 $V(\cdot,\theta_k)$，通过由实际数据与预测数据的后验分布 θ（给定 Y 和 $\{X_j\}$ 的观测值）生成的模拟值 θ_k 计算得到。

⊖ 1 加仑≈3.78 升；1 英里≈1.61 千米；1 马力≈0.735 千瓦。

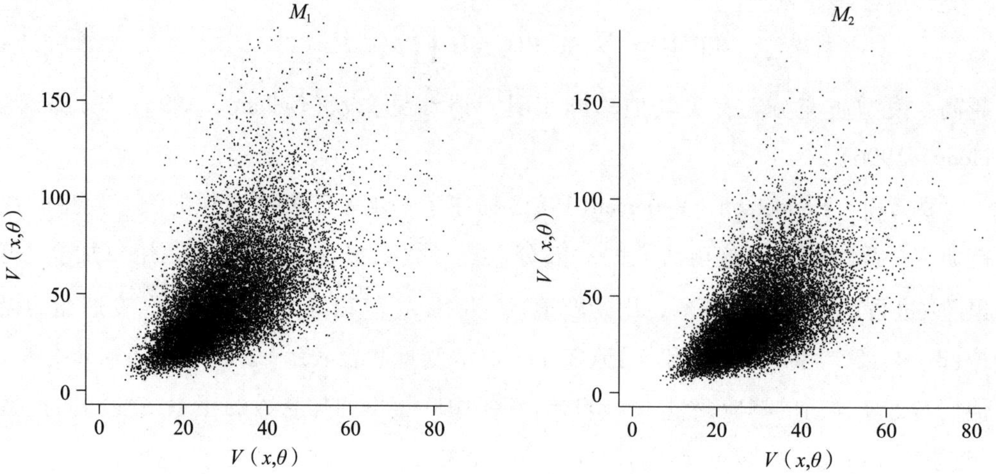

图 5.1　模型 M_1 和 M_2 的散点图

在这两种情况下，图中的点云都更集中在 45 度线以上的区域，这表明两种模型
74 下的预测残差往往大于观测数据下的相应残差。散点图关于 45 度线的不对称性在 M_2 中似乎不如 M_1 那么明显。与标准化均方差 $V(\cdot, \theta_k)$ 相关的贝叶斯 p 值用观测数据和预测数据 Y^* 的 $V(Y^*, \theta)$ 的后验分布进行评估。表 5.1 中列出了三种模型对应的贝叶斯 p 值，表明了简化模型在拟合数据方面比包含模型表现更好。CPO 的对数之和也表明了同样的情况，但模型 M_2 有轻微优势。根据 Gelfand(1996) 的提议，这些量是通过评估的抽样密度关于从 θ 的后验模拟的样本的调和均值来估计的（见 5.3.1 节）。■

表 5.1　竞争模型的诊断度量

模型	P_B	$\sum \ln \mathrm{CPO}$
M_1	0.844	−27.577
M_2	0.778	−23.665
M_3	0.687	−23.817

将本节讨论的诊断汇总与下一节中的信息准则区分开来是很方便的。这些汇总的使用非常相似，而信息准则有一个共同的基本形式，且仅对模型比较有意义，而
75 先前讨论中的许多诊断汇总也可以针对单个观察值进行有意义的评估。

5.2 模型选择与比较

统计模型的比较可以通过几个标准来实现。具体的选择取决于研究者在分析观测数据时考虑的因素，正如前面关于模型评估的讨论中表明的那样。毫无疑问，模型评估的核心思想之一是模型的预测精度。

模型拟合的理想度量应该反映其预测性使用——应该是外部验证，也就是说，使用从真实的、自然未知的模型生成的新数据。如前所述，我们将这些假设数据表示为 $y=\{y_i\}$，将已经观测到的数据表示为 $x=\{x_i\}$。每个 y_i 的预测精度可以用后验预测分布的对数 $\ln p(y_i \mid x)=\ln E_{\theta \mid x}[f(y_i \mid \theta)]$ 来度量。

鉴于数据生成模型未知，且 $\{y_i\}$ 具有虚构性质，我们可以通过使用真实数据来获得此类度量的近似，从而得出后验预测样本间精度度量：

$$\begin{aligned} \tilde{A}(x) &= \sum_{i=1}^{n} \ln p(x_i \mid x) = \ln \prod_{i=1}^{n} p(x_i \mid x) \\ &\simeq \sum_{i=1}^{n} \ln\left[\frac{1}{m} \sum_{k=1}^{m} f(x_i \mid \theta_k)\right] \end{aligned} \tag{5.8}$$

其中 θ_k 是从后验分布 $h(\theta \mid x)$ 得到的模拟值，$k=1,2,\cdots,m$。

对于预测精度的样本外度量，这种样本内近似是很容易获得的，但是通常会高估，因为它两次使用了观测数据。这一问题表明应对 $\tilde{A}(x)$ 进行校正，可与变换组合使用，这会产生不同的预测性能度量，在传统上被称为信息准则。

5.2.1 预测性能度量

现在，我们将介绍一些在实践和理论上受到最广泛推荐的度量。通过定义所有信息准则的具体形式，尤其是通过翻转相应精度度量的符号，这些标准的值越低，模型就越好。 76

赤池(Akaike)信息准则(AIC)

在 Akaike(1973)提出的准则中，使用的预测精度度量是基于最大对数似然 $\ln f(x \mid \hat{\theta})$ 对 $\tilde{A}(x)$ 的近似，遵循在频率论统计学派使用的经典方法，即插入策略，并通过 θ 中的参数数量 p 进行惩罚，即

$$\tilde{A}_{\mathrm{AIC}} = \ln f(x \mid \hat{\theta}) - p \tag{5.9}$$

其中 $\hat{\theta}$ 是 θ 的最大似然估计。如同威尔克斯似然比统计量，信息的 AIC 度量可以通

过线性变换从 $\hat{A}_{\mathrm{AIC}}$ 中获得，即

$$\mathrm{AIC}=-2\ln f(x \mid \hat{\theta})+2p \tag{5.10}$$

总之，度量由两部分组成，一部分与模型的拟合优度有关，另一部分与模型的复杂性有关，后者量化为参数向量维数的两倍。根据定义，该准则不取决于样本量，但其推导实际上假设了是在大样本背景下。与下文所述的贝叶斯准则相比，在 AIC 中，关于抽样模型中参数的任何弱或强的先验信息都会被简单忽略。有关这一最初并非是贝叶斯准则的更详细讨论，尤其是关于其变体的讨论，请参见文献(Burnham 和 Anderson，2002)。

贝叶斯信息准则(SIC/BIC)

Schwarz(1978)提出了一个准则(SIC)，通过对数据 $p(x)=E_{h(\theta)}[f(x \mid \theta)]$ 相应的边缘分布的大样本近似来选择模型。该准则通常被称为 BIC(贝叶斯信息准则)，可能是因为它基于抽样分布先验密度的加权，反映了一个与后验预测精度度量截然不同的来源。对于大的样本量 n，有 $\ln p(x) \simeq \ln f(x \mid \hat{\theta})-(p/2)\ln n$，其中 $\hat{\theta}$ 是 θ 的最大似然估计。BIC 准则定义为：

$$\mathrm{BIC}=-2\ln f(x \mid \hat{\theta})+p\ln n \tag{5.11}$$

该准则认为，$p(x)$ 的近似值更大的模型更可取，或等价地，BIC 值较小的模型更可
77 取。对于中样本和大样本，BIC 中与模型维度相关的项大于 AIC 中相应的项，因此对更复杂的模型有明显的惩罚作用。

为了避免基于模拟产生的最大化，Carlin 和 Louis(2009)建议修改此准则，使用对数似然的后验均值而不是最大值。因此，BIC 的修改版本可定义为：

$$\mathrm{BIC}^{\mathrm{CL}}=-2E_{\theta \mid x}[\ln f(x \mid \theta)]+p\ln n \tag{5.12}$$

偏差信息准则(DIC)

考虑到先验分布和模型结构的类型往往会影响过拟合的程度，Spiegelhalter 等(2002)提出的 DIC 准则针对与预测精度 $\tilde{A}_{\mathrm{AIC}}$ 的两个组成部分有关的两个方面修改了其度量。最大似然估计 $\hat{\theta}$ 被贝叶斯估计 $\bar{\theta}$ 取代(通常是 θ 的后验均值)，参数的数量被模型的有效维数 p_D 取代，p_D 在以下论述中定义。

对于模型复杂性，Spiegelhalter 等(2002)以抽样模型的相对信息度量为出发点，将其定义为 $-2\ln[f(x \mid \theta)/g(x)]$，其中 $g(x)$ 表示仅与标准化有关的数据的某些函

数。例如，$g(x)=f(x\mid\tilde{\theta})$，其中 $\tilde{\theta}$ 是饱和模型中 θ 的估计，这意味着信息度量可以视为与似然比统计相关联的参数函数。作为给定数据 x 的 θ 的函数，这种度量通常称为贝叶斯**偏差**，并表示为 $D(\theta)$。

相应地，当用 $\bar{\theta}$ 估计 θ 时，对于同一个分布的相对信息度量的值表示为 $D(\bar{\theta})$，因此，当不需要考虑用 $\bar{\theta}$ 估计 θ 时，关于抽样分布的信息量由下面差值描述：

$$D(\theta)-D(\bar{\theta})=-2\ln\frac{f(x\mid\theta)}{f(x\mid\bar{\theta})} \tag{5.13}$$

现在它独立于归一化因子 $g(x)$。由于 θ 是未知的，且在贝叶斯观点下是一个随机变量，Spiegelhalter 等(2002)将 $D(\theta)$ 替换为其后验期望 $\overline{D(\theta)}=E_{\theta\mid x}[D(\theta)]$，并将**有效参数数量**定义为：

$$p_D=\overline{D(\theta)}-D(\bar{\theta}) \tag{5.14}$$

下文将说明这一定义。换句话说，p_D 是当 $\bar{\theta}=E(\theta\mid x)$ 时后验均值偏差与后验均值下 78
的偏差的差值。这个量很自然地取决于数据、参数焦点和先验信息。

或者，可以使用 θ 和 $D(\theta)$ 的其他贝叶斯估计，结果自然不同于后验均值下的结果。之前那个定义的一个优点是易于计算。只要模型包含一个闭形式的似然函数，我们总可以使用如下近似

$$p_D\simeq\frac{1}{m}\sum_{k=1}^{m}D(\theta_k)-D\left(\frac{1}{m}\sum_{k=1}^{m}\theta_k\right) \tag{5.15}$$

其中 θ_k 是来自 $h(\theta\mid x)$ 的蒙特卡罗抽样。另一个优点是，对于任何具有对数凹似然性的模型，均有 $p_D\geqslant 0$[由詹森(Jensen)不等式得出]。

在一些似然决定先验的标准模型(没有层次结构)中，可以证明 p_D 近似等于参数的实际数量。将 p_D 解释为模型维度的度量，试图将相同的概念扩展到更复杂的模型，因为不容易确定这些模型中参数的数量，例如包含潜变量的模型。然而，在某些模型中，如有限混合模型或某些层次模型，隐含的 p_D 可能为负值。例如，参见(Celeux 等，2006)。

将 p_D 作为模型复杂性的一个度量(此时忽略了标准化函数 g)，对应的预测精度度量变为

$$\tilde{A}_{\text{DIC}}=\ln f(x\mid\bar{\theta})-p_D \tag{5.16}$$

这导致了 Spiegelhalter 等(2002)提出的 DIC 准则(偏差信息准则)变为

$$\mathrm{DIC}=D(\bar{\theta})+2p_D=\overline{D(\theta)}+p_D=2\overline{D(\theta)}-D(\bar{\theta}) \tag{5.17}$$

在实践中，当所考虑的贝叶斯模型均基于相同的抽样模型且仅在参数结构上不同时，通常忽略偏差中的归一化因子[即 $g(x)=1$]。否则，必须注意，因为 DIC 度量取决于所选择的函数 $g(\cdot)$。关于这一点，在大多数多参数模型中，确定饱和结构
79 的最大似然绝非易事。

广泛适用信息准则(WAIC)

Watanabe(2010)提出了与 WAIC(广泛适用信息准则)标准相关的样本间预测精度度量方法，该方法不涉及与前面讨论的准则中使用的插入近似，因此比使用 DIC 更贴近贝叶斯思想。它是使用过拟合校正

$$\tilde{A}_{\mathrm{WAIC}}=\tilde{A}(x)-p_W=\sum_{i=1}^{n}\ln E_{\theta\mid x}[f(x_i\mid\theta)]-p_W \tag{5.18}$$

进行评估的。如同前面介绍的 $\tilde{A}(x)$，复杂性惩罚项也包含一个用单个数据表示的表达式。与 DIC 中对 p_D 的提议类似，p_W 可以表示为：

$$\begin{aligned}p_{W_1}&=-2\sum_{i=1}^{n}\{E_{\theta\mid x}[\ln f(x_i\mid\theta)]-\ln E_{\theta\mid x}[f(x_i\mid\theta)]\}\\&\simeq-2\sum_{i=1}^{n}\left\{\frac{1}{m}\sum_{k=1}^{m}\ln f(x_i\mid\theta_k)-\ln\left[\frac{1}{m}\sum_{k=1}^{m}f(x_i\mid\theta_k)\right]\right\}\end{aligned} \tag{5.19}$$

其中，由其构造有 $p_{W_1}\geqslant 0$。

p_W 的另一种提议是基于对所有数据点的 $\ln f(x_i\mid\theta)$ 的后验方差，可定义为

$$\begin{aligned}p_{W_2}&=\sum_{i=1}^{n}\mathrm{Var}_{\theta\mid x}[\ln f(x_i\mid\theta)]\\&\simeq\sum_{i=1}^{n}\left\{\frac{1}{m-1}\sum_{k=1}^{m}[l_k(x_i)-\bar{l}x_i)]^2\right\}\end{aligned} \tag{5.20}$$

其中，$l_k(x_i)=\ln f(x_i\mid\theta_k)$，$\bar{l}(x_i)=\frac{1}{m}\sum_{k=1}^{m}l_k(x_i)$ 。

使用上述任何一种复杂性惩罚项的提议，被解释为“有效模型维数”，取决于数据或先验信息，Gelman 等(2014a，2014b)提出一种将 Watanabe 信息准则转换为与其他提议相同尺度的方法，如下所示：

80

$$\mathrm{WAIC}=-2\sum_{i=1}^{n}\ln E_{\theta\mid x}[f(x_i\mid\theta)]+2p_W \tag{5.21}$$

5.2.2 通过后验预测性能进行选择

贝叶斯分析通常基于给定的模型，因此，相关推断具有条件性质。然而，关于贝叶斯模型任何组成部分的不可避免的不确定性，是考虑数据和参数一系列可能的联合模型的充分有力的理由，然后对这些联合模型进行初步筛选。

对模型进行检查和评估后，还应对其进行比较，以便根据所采用的准则选择最佳模型。这一阶段的统计分析不一定要在选择单一模型时性能达到极致，因为这可能会导致误导性结论。另外，我们无疑应该放弃一些就所选准则而言性能不可接受的模型，但保留其余的模型以供进一步考虑。[⊖]

在过去 40 年中，通过假设检验进行模型选择的传统做法一直在慢慢改变，这可能是因为人们越来越认识到，与优化其他模型性能度量相比，这种过程具有局限性。

前面描述的信息准则的应用应遵循简约范式，要求所选模型应将数据的适当表示(具有良好的拟合)与尽可能简单的结构(低维)相结合。这种范式早在 14 世纪就被表述为**奥卡姆剃刀原则**:“剔除所有不必要的东西。”

对于所考虑的模型，要注意控制其数量，本着这一原则的策略应遵循以下要求:放弃任何比嵌套简单模型预测的数据更差的模型，或者其结果比当前最佳预测差得多的模型。该策略与评估预测质量的几种方法兼容，无论是通过诊断汇总的方法、通过信息准则的方法还是其他方法。

使用诊断汇总

面对多个相互竞争的模型，诊断工具或模型充分性度量如贝叶斯 p 值或标准化贝叶斯残差(通过交叉验证或折刀法获得)有助于比较评估竞争模型的性能。例如，使用这些残差的平方和(或绝对值之和)，我们会倾向于该度量较小值的模型。 81

评估多个模型之间比较充分性的另一种方式是对数条件预测坐标的和，其思想是选择具有最高值的模型。当比较两个模型，如 H_1 和 H_2 时，我们可以通过 CPO 方法运用

$$\mathrm{PBF} = \prod_{i=1}^{n} \frac{p(x_i \mid x_{(-i)}, H_1)}{p(x_i \mid x_{(-i)}, H_2)} \equiv \prod_{i=1}^{n} Q_i \tag{5.22}$$

⊖ 这甚至可能包括通过所选模型的适当组合实现所需的推断，称为贝叶斯模型平均。

这就是伪贝叶斯因子(PBF)。这里要注意，每个模型的 CPO 的乘积用作各自边缘似然的替代项(可以回想一下贝叶斯因子的定义)，那么大于(小于)1 的伪贝叶斯因子值就是模型 $H_1(H_2)$的证据。除此之外，由于 Q_i 大于(小于)1 的观测结果是 $H_1(H_2)$的证据，$\ln(Q_i)$关于 i 的变化图有助于直观显示两个竞争模型中的哪个更好地拟合了哪些观测值。

使用信息准则

在模型比较的背景下，相关量不是预测性能度量的实际绝对值，而是所考虑的一组模型(如 J 个模型)内的相对值。因此，对于每一种度量，模型对之间的差是最有用的。令 IC 泛指上一小节中介绍过的某种度量。由于所有度量的定义都使得较小的值对应更好的模型，因此对每个模型确定差 $r_j(\text{IC})=\text{IC}_j-\text{IC}_{\min}$ 是有用的，其中 $j\in J$。

通过求这些差，可以更容易地对所考虑的模型进行比较和排序。r_j 越小，模型 j 的经验证据程度越高，最佳模型对应 $r_j=0$。我们将使用 $j=o$(表示“最优”)来表示最佳模型的索引。例如，DIC 的差 r_j 为：

$$r_j(\text{DIC})=\text{DIC}_j-\text{DIC}_o,$$

82 $$\text{DIC}_j=E_{\theta j\mid x}[D_j(\theta_j)]+p_{D_j}=2E_{\theta j\mid x}[D_j(\theta_j)]-D_j(E_{\theta_j\mid x}[\theta_j])$$

考虑到模型在 BIC 准则下的相应的差，使用$\{p_j^*\}$作为每个模型下参数向量的维数，我们得到：

$$\begin{aligned} r_j(\text{BIC})=\text{BIC}_j-\text{BIC}_o&=-2\ln\frac{f_j(x\mid\hat{\theta}_j)\,n^{-p_j^*/2}}{f_o(x\mid\hat{\theta}_0)\,n^{-p_o^*/2}} \\ &\simeq-2\ln\frac{p_j(x)}{p_o(x)}=-2\ln B_{jo}(x) \end{aligned} \tag{5.23}$$

也就是说，差值 $r_j(\text{BIC})$与被比较的两个模型(比如说 H_j 和 H_o)之间的贝叶斯因子有关，因此对于大样本量，可以用$-2\ln B_{jo}(x)$来近似，这使用了 Schwarz(1978)的方法。

例 5.2 继续前面的例子，现在考虑三个多元回归模型，针对它们的预测性能进行比较评估。成对比较的 PBF 值分别为 $\text{PBF}(M_1/M_2)=0.809$，$\text{PBF}(M_1/M_3)=0.941$，$\text{PBF}(M_2/M_3)=1.164$。根据基于条件预测值的准则，这些值支持之前的结果，即 M_2 是三个模型中最好的，M_1 是最差的。

表 5.2 中列出的信息准则比较结果显示，就贝叶斯汇总 DIC 和 WAIC 而言，M_2 模型是最好的，而 M_3 在 BIC 下最优。这一结果并不奇怪，因为 BIC 倾向于更精简的模型。

表 5.2 模型 M_1、M_2 和 M_3 的 DIC、BIC 及 WAIC

模型	DIC(p_D)	BIC(p)	WAIC(p_{W_2})
M_1	48.69 (8.27)	67.36 (8)	46.77 (5.38)
M_2	47.32 (6.19)	61.33 (6)	46.70 (4.78)
M_3	47.58 (4.12)	56.93 (4)	47.40 (3.48)

综合本文和前一个示例中的结果，采用的准则表明，三个模型中总体上最好的是具有中等复杂度(以参数数量度量)的模型。 ■

5.2.3 使用贝叶斯因子进行模型选择

上一小节中讨论的模型选择方法对筛选很有用，目的是保留那些在可用信息方面表现良好的模型，以供进一步考虑。但并未考虑那些代表了所研究现实的模型。 83

相比之下，一些方法对应这样一种观点(可能存在争议)，即所考虑的模型集必须包括所谓的真实模型，即生成观测数据的模型(或至少构成真实模型的一个充分好的近似)。使用贝叶斯因子从有限数量的模型中选择其中一个的方法就符合这种观点。这一点和其他可能受到评判的方面不应妨碍人们在某些情况下谨慎地使用这种方法。

任何一组贝叶斯模型 $\mathcal{M}=\{M_j,\ j\in J\}$(具有不同的抽样模型和先验分布)都意味着一组相应的先验预测模型：

$$p(x \mid M_j) \equiv p_j(x) = \int f_j(x \mid \theta_j) h_j(\theta_j) \mathrm{d}\theta_j, \quad j \in J \tag{5.24}$$

如果 J 是一个模型集中成员的一个离散的指示器集合，该模型集假设包含未知真实模型，则全局预测分布为：

$$p(x) = \sum_{j\in J} P(M_j) p(x \mid M_j) \tag{5.25}$$

其中 $P(M_j)$ 是 M_j 为真实模型的先验概率，对数据 x 可将其更新为：

$$P(M_j \mid x) = P(M_j) p(x \mid M_j) / p(x), \quad j \in J \tag{5.26}$$

因此，表示 M_k 相对于 M_j 倾向性的贝叶斯因子为比

$$B_{kj}(x)=\frac{P(M_k \mid x)/P(M_j \mid x)}{P(M_k)/P(M_j)}=\frac{p(x \mid M_k)}{p(x \mid M_j)} \tag{5.27}$$

M_k 的后验概率为

$$\frac{P(M_k \mid x)}{1-P(M_k \mid x)}=\frac{P(M_k)}{\sum_{j\neq k} P(M_j)B_{jk}(x)} \tag{5.28}$$

其中 $B_{jk}(x)=1/B_{kj}(x)$ 是 M_j 相对于 M_k 倾向性的贝叶斯因子。当使用一个模型空间上的一致先验时，这些概率的公式变为 $\left(\sum_{j\neq k} B_{jk}(x)\right)^{-1}$。Paulino 等(2018)提供了该方法应用的简单示例。

84 一般来说，求先验预测分布(因此求贝叶斯因子也是如此)需要进行模拟——见前一章和下一节。基于贝叶斯因子的模型比较需要使用实用性规则，根据支持模型的证据强度来选择阈值。Kass 和 Raftery(1995)提出了这样一条规则。

5.3 模型评估中模拟的更多说明

在第 4 章之后，5.1 节和 5.2 节已经给出了一些关于通过蒙特卡罗方法使用随机模拟来评估诊断汇总及拟合和预测性能的度量的建议。在本节中，我们将对这些建议进行补充，讨论与此类贝叶斯推断的基于模拟的实现相关的一些附加问题。

为了定义讨论的背景，假设有一个来自某个后验分布 $h(\theta \mid x)$ 的蒙特卡罗抽样 $\{\theta^{\star}_{(j)};\ j=1,2,\cdots,m\}$，该后验分布在之前通过某种模拟方法生成。以下小节将描述与模型评估特别相关的模拟的一些方面。

5.3.1 评估后验预测分布

令 y 表示一个新的数据集，且独立于已观测数据。根据 4.1.4 节的建议方法，预测密度 $p(y \mid x)$ 可以通过下式进行估计：

$$\hat{p}(y \mid x)=\frac{1}{m}\sum_{j=1}^{m} f(y \mid \theta^{\star}_{(j)})$$

使用类似的方法对条件预测密度进行估计：

$$p(x_i \mid x_{(-i)})=\int f(x_i \mid \theta, x_{(-i)})h(\theta \mid x_{(-i)})\,\mathrm{d}\theta$$

原则上，我们可以对每个后验分布 $h(\theta \mid x_{(-i)})$ 模拟 $\{\theta^\star_{(j)};\ j=1,2,\cdots,m\}$。然而，这对于高维的 x 来说是不切实际的。一种理想的、更实用的方法应该只使用来自 $h(\theta \mid x)$ 的单个样本 $\{\theta^\star_{(j)};\ j=1,2,\cdots,m\}$ 来获得所需的密度估计。

Gelfand(1996)建议使用集合 $\{f(x_i \mid x_{(-i)},\ \theta^\star_{(j)}),\ j=1,2,\cdots,m\}$ 的调和平均来估计 $p(x_i \mid x_{(-i)})$。的确，注意

$$p(x)h(\theta \mid x)=h(\theta)f(x \mid \theta)=h(\theta)f(x_i \mid x_{(-i)},\theta)f(x_{(-i)} \mid \theta)$$

85

我们可以得到

$$p(x_i \mid x_{(-i)})=\frac{p(x)}{p(x_{(-i)})}=\left[\int \frac{1}{f(x_i \mid x_{(-i)},\theta)}h(\theta \mid x)\mathrm{d}\theta\right]^{-1}$$

因此，如果 $\{\theta^\star_{(j)};\ j=1,2,\cdots,m\}$ 是来自 $h(\theta \mid x)$ 的一个样本，我们可以得到

$$\hat{p}(x_i \mid x_{(-i)})=\left[\frac{1}{m}\sum_{j=1}^{m}\frac{1}{f(x_i \mid x_{(-i)},\theta^\star_{(j)})}\right]^{-1} \tag{5.29}$$

如果 $\{X_1,X_2,\cdots,X_n\}$ 为条件独立的；表达式就简化了，在这种情况下，$f(x_i \mid x_{(-i)},\theta)=f(x_i \mid \theta)$。

注意，一个类似的论点允许我们根据 $h(\theta \mid x)$ 中每个模拟值的样本矩以及其他诊断汇总来估计后验预测分布的矩(尤其是标准化贝叶斯残差)。

5.3.2 先验预测密度估计

贝叶斯因子的评估需要先验预测(或边缘)分布 $p(x)$。假设它存在，我们回顾文献中提及的一些求解它的方法。

如果 $\{\theta^\star_{(j)};\ j=1,\cdots,m\}$ 是来自 $h(\theta)$ 的先验抽样，那么根据 $p(x)$ 的定义，它可以近似表示为

$$\hat{p}(x)=\frac{1}{m}\sum_{j=1}^{m}f(x \mid \theta^\star_{(j)})$$

然而，正如我们已经在 4.2.2 节中提到的那样，对 $p(x)$ 的估计通常非常低效。

Newton 和 Raftery(1994)建议使用 $\{f(x \mid \theta^\star_{(j)})\}$ 的调和平均，即

$$\hat{p}(x)=\left[\frac{1}{m}\sum_{j=1}^{m}\frac{1}{f(x \mid \theta^\star_{(j)})}\right]^{-1} \tag{5.30}$$

其中 $\{\theta^\star_{(j)};\ j=1,2,\cdots,m\}$ 为来自 $h(\theta \mid x)$ 的后验抽样。假定 $h(\theta)$ 为恰当的分布，应用贝叶斯定理，结果很容易写为

$$\frac{1}{p(x)}=\int\frac{1}{p(x)}h(\theta)\mathrm{d}\theta=\int\frac{1}{f(x\mid\theta)}h(\theta\mid x)\mathrm{d}\theta$$

86 这激发了用调和平均来估计 $p(x)$ 的想法。然而，由于 $f(x\mid\theta)$ 的值可能很小，该估计器在数值上是不稳定的。

Gelfand 和 Dey(1994)推广了式(5.30)，能够产生更稳定的估计值。推广方法使用了(正常)分布 $g(\theta)$，该分布应为后验 $h(x\mid\theta)$ 的良好近似，并且应易于生成(例如，基于后验蒙特卡罗抽样的均值和协方差矩阵的多元正态后验近似)。然后使用

$$\frac{1}{p(x)}=\int\frac{1}{p(x)}g(\theta)\mathrm{d}\theta=\int\frac{g(\theta)}{f(x\mid\theta)h(\theta)}h(\theta\mid x)\mathrm{d}\theta$$

使用一个后验蒙特卡罗抽样 $\{\theta^{\star}_{(j)};\ j=1,2,\cdots,m\}$，一个 $p(x)$ 的对应的估计器为

$$\hat{p}(x)=\left[\frac{1}{m}\sum_{j=1}^{m}\frac{g(\theta^{\star}_{(j)})}{f(x\mid\theta^{\star}_{(j)})h(\theta^{\star}_{(j)})}\right]^{-1}\tag{5.31}$$

Kass 和 Raftery(1995)对这种方法和其他先验预测密度估计进行了更多讨论。

5.3.3 从预测分布中抽样

假设我们想从后验预测分布 $p(y\mid x)$ 中抽样，其中 $y=\{y_1,y_2,\cdots,y_{n^{\star}}\}$。如果对于来自 $h(\theta\mid x)$ 的后验蒙特卡罗抽样 $\{\theta^{\star}_{(j)}\}_{j=1}^{m}$ 中的每个元素 $\theta^{\star}_{(j)}$，我们模拟来自 $f(y\mid\theta^{\star}_{(j)})$ 的一个数据集 $y^{\star}_{(j)}$，那么 $y^{\star}_{(j)}$ 是 $p(y\mid x)$ 中的一个样本。特别地，样本 $y^{\star}_{(j)}$ 的第 r 个元素 $y^{\star}_{r,(j)}$ 是对 $p(y_r\mid x)$ 的一个观测。一般来说，这种后验预测抽样方案对于研究模型的充分性是有用的，尤其包括标准化贝叶斯残差 d_r 的使用。

但是，如何从条件后验预测分布 $p(y_i\mid x_{(-i)})$ 中抽样？通过类似的方法，我们可以使用一个来自 $h(\theta\mid x_{(-i)})$ 的样本 $\{\theta^{\star\star}_{(j)}\}_{j=1}^{m}$，然后，对每个 $\theta^{\star\star}_{(j)}$，从 $f(y_i\mid\theta^{\star\star}_{(j)})$ 中获得一个样本。然而，很明显，这将是计算密集型的，对于大样本量来说不是有效的方法。

于是，问题出现了，如何对所有 i 从 $h(\theta\mid x_{(-i)})$ 中抽样而又不必为每次观测重复整个方案？注意，对于每个 $\theta^{\star}_{(j)}$，我们有 $x=(x_i,\ x_{(-i)})$，

87

$$h(\theta^{\star}_{(j)}\mid x_{(-i)})=\frac{p(x_i\mid x_{(-i)})}{f(x_i\mid x_{(-i)},\theta^{\star}_{(j)})}h(\theta^{\star}_{(j)}\mid x)\propto\frac{1}{f(x_i\mid x_{(-i)},\theta^{\star}_{(j)})}h(\theta^{\star}_{(j)}\mid x)$$

因此，如果我们以与 $\omega_j=\{f(x_i\mid x_{(-i)},\ \theta^{\star}_{(j)})\}^{-1}$ 成正比的概率重抽样 $\{\theta^{\star}_{(j)}\}_{j=1}^{m}$，且重

抽样是有放回的，那么得到的样本是近似来自 $h(\theta \mid x_{(-i)})$ 的抽样。通常 $h(\theta \mid x_{(-i)}) \approx h(\theta \mid x)$，因此重抽样可能是不必要的。

最后，从边缘预测 $p(x)$ 中抽样，假设它是正常分布，我们可以从 $h(\theta)$ 中生成 $\tilde{\theta}_j$，然后从 $f(x \mid \tilde{\theta}_j)$ 中生成 $\tilde{x}_j$。

习题

5.1 重复例 5.1。数据为 R 中可得到的数据框架 `mtcars`。计算 P_B 和对数伪贝叶斯因子式 (5.22)。

5.2 令 y_i 为 Bernardo 和 Smith(2000)一书 *Bayesian Theory* 的第 i 页中印刷错误的数量，考虑下面两个模型：

$$\text{模型} H_{1:y_i} \mid \lambda \sim Poi(\lambda \cdot N_i), \quad i=1,2,\cdots,n$$
$$\lambda \sim Ga(1,\beta)$$
$$\text{模型} H_{2:y_i} \mid \theta \sim Bin(N_i,\theta)$$
$$\theta \sim Be(1,\beta-1)$$

其中，N_i 为每页字符个数，$\beta>1$ 为固定的超参数，将伽马分布参数化为满足 $E(\lambda)=1/\beta$。也就是说，在每个模型下，$1/\beta$ 被解释为每个单词中的预期输入错误个数。

a. 求在竞争模型 H_1 和 H_2 之间选择时的贝叶斯因子 $B=p(y \mid H_2)/p(y \mid H_1)$。

b. 考虑如下数据：

N_i	5607	5878	6200	5460	5576	5772	5770	6009	6027	5793
y_i	0	1	0	0	1	0	0	1	0	0

固定 $1/\beta=0.0001$，计算贝叶斯因子。

c. 令 $V(Y,\theta)=\sum_i I(Y_i=0)$ 表示无输入错误的页数，用 V 计算模型 H_1 和 H_2 的贝叶斯 p 值。

5.3 对于下述数据，我们将考虑两个竞争模型，H_1 为一个线性回归模型，H_2 为一个二次回归模型。

x_i	−1.9	−0.39	0.79	−0.20	0.42	−0.35	0.67	0.63	−0.024	1.2
y_i	−1.7	−0.23	0.50	−0.66	1.97	0.10	0.60	1.13	0.943	2.6

88

模型 H_1：

$$y_i=\beta_1+\beta_2 x_i+\epsilon_i, \quad i=1,2,\cdots,n; \quad \epsilon_i \sim N(0,1)$$
$$\beta_1 \sim N(0,1), \beta_2 \sim N(1,1)$$

其中 β_1 和 β_2 为独立的先验。

模型 H_2：

$$y_i=\gamma_1+\gamma_2 x_i+\gamma_3 x_i^2+\epsilon_i,\quad i=1,2,\cdots,n;\quad \epsilon_i\sim N(0,1)$$

$$\gamma_1=N(0,1),\quad \gamma_2\sim N(1,1),\quad \gamma_3\sim N(0,1)$$

其中，γ_1，γ_2 和 γ_3 为独立的先验。

a. 确定边缘分布 $p(y\mid H_1)=\int f(y\mid\beta,H_1)h(\beta)\mathrm{d}\beta$ 与 $p(y\mid H_2)=\int f(y\mid\gamma,H_2)h(\gamma)\mathrm{d}\gamma$。

b. 给出比较模型 H_1 与 H_2 的贝叶斯因子 $B=p(y\mid H_2)/p(y\mid H_1)$，并对于给定的数据集计算该因子。

c. 现在，我们将模型 H_1 与 H_2 中的先验分布分别替换为不正常常数先验 $h(\beta)=c_1$ 和 $h(\gamma)=c_2$，我们仍可以形式化计算积分㊀ $\int f(y\mid\beta,H_1)h(\beta)\mathrm{d}\beta$ 和 $\int f(y\mid\gamma,H_2)h(\gamma)\mathrm{d}\gamma$，并且定义一个贝叶斯因子：

$$\tilde{B}=\frac{\int f(y\mid\gamma)h(\gamma)\mathrm{d}\gamma}{\int f(y\mid\beta)h(\beta)\mathrm{d}\beta}$$

证明贝叶斯因子 $\tilde{B}$ 的值取决于常数 c_1 和 c_2 的任意选择。

d. 用式(5.31)中的调和平均数估计器计算贝叶斯因子，并与来自 b 的实际计算值进行比较。

5.4 对于问题 5.3，计算对数伪贝叶斯因子式(5.22)、BIC、AIC、WAIC 和 DIC 来比较两个模型。

89

㊀ 尽管边缘分布可能是不正常的，即无意义的。

第6章 马尔可夫链蒙特卡罗方法

如第4章中所讨论的，贝叶斯推断的实现通常要使用基于模拟的方法，其基于从一个典型的多元后验分布 $h(\theta \mid x)$，$\theta \in \Theta$ 生成的蒙特卡罗样本值。在贝叶斯推断中，对于常常难以解析处理的汇总形式，一种解决方法是使用基于模拟的方法。取决于后验分布$h(\cdot)$的复杂性，后验汇总如 $E[g(\theta) \mid x]$ 的计算可以通过经典蒙特卡罗(MC)方法进行，具体是通过从目标分布本身生成独立同分布的样本，或是从其他恰当的重要性抽样分布(其构造包含目标分布)生成。

对更复杂的问题，特别是从20世纪90年代开始，使用基于(齐次)马尔可夫链的更一般的MC方法变得更常见，其中构造的马尔可夫链的遍历性分布 $\pi(\theta)$ 要等于目标分布，$\pi(\theta) \equiv h(\theta \mid x)$。因此，这种被称为**马尔可夫链蒙特卡罗**(MCMC)的方法使用 θ 的依赖样本，也意味着与经典MC方法相比有更复杂的渐近性质及需要更大的模拟样本量。

统计学家在20世纪90年代重新发现了MCMC方法㊀[特别是Gelfand和Smith(1990)]，导致基于模拟的推断方法取得了相当大的进展，特别是对早期方法来说过于复杂的模型的贝叶斯分析。

鉴于MC方法的特性，不可能在没有马尔可夫链基本知识的情况下完全理解算法本身及其在贝叶斯统计中的应用细节，因此我们将在下一节中概述马尔可夫链的基础知识，当然是以一个非常简短的形式给出本书所需内容。㊁简单起见，我们在本 90
节(及后文)中使用一种通用符号来表示链的状态。在下面的小节中，我们将描述最常用的方法，包括梅特罗波利斯-黑斯廷斯(Metropolis-Hastings)链、吉布斯(Gibbs)抽样器、切片抽样和哈密顿蒙特卡罗方法。最后一节专门讨论与MCMC方法相关的实现问题，包括一个链与多个并行链的问题以及收敛诊断问题。

㊀ 早期文献包括Metropolis等(1953)、Hastings(1970)以及Geman兄弟(1984)。

㊁ 此问题的更多讨论请参见Ross(2014)和Tierney(1996)及其中的参考文献。

6.1　马尔可夫链的定义和基本结果

一个随机过程就是定义在相同概率空间$\{U(t), t\in T\}$上的一组随机变量，其中T是$\mathbb{R}$的某个子集，不失一般性，可以将其看作一个时序索引集合。当$T=\{0,1,2,\cdots\}$时，则随机过程通常写作$\{U_n, n\geqslant 0\}$。这是随机模拟中的典型设定。随机变量U_n的值的集合$\mathcal{U}$被称为**状态空间**。

了解了一个过程的过去和现在状态通常就可以知道其未来状态的似然性。当以一个给定的当前状态为条件，未来状态的似然性不依赖于过去时，我们称这个过程具有**马尔可夫依赖性**。具有这种条件独立性的过程$\{U_n, n\geqslant 0\}$称为**马尔可夫链**，对所有事件A和$n\leqslant 0$，可用下式定义马尔可夫链：

$$U_{n+1}\perp(U_0,U_2,\cdots,U_{n-1})\mid U_n\Leftrightarrow$$
$$P(U_{n+1}\in A\mid U_0=u_0,\cdots,U_n=u)=P(U_{n+1}\in A\mid U_n=u)\equiv P_n(u,A)$$

概率$P_n(u, A)$称为时刻n的(单步)转移函数。等价地，考虑$A=(-\infty, v]$，对所有$u, v\in\mathcal{U}$，马尔可夫链可定义为条件分布函数

$$F_{U_{n+1}}(v\mid U_0=u_0,\cdots,U_n=u)=F_{U_{n+1}}(v\mid U_n=u)\equiv F_n(u,v)$$

当转移函数相对于n不变时，我们将其写作$P(u, A)$(或$F(u, v)$)，且这个马尔可夫链称为**齐次的**。在接下来的讨论中，我们只关心齐次马尔可夫链，因此下面不再
91 显式指出限定词“齐次的”。

对于一个离散状态空间，马尔可夫链完全由条件概率$P(u, \{v\})$定义，即

$$P(U_{n+1}=v\mid U_0=u_0,\cdots,U_n=u)=$$
$$P(U_{n+1}=v\mid U_n=u)\equiv p(u,v),\quad \forall n\geqslant 0,u,v\in\mathcal{U}$$

在有限状态空间的情况下，转移概率$p(\cdot, \cdot)$可记为一步转移概率矩阵$\boldsymbol{P}$。当$\mathcal{U}$无限不可数且$F(u, v)$绝对连续时，转移函数可定义为一个密度函数$p(u, v)=\dfrac{\partial F(u, v)}{\partial v}$。

现在我们假设有一个离散马尔可夫链。我们有

$$P(U_{n+1}=v)=\sum_u P(U_n=u)p(u,v)=\sum_u P(U_0=u)p^n(u,v)$$

其中$p^n(u, v)=P(U_n=v\mid U_0=u)=\sum_u p^{n-1}(u, z)p(z, v)$, $n\geqslant 1$定义了一个n步的转移函数(以矩阵乘积$\boldsymbol{P}^n$的形式)。因此，只要给定了初始分布，马尔可夫链的构造

就完全由转移函数决定了。

如果

$$\pi(v)=\sum_{u}\pi(u)p(u,v)$$

我们称概率分布 $\pi(u)$，$u\in\mathcal{U}$ 是一个**平稳分布**。特别地，一个初始分布 $P(U_0=u)=\pi(u)$ 是平稳的当且仅当 U_n 的边缘分布随着 n 的变化保持不变，即 $P(U_n=u)=\pi(u)$，$\forall n\geqslant 0$。

平稳分布的存在性和唯一性取决于其链是否具有称为不可约性和递归性的特性。如果一个链能从任何初始状态经过有限次转移达到任何状态，则该链是**不可约的**。如果一个链无限次地返回到任何起始状态，则称它是**递归的**。如果对所有状态 u 来说，第一次返回到任何状态 u 的期望时间是有限的，则说它是**正递归的**。不可约性意味着如果 $\mathcal{U}$ 是有限的，则链是正递归的。

一个不可约且递归的马尔可夫链（具有离散的 $\mathcal{U}$）具有唯一的平稳分布。另一方面，如果存在一个平稳分布 $\pi(v)$ 使得 $\lim\limits_{n\to\infty}p^n(u,v)=\pi(v)$，则平稳分布是唯一的且 $\lim\limits_{n\to\infty}P(U_n=v)=\pi(v)$。在此情况下，独立于初始分布，对足够大的 n，U_n 的边缘分布近似为 π。

对于一个不可约且正递归的链，并不保证其收敛到平稳分布 π。但再加上**非周期性**条件，定义为 $\min\{n\geqslant 1: p^n(u,u)>0\}=1$（如果存在 u 使得 $p(u,u)>0$ 则此条件是充分的），这样的链就被称为**遍历的**且对所有 u，$v\in\mathcal{U}$ 具有极限行为 $p^n(u,v)\xrightarrow[n\to\infty]{}\pi(v)$，因此保证了对所有的 u，$P(U_n=u)$ 收敛到 $\pi(u)$。 92

此外，如果 $g(U)$ 是定义在一个遍历马尔可夫链的状态空间上的函数，该链在 π 下有有限期望，则我们有

$$\frac{1}{n}\sum_{t=1}^{n}g(U_t)\xrightarrow[n\to\infty]{}E_{\pi}[g(U)],\text{几乎必然}$$

这个结果通常被称为**遍历定理**，它将强大数定律推广到了具有所述特征的马尔可夫链。在额外条件下，中心极限定理的一个扩展也成立，即（依分布）收敛到序列 $\sqrt{n}\left[\frac{1}{n}\sum_{t=1}^{n}g(U_t)-E_{\pi}[g(U)]\right]$。

当一个链的状态是绝对连续随机变量时，需要修改上述性质的定义以对事件 $A\subseteq\mathcal{U}$ 而不再是对单个状态，这类似于转移函数的定义，会受到一些度量理论技术细节

的限制。例如，对一个链动态的描述涉及以正概率访问事件 A 的条件。如果对于任何事件 A，

$$\Pi(A)=\int_{\mathcal{U}}P(u,A)\Pi(\mathrm{d}u)$$

则概率测度 Π 为平稳的，改用密度描述的话，其对应

$$\pi(v)=\int_{\mathcal{U}}p(u,v)\pi(u)\mathrm{d}u$$

具有不可数无限状态空间的链的收敛结果类似于前面的陈述，不同的是结果需要更强的条件[㊀]。

马尔可夫链的另一个性质在极限行为分析中非常重要，它与概率动力学的可逆性有关。具体地说，如果对任意事件 A 和状态空间 $\mathcal{U}$(离散的或连续的)中的状态 u 下式成立，则称链是**可逆的**。

93 $$P(U_{n+1}\in A\mid U_n=u)=P(U_{n+1}\in A\mid U_{n+2}=u)$$

转移函数为 $p(\cdot,\cdot)$、平稳分布为 $\pi(\cdot)$ 的链的可逆性等价于

$$\pi(u)p(u,v)=\pi(v)p(v,u),\forall u,v\in\mathcal{U} \tag{6.1}$$

此条件被称为**细致平衡条件**(detailed balance condition)。它可以解释为链隐含的一种平衡——对每个状态对(u, v)，处于状态 u 转移到 v 和处于状态 v 转移到 u 是等可能的。特别地，如果一个链对于概率密度 π 满足这个条件，则它不仅是可逆的，而且与平稳分布具有相同的 π。

6.2 梅特罗波利斯-黑斯廷斯算法

在本节和接下来的几节中，我们继续使用 6.1 节中引入的符号表示。考虑到所讨论的链的状态通常是多变元的性质，我们将“时间”索引改为随机向量的上标，如 $U^{(t)}$，如需要则在下标保留向量元素(通常是标量)的索引，如 $U_j^{(t)}$。注意，这种符号表示与第 4 章和第 5 章不同。实际上，令 U 表示 k 维参数 $\theta(k\geqslant 2)$，则 $U^{(t)}$ 和 $U_j^{(t)}$ 与 $\theta_{(t)}$ 和 $\theta_{(t)j}$ 表示相同的含义。[㊁]我们继续用 $\pi(u)$，$u\in\mathcal{U}$ 表示稳态分布。[㊂]

㊀ 例如，对遍历性来说需要正哈里斯递归——参见如 Paulino 等(2018)一书及其中的参考文献。

㊁ 注意，对 $k=1$，$U^{(t)}$ 对应之前章节中的 θ_t，对样本($\theta_1,\cdots,\theta_n$)第 t 小的值保留 $\theta_{(t)}$。

㊂ 方便起见，我们将用术语“密度函数”指代一个独立于其支撑的性质的分布。也就是说，在离散随机变量的情况下它代表概率质量函数。

梅特罗波利斯-黑斯廷斯算法的基本要素是一个条件分布 $q(\tilde{u} \mid u) \equiv q(u, \tilde{u})$，它承担生成模拟值的角色。$q(\cdot \mid \cdot)$有时被称为提议分布或工具分布，对它的基本要求是容易生成随机变量。从此分布生成的值 $\tilde{u}$ 服从基于 $q(\cdot \mid \cdot)$和 $\pi(\cdot)$的随机检验，这决定了是接受 $\tilde{u}$ 还是拒绝 $\tilde{u}$，拒绝 $\tilde{u}$ 的话就用最近接受的值代替它。下面算法描述了此过程。 94

算法 1　梅特罗波利斯-黑斯廷斯(M-H)算法

1. 给定 $u^{(t)}$，$t=0, 1, 2, \cdots$生成一个值 $\tilde{U} \sim q(\tilde{u} \mid u^{(t)})$。
2. 计算 M-H 比 $R(u^{(t)}, \tilde{U})$，其中 $R(u, \tilde{u})=\dfrac{\pi(\tilde{u})q(u \mid \tilde{u})}{\pi(u)q(\tilde{u} \mid u)}$，并记录概率 $\alpha(u, \tilde{u})=\min\{R(u, \tilde{u}), 1\}$。
3. 接受为链的

$$U^{(t+1)}=\begin{cases}\tilde{U}, & \text{以概率 } \alpha(u^{(t)}, \tilde{U}) \\ u^{(t)}, & \text{以概率 } 1-\alpha(u^{(t)}, \tilde{U})\end{cases} \tag{6.2}$$

下一状态。

算法的几条注意事项如下所述。

注 1：π 的支撑。在第 $t+1$ 步迭代中 $\tilde{u}$ 的接受概率要求 $\pi(u^{(t)})>0$。这保证了 $\forall t \in \mathbb{N}$，如果链的初值 $u^{(0)}$ 满足此条件，则所有 $\pi(\tilde{u})=0$ 的模拟值都会因 $\alpha(u^{(t)}, \tilde{u})=0$ 而被拒绝。当 $\pi(\tilde{u})=0=\pi(u)$时我们设置 $R(u, \tilde{u})=0$。因此，一旦链落在 π 的支撑内，几乎必然不会离开。

注 2：归一化常数。M-H 比的性质表明，当已知 $\pi(\cdot)$和 $q(\cdot \mid u)$最多相差归一化常数倍(即在 $q(\cdot \mid u)$的情况下因子不涉及 u)时，算法即可实现。另一方面，当 $\tilde{u}$ 的值对应的比 $\pi(\tilde{u})/q(\tilde{u} \mid u^{(t)})$的值大于前一个值的同一个比 $\pi(u^{(t)})/q(u^{(t)} \mid \tilde{u})$时，它总是被接受，因为 $\alpha(u^{(t)}, \tilde{u})=1$。

注 3：重复。此算法生成的链$\{u^{(t)}\}$可能包含重复，这是马尔可夫链的一种特殊情况，因为以所有先前值为条件的 $U^{(t+1)}$ 的分布只依赖于 $U^{(t)}$。如预期，这个链是否收敛到一个目标分布 $\pi(u)$取决于提议分布。

注 4：转移函数。由于这是应用中最常见的情况，我们在这里只考虑具有不可数无穷多个状态的绝对连续情况(关于勒贝格测度)，在这种情况下 $\pi(u)$ 是平稳分布的密度。

令 $Q(\cdot,\cdot)$ 表示一个马尔可夫链的转移矩阵，其密度为 $q(\cdot|\cdot)$，即 $Q(u,\cdot\, \mathrm{d}\tilde{u})=q(\tilde{u}\mid u)\mathrm{d}\tilde{u}$。在此情况下，M-H 算法的步骤 3 定义了一个转移函数，

$$P(u,\mathrm{d}\tilde{u})\equiv P[U^{(t+1)}\in \mathrm{d}\tilde{u}\mid U^{(t)}=u]=\alpha(u,\tilde{u})q(\tilde{u}\mid u)\mathrm{d}\tilde{u}+r(u)\delta_u(\mathrm{d}\tilde{u}) \quad (6.3)$$

其中 $\delta_u(\mathrm{d}\tilde{u})$ 表示 $\mathrm{d}\tilde{u}$ 处的狄拉克测度，$r(u)=1-\int \alpha(u,\tilde{u})q(\tilde{u}\mid u)\mathrm{d}\tilde{u}$ 为链保持在
95 u 中的概率。转移函数(6.3)可用一个转移密度

$$p(u,\tilde{u})=\alpha(u,\tilde{u})q(\tilde{u}\mid u)+r(u)\delta_u(\tilde{u}) \quad (6.4)$$

刻画，由 α 和 δ_u 的定义，它满足与 π 的细致平衡条件 $\pi(u)p(u,\tilde{u})=\pi(\tilde{u})p(\tilde{u},u)$。因此，一个 M-H 链是可逆的，若其平稳分布恰好等于期望的目标分布 π。

注 5：收敛性。一个 M-H 马尔可夫链收敛到平稳分布 π 取决于前一节讨论过的正则性条件。

令 $\mathcal{S}=\{u:\pi(u)>0\}$ 表示 π 的支撑。使用提议分布 $q(\cdot\mid\cdot)$ 且有 $q(\tilde{u}\mid u)>0$，$\forall(u,\tilde{u})\in\mathcal{S}\times\mathcal{S}$，即保证了链 $\{U^{(t)}\}$ 关于 π 不可约。由于 π 是 M-H 链的一个平稳分布，因此链是正递归的(也是哈里斯递归的)且 6.1 节的遍历定理适用。㊀

综上所述，对于收敛到目标分布 π 的 M-H 链，可以将该链超过一定时间后的状态视为 π 的近似模拟，即使在实现中它们是由提议分布生成的。这意味着 π 的汇总可以从链中的(计算机生成的)样本来经验确定。 ■

考虑到为保证链收敛到 π，对 π 和 q 的要求很少且很弱，M-H 算法最吸引人的特点可能就是它的通用性了。但注意，仅仅是收敛的事实并不意味着该算法是高效的，即仅从用相对较少的迭代次数实现实际收敛这层意义不能表明算法是高效的。也就是说，它不一定能描述一个快速混合的马尔可夫链。

一个精心选择的工具分布应该在合理的迭代次数下生成能覆盖目标分布的支撑的值，并且提议既不应该被过于频繁地接受也不应该被过于频繁地拒绝。这些特性与生成模拟值的提议分布的分散度有关。具体来说，如果 q 相对于 π 过于分散，则提议值频繁被拒绝，且 π 的支撑需要经过很多次迭代才能有代表性地采样，这意味

㊀ 参见如 Tierney(1994)与 Robert 和 Casella(2004)。如果链还是非周期性的(如果 $r(u)>0$，$\forall u\in\mathcal{S}$ 的话可以保证这一点)，则我们可以证明当 $n\to\infty$ 时 n 步转移函数 $P^n(u,\cdot)$(在恰当意义上)收敛到 Π。

着收敛速度较慢。相反，在分散度较窄的情况下，在很多次迭代中只访问了 $\mathcal{S}$ 的一个很小子集，具有较高的接受率，这可能被错误地解释为快速收敛，而实际上需要很多次额外的迭代来探索 $\mathcal{S}$ 的其他部分。出于这些原因，我们总是应该先对 π 进行初步分析，使得 q 的选择能尽量好地近似目标分布。 96

基于 M-H 算法的这些一般性质，我们现在描述两种最常用的特殊情况。[㊀]

独立 M-H 算法

顾名思义，该算法中提出的分布与当前状态无关，即 $q(\tilde{u}\mid u)=q(\tilde{u})$。这意味着接受概率

$$\alpha(u^{(t)},\tilde{u})=\min\left\{\frac{\pi(\tilde{u})q(u^{(t)})}{\pi(u^{(t)})q(\tilde{u})},1\right\},\quad t\geqslant 0$$

与我们提到的一般 M-H 算法类似，链 $\{U^{(t)}\}$ 的遍历性要求提议分布 q 的支撑(现在不再是条件性的)包含 π 的支撑。

例如，考虑从后验分布进行模拟，即 $\pi(\theta)=h(\theta\mid x)\propto L(\theta\mid x)h(\theta)$，状态为 $\{U^{(t)}\equiv\theta^{(t)}\}$。在这种情况下 M-H 链独立性的例证就是 $q(\theta)=h(\theta)$ 时的特例。在这种情况下，q 的支撑覆盖了 π 的支撑，即使这两个分布可能非常不同。此外，在这种情况下，M-H 比约化为似然比 $R(\theta^{(t)},\tilde{u})=\dfrac{L(\tilde{u}\mid x)}{L(\theta^{(t)}\mid x)}$。

随机游走 M-H 算法

此算法是由一个工具分布 $\tilde{U}=U^{(t)}+\varepsilon_t$ 定义的，其中 ε_t 是随机误差，其分布 q^* 独立于 $U^{(t)}$。这定义了一个转移密度为 $q(\tilde{u}\mid u)=q^*(\tilde{u}-u)$ 的随机游走。q^* 通常的选择包括以原点为中心的球上的均匀分布、正态分布和学生氏 t 分布。

注意，如果提议分布是对称的，即 $q(\tilde{u}\mid u)=q(u\mid\tilde{u})$，则 M-H 比简化为 $R(u,\tilde{u})=\dfrac{\pi(\tilde{u})}{\pi(u)}$，强调目标分布只需要知道一个归一化常数。对称发生在当 $q^*(y)$ 仅通过 $|y|$ 依赖于 y 时。当一个链基于一个随机游走 $\tilde{U}\sim q^*(|\tilde{u}-u^{(t)}|)$ 时，此算法变为 Metropolis 等(1953)提出的梅特罗波利斯算法，当时是在具有离散状态空间的粒子物

㊀ 其他情况参见如 Givens 和 Hoeting(2005)。

97 理学问题的背景下提出的此算法。[⊖]

6.3 吉布斯抽样器

前一节中对 M-H 算法的描述中明显体现了它的通用性，特别是它甚至不需要指出目标分布 $\pi(u)$ 中 u 的维数。相反，吉布斯抽样算法[⊜]（本节的主题）是专门为 k（$k\geqslant 2$）维分布设计的。

该算法构造一个马尔可夫链，使其收敛于一个期望的目标分布 $\pi(\boldsymbol{u})$，$\boldsymbol{u}=(u_1, u_2,\cdots,u_k)\in\mathcal{U}$。这是通过从给定了所有其他元素的条件分布（典型的是单变元的，也称为满条件分布）进行迭代抽样实现的。该算法在 k 步循环中依次替换状态向量 u 的元素，在第 j 步中用从条件分布 $\pi(v_j\mid\{u_i,\ i\notin j\})(j=1,\ 2,\cdots,k)$ 中抽样的值来替换 u_j。例如，假设 $k=3$，如下所示在三步循环中用 $\boldsymbol{v}=(v_1,\ v_2,\ v_3)$ 替换当前状态 u：

$$(u_1,u_2,u_3)\xrightarrow{\text{step 1}}(v_1,u_2,u_3)\xrightarrow{\text{step 2}}(v_1,v_2,u_3)\xrightarrow{\text{step 3}}(v_1,v_2,v_3)$$

一般而言，给定一个当前估计状态 $\boldsymbol{u}^{(t)}=(u_1^{(t)},u_2^{(t)},\cdots,u_k^{(t)})$，一步吉布斯转移使用下面的满条件分布迭代地生成下一个状态向量的值 $\boldsymbol{u}^{(t+1)}$

$$\begin{aligned}
&U_1^{(t+1)}\sim\pi(u_1\mid u_2^{(t)},u_3^{(t)},\cdots,u_k^{(t)})\\
&U_2^{(t+1)}\sim\pi(u_2\mid u_1^{(t+1)},\cdots,u_k^{(t)})\\
&\qquad\downarrow\\
&U_{k-1}^{(t+1)}\sim\pi(u_{k-1}\mid u_1^{(t+1)},u_2^{(t+1)},\cdots,u_{k-2}^{(t+1)},u_k^{(t)})\\
&U_k^{(t+1)}\sim\pi(u_k\mid u_1^{(t+1)},u_2^{(t+1)},\cdots,u_{k-1}^{(t+1)})
\end{aligned}\tag{6.5}$$

下一步转移从 $\boldsymbol{u}^{(t+1)}$ 开始，重复这 k 步循环。算法 2 总结了此方案，如下所示。

算法 2　吉布斯抽样器

1. 给定一个当前状态 $\boldsymbol{u}^{(t)}=(u_1^{(t)},u_2^{(t)},\cdots,u_k^{(t)})$，从 $t=0$ 开始，使用下式生成下一状态向量的每个分量 $u_j^{(t+1)}$，$j=1,\ 2,\cdots,k$：

$$U_j^{(t+1)}\sim\pi(u_j^{(t+1)}\mid u_1^{(t+1)},\cdots,u_{j-1}^{(t+1)},u_{j+1}^{(t)},\cdots,u_k^{(t)})$$

2. 在 k 个步骤的最后，取 $\boldsymbol{u}^{(t+1)}=(u_1^{(t+1)},u_2^{(t+1)},\cdots,u_k^{(t+1)})$ 并对 $t\equiv t+1$ 重复步骤 1。

⊖ 尼古拉斯·梅特罗波利斯（Nicholas Metropolis）和斯坦尼斯拉夫·乌拉姆（Stanislaw Ulam）是他们所命名的蒙特卡罗方法的共同发明人。

⊜ 这种方法的名称源于 Geman 兄弟（1984）在对所谓的吉布斯随机场推断的应用中，这里的吉布斯是物理学家约西亚·威拉德·吉布斯（J. W. Gibbs）。

例 6.1　令 $x=(x_i,\ i=1,2,\cdots,n)$ 是一个从韦布尔模型随机抽出的样本，韦布尔模型的尺度参数和形状参数未知，分别用 δ 和 α 表示。似然函数为 98

$$L(\delta,\alpha \mid x)=(\delta\alpha)^n\left(\prod_{i=1}^{n} x_i\right)^{\alpha-1} \mathrm{e}^{-\delta\sum_i x_i^{\alpha}},\quad \delta,\alpha>0$$

假设 δ 和 α 是独立的先验，分别服从伽马分布 $Ga(a,\ b)$ 和对数正态分布 $LN(c,\ d)$，其中 $a,\ b,\ d>0$ 且 $c\in\mathbb{R}$。

联合后验分布的核为

$$h(\delta,\alpha \mid x)\propto \alpha^{n+c/d-1}\left(\prod_{i=1}^{n} x_i\right)^{\alpha} \mathrm{e}^{-(\ln\alpha)^2/2d}\delta^{a+n}\mathrm{e}^{-\delta(b+\sum_i x_i^{\alpha})}$$

这意味着完全条件分布正比于

1. $h(\delta \mid \alpha,\ x)\propto\delta^{a+n}\ \mathrm{e}^{-\delta(b+\sum_i x_i^{\alpha})}$；

2. $h(\alpha \mid \delta,\ x)\propto \alpha^{n+c/d-1}\left(\prod_{i=1}^{n} x_i\right)^{\alpha}\mathrm{e}^{-\left[\frac{(\ln\alpha)^2}{2d}+\delta\sum_i x_i^{\alpha}\right]}$。

因此，δ 的完全条件分布为 $Ga(a+n,\ b+\sum_i x_i^{\alpha})$，对任何给定的 α，可以通过一个计算上高效的伽马随机变量生成器生成 δ 的值。α 的完全条件分布并不以标准形式出现，因此需要使用更复杂的随机变量生成方法。例如，基于对数正态密度的凸性的自适应拒绝抽样方法。参见本节的注 4 以及附录 B 中关于一般的基于网格的随机变量生成。■

一般地，令 u 表示第 j 步开始时当前估计的状态向量。吉布斯抽样器就像是用

$$\widetilde{U} \mid u \sim q_j(\widetilde{u} \mid u)=\begin{cases}\pi(\widetilde{u}_j \mid u_{-j}), & \widetilde{u}_{-j}=u_{-j}\\ 0, & \text{其他}\end{cases} \tag{6.6}$$

生成了一个向量 $\widetilde{u}=(u_1,\cdots,u_{j-1},\ \widetilde{u}_j,\ u_{j+1},\cdots,u_k)$。吉布斯抽样器一词不仅指前述版本，关于序贯更新和模拟有许多变体，包括以下版本。 99

分块吉布斯抽样器

尽管吉布斯抽样器的典型描述使用了单变量的满条件分布，但该方案可以更灵活地在循环中包含不同步数，每一步使用任意维子向量的条件分布。此变体有一个特殊的优点，它允许我们将较高相关性的变量组合在一起，这样，从整个子向量的完全条件分布生成值，可以加速算法的收敛。当参数向量的任一子向量的完全条件后验分布可用于有效的随机变量生成，通常使用此算法。

混合吉布斯抽样器

一般来说，对于某些完全条件分布，可能没有已知的有效的随机变量生成器。在

这种情况下，人们总是可以求助于其他类型的转移概率，结合吉布斯抽样器来定义混合吉布斯抽样器。例如，在 Givens 和 Hoeting(2005)中讨论了 M-H 转移概率的使用。

在简要介绍了一些变体之后，重点介绍吉布斯抽样器算法的一些一般方面是有帮助的。

注 1：无提议分布。如前所属，在吉布斯抽样器中的随机变量生成是基于目标分布本身的。这避免了寻找“好的”提议分布这一通常很困难的问题，像 M-H 算法就需要这一步。然而，在吉布斯抽样器的每次迭代中生成一个单变量并不是在目标分布的支持上进行快速混合的好方法。

注 2：吉布斯和 M-H 算法。尽管吉布斯算法和 M-H 算法之间存在差异，但式(6.6)非常明显地展示了两者之间的紧密联系。考虑吉布斯抽样器从 $u^{(t)}$ 开始的循环的第 j 步。模拟涉及条件分布 $q_j(\tilde{u} \mid u)=\pi(\tilde{u}_j \mid u_{-j})$，其中向量 $\tilde{u}$ 与 u 仅有第 j 个分量不同，即 $\tilde{u}_{-j}=u_{-j}$。分布 $q_j(\tilde{u} \mid u)$ 扮演提议分布的角色。由联合分布的定义及之前介绍的符号表示，我们可写出 $\pi(u)=\pi(u_{-j})\pi(u_j \mid u_{-j})$，其中第一个和第二个因子分别指 U_{-j} 的边缘分布和给定 U_{-j} 下的 U_j 的条件分布。两个因子也正是 $\tilde{U}_{-j}$ 的分布和给定 $\tilde{U}_{-j}$ 下 U_j 的条件分布。因此

100

$$\frac{\pi(\tilde{u})}{\pi(u)}=\frac{\pi(\tilde{u}_j \mid u_{-j})}{\pi(u_j \mid \tilde{u}_{-j})}\equiv\frac{q_j(\tilde{u} \mid u)}{q_j(u \mid \tilde{u})}$$

意味着此步的 M-H 比为

$$R_j(u,\tilde{u})=\frac{\pi(\tilde{u})q_j(u \mid \tilde{u})}{\pi(u)q_j(\tilde{u} \mid u)}=1$$

因此吉布斯抽样器的每个循环可视为 k 个 M-H 转移概率的组合，其中每步的接受概率等于 1。请注意，如果将吉布斯抽样器的整个循环解释为单个 M-H 转移函数，则可以计算出循环开始和最后一步之间的转移密度的相应全局接受概率。这个接受概率不会约化到常数 1。⊖

注 3：双变元情况。双变元情况下吉布斯抽样器的定义由步骤 $U_1^{(t+1)} \sim \pi_1(\cdot \mid$

⊖ 只要考虑 $k=2$ 的情况和相应的转移密度 $P(u,\ \tilde{u})=\pi_1(\tilde{u}_1 \mid u_2)\pi_2(\tilde{u}_2 \mid \tilde{u}_1)$ 就足够了，其中 π_j 指变量对的元素 U_j(在这里以另一个元素为条件)的边缘分布。在此情况下 M-H 接受率为 $\pi(\tilde{u}_1)/\pi(\tilde{u}_1 \mid u_2)\pi(u_1 \mid \tilde{u}_2)/\pi(u_1)$。

$u_2^{(t)}$)和 $U_2^{(t+1)} \sim \pi_2(\cdot \mid u_1^{(t+1)})$($t \geqslant 0$)组成，清晰地强调了序列$\{(U_1^{(t)}, U_2^{(t)})\}$定义了一个马尔可夫链。而且每个子序列也是一个马尔可夫链，如 $U_2^{(t)}$ 是一个马尔可夫链，其转移密度如下

$$P(u_2, \tilde{u}_2) = \int \pi_1(w \mid u_2) \pi_2(\tilde{u}_2 \mid w) \mathrm{d}w$$

它对过去的依赖仅通过 U_2 的前一个值。换句话说，U_2 的边缘密度和转移密度的定义意味着

$$\begin{aligned}\pi_2(\tilde{u}_2) &= \int \pi_2(\tilde{u}_2 \mid w) \pi_1(w) \mathrm{d}w \\ &= \int \left[\int \pi_2(\tilde{u}_2 \mid w) \pi_1(w \mid u_2) \mathrm{d}w\right] \pi_2(u_2) \mathrm{d}u_2 = \int P(u_2, \tilde{u}_2) \pi_2(u_2) \mathrm{d}u_2\end{aligned}$$

这表明 π_2 是子链 $U_2^{(t)}$ 的平稳分布。

多元$\{U^{(t)}\}$收敛性的一个基本条件是联合分布 $\pi(\cdot)$ 的支撑 $\mathcal{U}$ 是边缘分布 $\pi_j(\cdot)$ 的支撑$\mathcal{U}_j$ 的笛卡儿积。这意味着链是不可约的，在双变元情况下，对于边缘子链这也是成立的。而且，如果转移函数关于勒贝格测度绝对连续，且其密度取完全条件密度的积的形式 101

$$p(u,v) = \pi_1(v_1 \mid u_2, \cdots, u_k) \pi_2(v_2 \mid v_1, u_3, \cdots, u_k) \times \cdots \times \pi_k(v_k \mid v_1, v_2, \cdots, v_{k-1})$$

则链是(哈里斯)递归的，这意味着 π 是$\{U^{(t)}\}$的平稳分布，且其边缘是相应子链的极限分布，从而得出遍历性定理是适用的。[㊀]

综上所述，吉布斯抽样器的结构和收敛性强调了满条件分布足以描述联合分布并从中生成。探索条件分布不兼容性的例子(反例)有助于理解吉布斯抽样器中确保收敛到目标分布的条件的相关性[也请参见 Paulino 等(2018)和其中的参考文献]。特别地，在完全条件分布中，需要小心归一化常数。注意，一个(不正常的)无限归一化常数使得正常联合分布的存在变得不可能，这种情况并不总能由生成的马尔可夫链检测到，但它在具有不正常先验分布的贝叶斯模型中并不少见[参见 Robert 和 Casella(2004)以及其中的参考文献]。

注 4：双变元情况。来自完全条件分布的模拟自然地依赖于这些条件的特定结构。在最简单的情况下，对于某些已知的分布，求助于逆累积分布函数方法或高效

㊀ 而且，如果链还是非周期的，n 步转移函数也收敛到 π。

的专用方法可能会使吉布斯抽样器中相应步骤的随机变量生成变得高效。在更复杂的情况下，仍然可以使用参考文献中描述的更复杂的方法进行所需的抽样，这些参考文献在第 4 章的导言中指出。

在许多统计推断问题中，很难计算目标分布；例如，如果其中涉及难以求解析解的积分。因此，吉布斯抽样器中随机变量生成的步骤没有简单的方法可用。一种经
102 常成功的方法(如在缺失数据问题中的)是通过引入额外的潜变量 Z 将目标分布 $\pi(u)$ 增强为 $f(u, Z)$，使得 $\pi(u)$ 保持为联合分布 $f(u, Z)$ 的边缘分布。[⊖]在某些情况下，增强模型 $f(u, Z)$ 涉及分布 $f(u \mid z)$ 和 $f(z \mid u)$，使得吉布斯抽样器的实现更为简单。

例 6.2　考虑某种疾病的诊断测试，其结果为二元的(阳性或阴性)。随机抽取 N 个患者，设 X 为阳性结果的个数，并假设 $X \mid \phi \sim Bi(N, \phi)$。大多数诊断测试都存在分类错误，这意味着阳性的概率可以写成 $\phi = \alpha\sigma + (1-\alpha)(1-\varepsilon)$，其中 $\theta = (\alpha, \sigma, \varepsilon)$，$\alpha$ 是这种疾病的患病率，σ 是测试的敏感度(真阳性的概率)，ε 是测试的特异性(真阴性的概率)。

向量 θ 通常是未知的，它是推断问题中我们感兴趣的参数向量。然而，考虑到抽样模型明显地过参数化，没有额外数据(例如，从一个被看作黄金标准的进一步测试中获得的数据)或与诊断测试的类型和所考虑的疾病有关的先验信息，是不可能报告 θ 上(或者是 θ 的函数上，ϕ 除外)的推断的。假设我们只能获得这样的先验信息，表示为 θ 的分量的独立贝塔分布，具有固定的超参数。后验分布取下面难以解析处理的形式：

$$h(\theta \mid x) \propto f(x \mid \theta)\alpha^{a_p-1}(1-\alpha)^{b_p-1}\sigma^{c_s-1}(1-\sigma)^{d_s-1}\varepsilon^{c_e-1}(1-\varepsilon)^{d_e-1}$$

其中 $\theta \in (0, 1)^3$。吉布斯抽样器打算使用 MCMC 实现后验推断，但对于这种后验分布来说，它并不是一种特别容易的方法，因为条件后验分布很复杂，需要专门的随机变量生成方法。然而，如下所示使用潜在数据增强模型，会令吉布斯抽样器的实现变得容易得多。令 $Y = (X, Z_1, Z_2)$，其中 $Z_1(Z_2)$ 是报告了真阳性(真阴性)患者数量的未观测到的(潜在)数据。与观测数据 X 保持一致的模型 Y 定义为

$$f(y \mid \theta) = f(x \mid \theta) f(z_1 \mid x, \theta) f(z_2 \mid x, \theta)$$

其中现在 $Z_1 \mid x, \theta \sim Bi(x, \alpha\sigma/\phi)$ 且 $Z_2 \mid x, \theta \sim Bi(N-x, (1-\alpha)\varepsilon/(1-\phi))$。

⊖ $f(u, Z)$ 的构造也被称为 $\pi(u)$ 的去边缘化或增强。

注意，潜变量的条件分布的参数对应所谓的正预测值 $V_+=\alpha\sigma/\phi$ 和负预测值 $V_-=(1-\alpha)\varepsilon/(1-\phi)$。于是，现在对应增强数据 y 的后验密度为 103

$$h(\theta\mid y)\propto f(x\mid\phi)(V_+)^{z_1}(1-V_+)^{x-z_1}(V_-)^{z_2}(1-V_-)^{N-x-z_2}\times$$
$$\alpha^{a_p-1}(1-\alpha)^{b_p-1}\sigma^{c_s-1}(1-\sigma)^{d_s-1}\varepsilon^{c_e-1}(1-\varepsilon)^{d_e-1}$$

这个表达式被大大简化为三个贝塔分布密度的乘积。实际上，如果我们引入一个变换，将数据 $y=(x,\ z_1,\ z_2)$ 变换为 $y^*=(m,\ z_1,\ z_2)$，其中 $m=z_1+N-x-z_2$ 是样本中患此疾病的人数，则我们从 $f(y\mid\theta)$ 求得

$$f(y^*\mid\theta)=f(m\mid\theta)f(z_1\mid m,\theta)f(z_2,\mid m,\theta)$$

使得 $M\mid\theta\sim Bi(N,\ \alpha)$，$Z_1\mid m,\ \theta\sim Bi(m,\ \sigma)$ 以及 $Z_2\mid m,\ \theta\sim Bi(N-m,\ \varepsilon)$。

考虑到联合先验的分解及二项分布因子和贝塔分布因子的分解，这种似然的因子分解意味着 θ 的分量也是后验独立的，具有下列分布

$$\alpha\mid y\sim Be(A_p,B_p),A_p=a_p+m=a_p+z_1+N-x-z_2,$$
$$B_p=b_p+N-m=b_p+x-z_1+z_2$$
$$\sigma\mid y\sim Be(C_s,D_s),C_s=c_s+z_1,D_s=d_s+N-x-z_2$$
$$\varepsilon\mid y\sim Be(C_e,D_e),C_e=c_e+z_2,D_e=d_e+x-z_1$$

这些是以增强数据 y 为条件的参数的完全条件分布。由于增强数据的 z_1 和 z_2 部分是未观测到的，因此需要根据参数来推测它们，可以通过使用以数据的观测部分 x 为条件的相应抽样分布来实现。这引出了联合后验分布 $h(\theta,\ z_1,\ z_2\mid x)$ 的吉布斯型算法，由以下两个步骤定义。

数据增强

1. 估算步骤：给定 $\theta^{(0)}=(\alpha^{(0)},\ \sigma^{(0)},\ \varepsilon^{(0)})$，计算 $V_+^{(0)}=V_+(\theta^{(0)})$ 和 $V_-^{(0)}=V_-(\theta^{(0)})$，并生成

$$z_1^{(1)}\sim Bi(x,V_+^{(0)}),z_2^{(1)}\sim Bi(N-x,V_-^{(0)})$$

2. 后验步骤：基于 $(z_1^{(1)},\ z_2^{(1)})$，从给定增强数据条件下 θ 的后验分布生成数据。即生成 $\theta^{(1)}$ 为

$$\alpha^{(1)}\sim Be(A_p,B_p),\quad \sigma^{(1)}\sim Be(C_s,D_s),\quad \varepsilon^{(1)}\sim Be(C_e,D_e)$$

从 $\theta^{(1)}$ 开始，反复执行这两个步骤。 104

该算法是由 Tanner 和 Wong(1987)在如前所提及的文章中提出的，当时尚未有吉

布斯抽样器的资料，他们证明了，在非常一般的条件下，$h(\theta \mid x, z_1^{(t)}, z_2^{(t)})$ 随着 $t \to \infty$ 收敛到 $h(\theta \mid x)$。 ■

6.4　切片抽样器

如我们所见，复杂目标分布 π 会令条件随机变量生成变得复杂，即使是当任意 $u \in \mathcal{U}$ 中密度函数 $\pi(u)$ 的逐点求值仍是可能时。在此情况下，另一种实现 MCMC 的策略是引入一个辅助变量 Z，目的是令 $(U, Z) \sim f(u, z) = \pi(u) f(z \mid u)$ 的链的模拟更方便。在这里，Z 的选择应该使增强分布 $f(u, z)$ 的链收敛，并使搜索相应子链的支撑 $\mathcal{U}$ 以及计算 π 的所需的汇总成为可能。

定义 Z 使得 $Z \mid U = u \sim U(0, \pi(u))$，则我们得到 $(U, Z) \sim U(\mathcal{S})$，其中 $\mathcal{S} = \{(u, z): u \in \mathcal{U}, z \in [0, \pi(u)]\}$ 且 $U(\mathcal{S})$ 指集合 $\mathcal{S}$ 上的一个均匀分布。因此，从 π 得到 MC 样本的一种方法是生成一个马尔可夫链，其平稳分布恰为 $\mathcal{S}$ 上的一个多元均匀分布。

切片抽样器是一种生成 $\mathcal{S}$ 上随机游走的迭代方法，利用均匀分布向两个方向交替移动。第一步使用 $Z \mid U = u \sim U(0, \pi(u))$ 在实数轴上移动，第二步使用 $U \mid Z = z \sim U(\mathcal{S}(z))$ 在 $\mathcal{U}$ 上移动，其中 $\mathcal{S}(z) = \{u \in \mathcal{U}: \pi(u) \geqslant z\}$。注意，边缘密度 $f(z)$ 因此正比于 $\mathcal{S}(z)$ 的勒贝格测度。

如果链是收敛的，则该方法通过考虑对应的子链来从 π 生成一个近似样本，这只需在均匀分布模拟的位置对 π 求值即可。实际上，此抽样方案只需 π 相差不超过一个归一化常数倍。[⊖]

105 综上所述，抽样算法的定义如下。

算法 3　切片抽样器

给定 $(u^{(t)}, z^{(t)})$，从 $t=0$ 开始，进行模拟

1. $z^{(t+1)} \sim U(0, \pi(u^{(t)}))$；

2. $u^{(t+1)} \sim U(\{u: \pi(u) \geqslant z^{(t+1)}\})$；

重复这个两步循环，每次将 t 增加 1；注意，$\pi(u)$ 在这里表示其密度或核，容易计算。

⊖ 实际上，将 $\pi(u)$ 写为 $\pi(u) = c\pi^*(u)$ 并令 $Z^* = Z/c$，则该方法等价于使用 $(U, Z^*) \sim U(\{(u, z^*): u \in \mathcal{U}, z^* \in [0, \pi^*(u)]\})$，这意味着 $Z^* \mid U = u \sim U(0, \pi^*(u))$ 且 $U \mid Z^* = z^* \sim U(\{u: \pi^*(u) \geqslant z^*\})$。

我们给出一些关于这个方法的评论作为总结，这个方法的名字来自 Neal(1997)，可以追溯到发表在 Neal(2003)和 Damien 等(1999)中的工作。

注 1：单变元情况。对于单变元 U，切片抽样器可以很容易地用密度 $\pi(u)$的图示来说明，如图 6.1，用 u 和 z 分别标记横、纵坐标轴。点 $(u^{(t)},\ \pi(u^{(t)}))$在纵轴上定义了生成值 $z^{(t+1)}$ 的切片。线 $Z=z^{(t+1)}$ 和 $\pi(u)$的交点划定了水平切片$\mathcal{S}(z^{(t+1)})$(一个区间或多个区间的并集)，$u^{(t+1)}$ 就是在切片上生成的。在实践中，此算法的主要

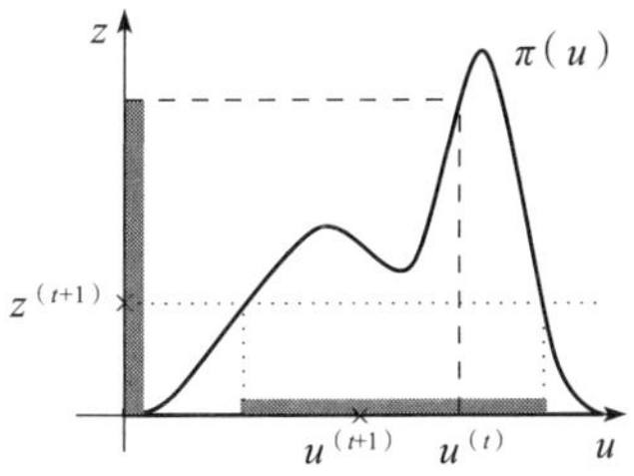

图 6.1　一元分布 $\pi(u)$的切片抽样器

难点是第二步，因为对一个多峰的 $\pi(u)$来说，水平切片上的分布的支撑 $\mathcal{S}(z)$可能 106
很复杂，可能需要使用其他模拟方法(如拒绝抽样)。在任何情况下，由于算法的本质，它比许多其他算法(如 M-H 算法)在多峰目标密度下都表现得更好——从这种目标分布的支撑的有效探索方面来说。

注 2：切片抽样器和吉布斯抽样。对于一元 $\mathcal{U}$，切片抽样器的结构凸显了它可以看作从 $\pi(u)$到$f(u,\ z)=\pi(u)f(z\mid u)$的模型增强的一个两步吉布斯抽样器的一种特殊情况，即 $\mathcal{S}$ 中的一个均匀分布。因此，序列$\{U^{(t)}\}$为一个马尔可夫链，其转移密度为 $P(u,\ \tilde{u})=\int f(z\mid u)f(\tilde{u}\mid z)\mathrm{d}z$，平稳分布为 $\pi(u)$。

这种解释对于多元目标分布基本上仍是有效的，当然步数会更多。因此，切片抽样器的收敛条件可以从吉布斯抽样器的收敛条件看出，需要引入一个辅助变量向量来处理更复杂的目标分布[相关讨论可参见如 Robert 和 Casella(2004)]。

6.5　哈密顿蒙特卡罗

6.5.1　哈密顿动力学

前面讨论的一些 MCMC 方案的一个共同问题是经常会陷入局部转移。例如，对于梅特罗波利斯-黑斯廷斯随机游走转移函数，我们通常只在参数空间中移动一小步。使用吉布斯抽样器，我们每次只更新一个参数。高后验相关性会导致非常缓慢的马尔可夫链混合。一种可以让我们在参数空间中快速移动的有趣的替代方法是哈密顿蒙特卡罗(Neal，2011)。其基本想法很简单，共有三个重要的构造步骤。令

$\pi(\theta)$表示我们感兴趣的目标分布，如一个后验分布$h(\theta \mid x)$。

首先，我们给θ增加一个时间索引，使其变为$\theta(t)$。最终，在转移之后，我们将删除t索引以获得新的参数值。

接下来，我们用一个$\mathrm{d}\theta(t)/\mathrm{d}t$的微分方程组来开始构造，已知该方程组保持给定目标函数不变。也就是说，如果我们按照这个方程组的解模拟转移，那
107 么这些转移将保持目标函数不变。如果我们用$\ln\pi$作为目标函数，就得到了沿着$\pi(\theta)$的等值线移动的转移。哈密顿力学中的哈密顿方程就属于这种微分方程组。我们要做的就是让势能等于对数后验分布，然后模拟哈密顿动力学。我们保证模拟的状态都具有相等的后验密度。也就是说，我们沿着联合后验分布的等值线移动。

还有一个更聪明的设置。令$N(\boldsymbol{x} \mid \boldsymbol{m}, \boldsymbol{S})$表示随机向量$x$的一个多元正态概率密度函数，其均值为$\boldsymbol{m}$，协方差矩阵为$\boldsymbol{S}$。我们首先用$\boldsymbol{p}$的一个多元正态分布(也可以是任何其他分布——但多元正态分布令接下来的推导最简单)将概率模型增强为$\pi(\boldsymbol{\theta}, \boldsymbol{p})=\pi(\boldsymbol{\theta})N(\boldsymbol{p} \mid \boldsymbol{0}, \boldsymbol{I})$。附加变量的表示$\boldsymbol{p}$的选择是为了预测增强模型将来的解释。请注意，$\boldsymbol{\theta}$和潜变量$\boldsymbol{p}$是独立的，在这一意义上，这个模型增强是不寻常的。这将大大简化算法。令

$$H(\boldsymbol{\theta},\boldsymbol{p}) = -\ln\pi(\boldsymbol{\theta}) + \frac{1}{2}\boldsymbol{p}'\boldsymbol{p} \tag{6.7}$$

表示负对数增强的目标分布(忽略常数因子)。我们使用$H(\boldsymbol{\theta}, \boldsymbol{p})$作为哈密顿方程的目标函数(势)，$\boldsymbol{\theta}$解释为位置，$\boldsymbol{p}$解释为矩。这就是全部！我们下面要做的就是表述方程，然后实现微分方程的近似数值解。令$\boldsymbol{\theta}=(\theta_1,\theta_2,\cdots,\theta_d)$和$\boldsymbol{p}=(p_1,p_2,\cdots,p_d)$表示两个$d$维的位置和矩。则哈密顿方程为

$$\frac{\mathrm{d}\theta_i}{\mathrm{d}t}=\frac{\partial H}{\partial p_i} \quad \text{和} \quad \frac{\mathrm{d}p_i}{\mathrm{d}t}=-\frac{\partial H}{\partial \theta_i} \tag{6.8}$$

根据这些方程改变$(\theta(t), p(t))$，使得势不变。由于我们将势设为对数(增强)目标分布，因此保证了在等概率等值线上移动。这就是诀窍。特别选择的式(6.7)用下式进一步简化了方程：

$$\frac{\mathrm{d}\theta_i}{\mathrm{d}t}=\frac{\partial H}{\partial p_i}=p_i \text{ 和 } \frac{\mathrm{d}p_i}{\mathrm{d}t}=-\frac{\partial H}{\partial \theta_i}=\frac{\partial \ln\pi}{\partial \theta_i}$$

关于此设置有一个漂亮的解释。在将式(6.8)应用到力学时，参数 θ 变为一个对象的位置，而 p 为其矩（即速度×质量）。例如，将对象视为斜坡上的一个球。则 $\ln\pi(\theta)$ 为势能，即由位置决定的能量，而 $\frac{1}{2}p^2$ 为动能。把这个对象想象成一个球是很好的方式，因为我们完全忽略了摩擦力。哈密顿力学描述了，在时刻 t，动量为 p，位置为 θ 的球如何运动。它的运动是由保持势能和动能之和不变来决定的。稍后请将 108
其与图 6.2 进行比较。

蛙跳近似

为实现哈密顿动力学，我们对式(6.8)中的微分方程组使用一种称为蛙跳的离散化方法。从 $(\boldsymbol{\theta}(t),\ \boldsymbol{p}(t))$ 开始，我们通过在两个长度为 $\varepsilon/2$ 的子区间使用离散近似来生成 $(\boldsymbol{\theta}(t+\epsilon),\ \boldsymbol{p}(t+\epsilon))$：

$$
\begin{aligned}
p_i\left(t+\frac{\epsilon}{2}\right) &= p_i(t)+\frac{\epsilon}{2}\frac{\partial \ln\pi(\boldsymbol{\theta}(t))}{\partial\theta_i}\\
\theta_i(t+\epsilon) &= \theta_i(t)+\epsilon p_i\left(t+\frac{\epsilon}{2}\right)\\
p_i(t+\epsilon) &= p_i\left(t+\frac{\epsilon}{2}\right)+\frac{\epsilon}{2}\frac{\partial \ln\pi(\boldsymbol{\theta}(t+\epsilon))}{\partial\theta_i}
\end{aligned}
\tag{6.9}
$$

令 $T_\epsilon(\boldsymbol{\theta}(t),\ \boldsymbol{p}(t))=(\boldsymbol{\theta}(t+\epsilon),\ \boldsymbol{p}(t+\epsilon))$ 表示式(6.9)中实现的离散近似。容易证明这个近似是完全可逆的，即 $T_{-\epsilon}(\boldsymbol{\theta}(t+\epsilon),\ \boldsymbol{p}(t+\epsilon))=(\boldsymbol{\theta}(t),\ \boldsymbol{p}(t))$ 或 $T_{-\epsilon}(\boldsymbol{\theta},\ \boldsymbol{p})=T_\epsilon^{-1}(\boldsymbol{\theta},\ \boldsymbol{p})$。甚至比时光倒流更容易，我们要做的就是把球送回它来的地方。即 $\boldsymbol{p}\equiv-\boldsymbol{p}$ 或 $T_\epsilon^{-1}(\boldsymbol{\theta},\ \boldsymbol{p})=T_\epsilon(\boldsymbol{\theta},\ -\boldsymbol{p})$。注意，$\boldsymbol{\theta}(t)$ 和 $\boldsymbol{p}(t)$ 中的时间索引只用于实现 $T_\epsilon(\cdot)$。在式(6.9)中最后一个步之后，我们再次丢掉时间索引。

例 6.3 Logistic 回归。在一项针对某些新化合物的毒性研究中，将不同剂量水平的化合物注射到几批动物身上。令 $i=1,\cdots,k$ 为批次索引，令 x_i 表示第 i 批的剂量，令 n_i 表示第 i 批动物数量，令 y_i 表示第 i 批中有反应的动物数量。我们假设 y_i 是一个二项随机变量，$y_i\sim Bi(n_i,\ \pi_i)$，其中 π_i 是剂量 x_i 下有反应的概率。我们假设 $\pi_i=1/(1+\mathrm{e}^{\alpha+\beta x_i})$。这被称为 Logistic 回归模型。概率 π_i 定义抽样模型（似然）。

我们用一个先验 $h(\alpha,\ \beta)=N(0,\ c\boldsymbol{I})$ 来补全模型，其中 $\boldsymbol{I}$ 是一个 2×2 的单位矩

109 阵且 $c=100$，即这是一个非常模糊的先验。我们观测到如下数据：

i	剂量 x_i	动物数量 n_i	反应数量 y_i
1	-0.86	6	1
2	-0.30	5	2
3	-0.05	5	3
4	0.73	5	5

在本例中，我们用式(6.9)来定义转移函数，它使得增强对数先验式(6.7)保持不变。目前，这些都是确定性转移——稍后我们将加入随机性。这是很容易的。令 $\boldsymbol{\theta}=(\alpha,\ \beta)$表示参数向量。令 $\overline{\pi}_i=1-\pi_i$ 和 $\overline{y}_i=n_i-y_i$ 表示无反应的概率和数量。则有 $f(\boldsymbol{y}\mid\boldsymbol{\theta})=\prod_i\pi_i^{y_i}\overline{\pi}_i^{\overline{y}_i}$，$h(\boldsymbol{\theta})=N(0,\ \boldsymbol{I})$及

$$\ln h(\boldsymbol{\theta}\mid y)=c-\frac{\alpha^2+\beta^2}{2}-\sum_i y_i\ln(1+\mathrm{e}^{\alpha+\beta x_i})-\sum_i i\overline{y}_i\ln(1+\mathrm{e}^{-\alpha-\beta x_i})$$

且梯度为

$$\nabla\ln h(\boldsymbol{\theta}\mid y)=\begin{pmatrix}-\alpha\\-\beta\end{pmatrix}-\sum y_i\overline{\pi}_i\begin{pmatrix}1\\x_i\end{pmatrix}+\sum\overline{y}_i\overline{\pi}_i\begin{pmatrix}1\\x_i\end{pmatrix}$$

使用式(6.9)且令目标分布 $\pi(\boldsymbol{\theta})=h(\boldsymbol{\theta}\mid\boldsymbol{y})$，我们实施 $M=8$ 个步骤，每步大小为 $\epsilon=0.1$。转移是确定性的，而且我们希望保持在增强模型式(6.7)的一个恒定水平上。算法需要为 p 赋初值。我们将 $\boldsymbol{\theta}$ 看作对数后验等值线上的一个球的位置，将 p 看作踢这个球时给予它的矩。哈密顿力学和式(6.9)中的近似描述了 M 个长度为 ϵ 的时间间隔上球的轨迹。在这个类比中，你须将后验分布想象成一个谷，后验众数是最低点。这是因为式(6.7)中出现的 $\ln h(\boldsymbol{\theta}\mid\boldsymbol{y})$带负号。图 6.2 显示了对数后验“谷”的一条等值线和三条可能轨迹。所有这些都是从 $\boldsymbol{\theta}=(-2,\ -4)$开始的，以 $\boldsymbol{p}=(1,\ 0)$，$(1,\ -3)$，$(1,\ 1.4)$来踢球。在增强模型 $H(\boldsymbol{\theta},\ \boldsymbol{p})$的四维等值线上，轨迹将沿等值线移动。接下来我们将引入一个随机转移函数，它建立在蛙跳近似的确定性转移函
110 数，在习题 6.12 中我们将使用新的转移函数实现本例的 MCMC 后验模拟。 ■

6.5.2 哈密顿蒙特卡罗转移概率

回忆一下，(精确)哈密顿动力学使增强概率模型 $h(\boldsymbol{\theta},\ \boldsymbol{p})$保持不变。但近似 $T_\epsilon(\cdot)$并非如此——近似误差取决于步长。但这对于我们的应用来说不是问题。我们

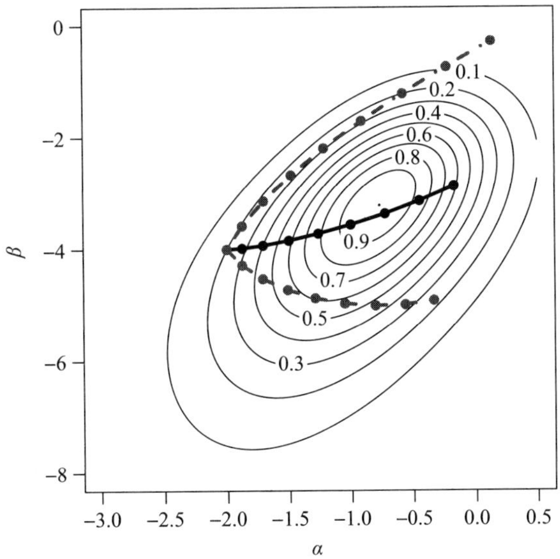

图 6.2　$M=8$ 个步骤的蛙跳近似式(6.9)得到的对数后验 $\ln h(\boldsymbol{\theta} \mid \boldsymbol{y})$ 的轨迹。所有轨迹从同一个点 $\boldsymbol{\theta}$ 开始，对应 $\boldsymbol{p}$ 的三个不同初值

用 T_ϵ 生成一个提议，它用梅特罗波利斯-黑斯廷斯转移概率表示。我们从$(\boldsymbol{\theta}, \boldsymbol{p})$开始，生成一个提议$(\tilde{\boldsymbol{\theta}}, \tilde{\boldsymbol{p}})$且有

$$(\tilde{\boldsymbol{\theta}},\tilde{\boldsymbol{p}})=\begin{cases}T_\epsilon(\boldsymbol{\theta},\boldsymbol{p}) & 以概率\dfrac{1}{2}\\ T_{-\epsilon}(\boldsymbol{\theta},\boldsymbol{p}) & 以概率\dfrac{1}{2}\end{cases} \tag{6.10}$$

由之前的讨论，提议分布是对称的，这使接受概率 $\alpha=\min(1, R)$，且有 $\ln(R)=H(\tilde{\boldsymbol{\theta}}, \tilde{\boldsymbol{p}})-H(\boldsymbol{\theta}, \boldsymbol{p})$。在此实施中，式(6.9)中可能的近似误差是一种特性而非一个问题，因为这允许我们跨越 $H(\cdot)$的等值线移动。

哈密顿蒙特卡罗方法的最后一招特别聪明。我们用吉布斯转移概率替代 M-H 步骤式(6.10)，从 $\pi(\cdot)$下的完全条件分布生成 p，

$$\boldsymbol{p}\sim\pi(\boldsymbol{p} \mid \boldsymbol{\theta})=N(0,\boldsymbol{I})$$

在这里，我们利用了式(6.7)中的位置和矩相互独立这一事实，这使吉布斯步骤非常简单。 111

综上所述，MCMC 算法采用以下两种转移概率。

1. 生成 $p_i \sim N(0,\ 1)$，$i=1,2,\cdots,d$。

2. 生成 $(\tilde{\boldsymbol{\theta}},\ \tilde{\boldsymbol{p}})=\begin{cases}T_{\varepsilon}(\boldsymbol{\theta},\ \boldsymbol{p}) & \text{以概率 } 1/2\\ T_{-\varepsilon}(\boldsymbol{\theta},\ \boldsymbol{p}) & \text{以概率 } 1/2\end{cases}$

以概率 $\alpha=\min\left\{1,\ \dfrac{\pi(\tilde{\boldsymbol{\theta}})}{\pi(\boldsymbol{\theta})}\right\}$接受提议 $\boldsymbol{\theta}\equiv\tilde{\boldsymbol{\theta}}$。

为了说明接受概率的合理性，请想象对步骤 2 做一个小修改。如前所述生成$(\tilde{\boldsymbol{\theta}},\ \tilde{\boldsymbol{p}})$后，我们用 $p^{\dagger}\sim\pi(\boldsymbol{p}\mid\tilde{\boldsymbol{\theta}})$替换 $\tilde{\boldsymbol{p}}$ 并将 α 视为$(\tilde{\boldsymbol{\theta}},\ p^{\dagger})$的 M-H 接受概率。最终，我们无须在步骤 2 记录 $\boldsymbol{p}$，因为在下一步迭代的步骤 1 中 $\boldsymbol{p}$ 马上就被覆盖了。而且，如果需要的话，我们可以通过改变 T_{ϵ} 来实现多步蛙跳，算法保持不变(但近似误差随着步数的增加而增大)。

算法可以进一步简化，注意，我们并不需要式(6.9)中蛙跳近似的最后一步中的 $p_i(t+\epsilon)$，即步骤 2 中的 T_{ϵ} 或 $T_{-\epsilon}$。在这里描述的 MCMC 中，从未使用过值 $p_i(t+\epsilon)$。在下一步迭代的步骤 1 中它立刻被一个新值 $p_i\sim N(0,\ 1)$替代。于是式(6.9)中的前两行可以简化为

$$\theta_i(t+\epsilon)=\theta_i(t)+\epsilon\left\{p_i(t)+\frac{\epsilon}{2}\frac{\partial\ln\pi(\boldsymbol{\theta}(t))}{\partial\theta_i}\right\}\tag{6.11}$$

而且，更简单的做法是，我们可以用步骤 1 中的 $p_i\sim N(0,\ 1)$进一步简化式(6.11)而得到

$$\theta_i(t+\epsilon)\mid\theta_i(t)\sim N\left\{\theta_i(t)+\frac{\epsilon^2}{2}\frac{\partial\ln\pi(\boldsymbol{\theta}(t))}{\partial\theta_i},\epsilon^2\right\}$$

即我们用一个步骤替换步骤 1 和步骤 2。

1′. 生成一个提议

$$\tilde{\theta}_i\mid\boldsymbol{\theta}\sim N\left\{\theta_i+\frac{\epsilon^2}{2}\frac{\partial\ln\pi(\boldsymbol{\theta})}{\partial\theta_i},\epsilon^2\right\}$$

以概率 $\alpha=\min(1,\ R)$接受，接受率为

$$R=\frac{\pi(\tilde{\boldsymbol{\theta}})}{\pi(\boldsymbol{\theta})}\prod_{i=1}^{d}\frac{N\left\{\theta_i\mid\tilde{\theta}_i+\dfrac{\epsilon^2}{2}\dfrac{\partial\ln\pi(\tilde{\boldsymbol{\theta}})}{\partial\tilde{\theta}_i},\epsilon^2\right\}}{N\left\{\tilde{\theta}_i\mid\theta_i+\dfrac{\epsilon^2}{2}\dfrac{\partial\ln\pi(\boldsymbol{\theta})}{\partial\theta_i},\epsilon^2\right\}}$$

112 第一个因子是目标分布的比，第二个因子是提议移动的提议分布和反向移动的提议分

布的比。Welling 和 Teh(2011)讨论了这种简化方法和其他简化方法。特别地，他们发现了 HMC 算法最后版本的一种很聪明的解释。首先，令 $\delta=\epsilon^2$，将提议分布重写为

$$\tilde{\theta}_i=\theta_i+\frac{\delta}{2}\frac{\partial \ln\pi(\boldsymbol{\theta})}{\partial\theta_i}+\sqrt{\delta}Z$$

其中 $Z\sim N(0,\ 1)$是一个标准正态随机变量。在这种形式中，注意对于大的 δ，梯度项占主导地位，而对于小的 δ，标准正态项占主导地位。

6.6 实现细节

正如我们之前所讨论的，MCMC 方法的目标是迭代地生成马尔可夫链的状态，使其随着迭代次数的增加而接近其极限分布。且我们设置链使得这个极限分布等于所需的目标分布 $\pi(u)$。在给定的迭代 t 中，如果链已经到达(或“接近”)其极限分布，则此刻和之后生成的状态可以用作来自目标分布的近似抽样，在我们的讨论中，目标分布通常是一个后验分布 $h(\boldsymbol{\theta}\mid x)$。

然而，同一个链的后续实现(随着时间的推移)不是来自目标分布的随机样本，因为生成的向量$\boldsymbol{\theta}^{(t)}$间存在序列相关性。这是与我们在第 4 章中讨论的经典 MC 方法的主要区别。虽然 MC 样本的汇总是相同的，但相应的数值不确定性的量化需要不同的汇总——例如，遍历平均的样本标准差与独立同分布情况下的标准误差并不相同。[㊀]此外，遍历平均的渐近证明引入了额外的要求。

除了理解前面描述的 MCMC 方案的收敛条件的重要性之外，同样重要的是，从实施的角度来看，这些条件不是立即有用的。之所以会出现这种情况，是因为对这些条件的实际验证通常是有问题的，还因为这些方法本身并不包括这样的诊断——关于何时可以认为模拟足以计算所需的推断汇总的诊断。 113

由于这些原因，在实践中有必要借助经验诊断来计算模拟输出，以理解何时达到实际收敛(达到预期目标分布)，记住，这类方法不精确。但如果没有这种诊断，就很难对所报告的汇总有任何信心。

单链对多链

很多诊断的目的是监测链收敛到它的平稳分布或遍历平均收敛到相应的期望。

㊀ 一种策略是在一个校正因子之后使用上述样本标准误差，该因子解释了序列相关性[参见如 Robert 和 Casella(2004)第 12 章]。下面将提到的另一种选择是充分稀疏化链，使得剩余的状态可视为一个随机样本。

当然，不同的方法在利用模拟输出的程度上是不同的，不同之处还在于它们是使用单个长链还是多个并行独立链。下面将描述后两个选择。

单链方法

令$\boldsymbol{\theta}^{(0)}=(\theta_1^{(0)},\theta_2^{(0)},\cdots,\theta_k^{(0)})$表示链的初始状态。

- 生成一个$t=\ell+k^*m$步迭代的长链的实现，其中
  - ℓ是到达实际收敛(由下面的诊断之一确定)所需的初始迭代次数。这些初始迭代也被称为初始老化，可长可短，取决于对特定模型链是快速混合还是慢速混合；
  - m是所需的MC样本大小，k^*是要保存的链$\{\boldsymbol{\theta}^{(t)}\}$的状态间距，目的是缓解保存的状态间的序列自相关性，使得得到的MC样本是近似独立同分布的(可以从不同间隔间自相关性的绘图来确定k^*)。
- 综上所述，这种方法的结果是从原始链中抽取一个m个实现$\boldsymbol{\theta}^{(\ell+k^*)}$，$\boldsymbol{\theta}^{(\ell+2k^*)}$，$\cdots$，$\boldsymbol{\theta}^{(\ell+mk^*)}$的子集，我们现在将其表示为$\boldsymbol{\theta}_{(1)},\boldsymbol{\theta}_{(2)},\cdots,\boldsymbol{\theta}_{(m)}$，其中$\boldsymbol{\theta}_{(j)}\equiv\boldsymbol{\theta}^{(\ell+jk^*)}$，我们将用它们来计算所需的推断汇总，如第4章和第5章所讨论的。

引出的问题是如何选择样本大小m、初始迭代次数ℓ以及迭代间距k^*。由于这些选择高度依赖于每个问题的具体细节，因此没有通用的答案。注意，ℓ的值特别依
114 赖于链的初始状态和混合水平。模拟样本大小m取决于推断汇总的期望精度。间距k^*高度依赖于相关性的结构，旨在实现遍历平均更快的收敛，尽管是以降低效率为代价[稀疏化后的遍历平均比总平均(老化后)的精度要低——参见MacEachern和Berliner，1994]。

多链

- 生成m个链，每个链的迭代次数为$t^*(t^*\ll t)$，从m个初始值开始——通常生成的m个链是不同的且很好地散布在目标分布的支撑上。
- 用每个链迭代$\boldsymbol{\theta}^{(t^*)}$最后的形成一个MC样本$\boldsymbol{\theta}_{(1)},\boldsymbol{\theta}_{(2)},\cdots,\boldsymbol{\theta}_{(m)}$——对$t^*$的选择(在若干步初始老化之外)和$m$的选择需要像之前一样进行类似的考虑。

这两种方法都有其优点和局限性，这就解释了为什么文献中给出了各种各样的选择。⊖第一种方案使我们能够降低计算代价，并且在相同的总迭代次数下，可以比

⊖ Geyer(1992)对这个问题进行了详细的讨论，在接下来的讨论中将介绍每种方法的许多优点和缺点。

使用多链的方案得到更接近 $h(\boldsymbol{\theta} \mid x)$ 的链。第二种方案通过减少对初始状态的依赖，更容易控制链收敛到 $h(\boldsymbol{\theta} \mid x)$，并允许更直接地探索目标分布的支撑。它更有可能检测出，一个链表面上的收敛性是否仅仅是它被困在某个局部模态周围、远离目标分布的象征。如果是这种情况，我们可以重新参数化模型(一般来说很难)或者可以改变初值。综上所述，在运行一个长链进行确定性推断之前，多链方案似乎更适合进行探索性计算。

收敛性诊断

人们提出了多种方法来诊断收敛性。一些已经作为默认方法包含在特定的或更通用的贝叶斯推断软件中。其他方法可以通过为给定的推断问题编写特定代码来添加进去。为了与本文的范围一致，我们将讨论局限于对一些最广泛使用的方法进行简要回顾。

使用最广泛的收敛性(收敛到平稳分布)监控工具是绘制模拟值随迭代次数变化的图，称为轨迹图，用不同时间窗口分析这种图可以检查目标后验分布的支撑上的混合链的任何变化。另一种工具是估计的边缘后验密度的叠加，这是基于不断增加 115
迭代次数来检测估计值何时稳定。还有一类方法是使用非参数检验来验证过程是否变得平稳。例如，可以使用柯尔莫戈洛夫-斯米尔诺夫(Smirnov)检验，它对跨两个子样本的单变量边缘分布进行检验，子样本对应于稀疏化链中迭代的非重叠范围。

为了监测标量函数 $g(\boldsymbol{\theta})$ 的遍历平均 $S_m = \sum_{i=1}^{m} g(\theta_{(i)})/m$，(回忆第4章)，一种可能的方法是绘制累积和 $D_l = \sum_{i=1}^{l} [g(\boldsymbol{\theta}_{(i)}) - S_m] (l = 1, 2, \cdots, m)$ 的图。对于快速混合链来说，这个汇总往往看起来像以零为中心的噪声。与慢速混合链相比，该图显得更加规则，有很长的偏离零的值。这种图形汇总的一个可能的变体是，当 g 只是参数子集的函数时，比如说对 $\theta = (\alpha, \beta)$ 有 $g(\alpha)$ 时，使用条件均值的遍历平均。即 $S_m^c = \sum_{i=1}^{m} E[g(\alpha) \mid \beta_{(i)}]$，其中使用了条件均值，在吉布斯抽样器的情况下，这些数据往往是现成的。

还有一些基于不同想法的验证收敛的方法，这些方法大约同一时期(20世纪90年代初)出现在文献中，通常以各自作者的名字命名。这些方法有 Gelman-Rubin 方法、Raftery-Lewis 方法、格韦克方法和 Heidelberger-Welch 方法。Cowles 和 Carlin

(1996)对这些方法进行了比较介绍。所有这些方法都在由 Best 等(1995)和 Plummer 等(2006)开发的 R 软件包 CODA(Convergence Diagnostic and Output Analysis)和 Smith (2007)的 BOA(Bayesian Output Analysis)中实现了。本书第 9 章将讨论贝叶斯软件，包括这些软件包与 MCMC 方法的使用实例。

习题

以下大多数问题都需要通过编程来实现 MCMC 模拟。关于如何在 R 中实现这种模拟的一些建议，见附录 B。稍后在第 9 章中我们将讨论一些开放软件，它们实现了大多数问题的 MCMC。但是，至少对于一些更程式化的问题，自己实现 MCMC 并了解其中的细节是很有用的。因此，我们建议在以下问题中不要使用 MCMC 软件，如 OpenBUGS、JAGS 或 Stan。

在 BUGS 和 R-INLA 的手册中可以找到大量优秀的案例研究，包括一些比下面的练习更复杂的
116 推断问题。参见 www.openbugs.net/Examples/和第 9 章的习题。

6.1 **梅特罗波利斯-黑斯廷斯**。验证式(6.4)中的转移函数的确满足式(6.1)中的细致平衡条件。

6.2 **数据增强**。下表显示了观测到的频数 y_i 与观测到的表型(由个体血型定义的)之间的关系，样本为 $n=435$ 个个体。这里 $j\in\{1, 2, 3, 4\}$ 索引四种血型 O、A、B、AB。

j	血型	频数 y_j	概率 p_j
1	O	176	r^2
2	A	182	p^2+2pr
3	B	60	q^2+2qr
4	AB	17	$2pq$

概率 p_j 是由遗传学规律决定的，p，q，r 分别是血型 A、B、O 的基因的概率，$p+q+r=1$。

a. 对 $\boldsymbol{\theta}=(p, q)$ 求此模型下的似然函数 $f(y \mid \boldsymbol{\theta})$，使用 $r=1-p-q$。

b. 观测到的表型(血型)依赖于无法直接观测到的基因型。下表是基因型和表型之间的关系

k	表型	基因型	概率 p_j
1	O	OO	r^2
2	A	AA	p^2
3	A	AO	$2pr$
4	B	BB	q^2
5	B	BO	$2qr$
6	AB	AB	$2pq$

令 $z_i \in \{1,\cdots,6\}$ 表示个体 $i(i=1,2,\cdots,n)$ 的未观测到的基因型，并令 $\boldsymbol{z}=(z_1,\cdots,z_n)$。写出完整的数据似然 $f(y \mid \boldsymbol{z}, \boldsymbol{\theta})$。

c. 使用来自(b)中的潜变量 z，用一个适合的先验 $h(\boldsymbol{\theta})$ 补全模型，提出一个吉布斯抽样方案来生成 $(\boldsymbol{\theta}, z) \sim h(\boldsymbol{\theta}, z \mid y)$。

6.3 **二项($\boldsymbol{\theta}$, $\boldsymbol{n}$ 未知)^贝塔/泊松模型**。参考习题 3.2。求条件后验分布 $h(\theta \mid n, x)$ 和 $h(n \mid \theta, x)$。如同之前，使用 $x=50$ 和 $(a_0, b_0)=(1, 4)$。

a. 描述和实现一个吉布斯抽样算法来生成 $(n_m, \theta_m) \sim h(n, \theta \mid x)$。绘制联合后验分布 $h(n, \theta \mid x)$，并在同一幅图上绘制模拟的后验抽样 (n_m, θ_m)，$m=1,2,\cdots,50$（利用线段连接它们以显示移动）。 117

提示：使用 R 函数 `sample(.)` 从 $h(n \mid \theta, x)$ 中生成数据。当计算 $h(n \mid \theta, x)$ 时，首先在 n 的一个网格上在对数尺度下计算函数，然后减去最大值（缩放它），最后进行指数化（避免数值问题）。参见附录 B。

b. 对相同问题实现梅特罗波利斯-黑斯廷斯后验模拟。在(a)的图上添加模拟的后验抽样。

6.4 **缺失数据**。考虑一个双变元正态抽样模型：

$$(x_i, y_i) \sim N(\boldsymbol{\mu}, \boldsymbol{\Sigma}), i=1,2,\cdots,n$$

其中 $\boldsymbol{\mu}=(\mu_1, \mu_2)$ 是（双变元）均值，$\boldsymbol{\Sigma}$ 是 2×2 的协方差矩阵。我们假设一个不正常先验

$$h(\boldsymbol{\mu}, \boldsymbol{\Sigma}) \propto |\boldsymbol{\Sigma}|^{-(d+1)/2}$$

其中 $d=2$ 是 $\boldsymbol{\mu}$ 的维数。

a. **后验分布**。令 $y=\{x_i, y_i, i=1,2,\cdots,n\}$ 表示观测数据。求后验分布 $h(\boldsymbol{\mu} \mid \boldsymbol{\Sigma}, y)$ 和 $h(\boldsymbol{\Sigma} \mid y)$。

b. **缺失数据后验**。假设我们观测到如下数据

i	1	2	3	4	5	6	7	8	9	10	11	12
x	1	1	−1	−1	2	2	−2	−2	−	−	−	−
y	1	−1	1	−1	−	−	−	−	2	2	−2	−2

其中缺失观测值用“-”标记。

令 y 表示观测数据。令 $z=\{x_9,\cdots,x_{12}, y_5,\cdots,y_8\}$ 表示缺失数据。求 $p(z \mid \boldsymbol{\Sigma}, \boldsymbol{\mu}, y)$ 和 $h(\boldsymbol{\mu}, \boldsymbol{\Sigma} \mid y, z)$。

提示：将 $h(\boldsymbol{\mu}, \boldsymbol{\Sigma} \mid y, z)$ 写作 $h(\boldsymbol{\Sigma} \mid y, z) \cdot h(\boldsymbol{\mu} \mid \boldsymbol{\Sigma}, y, z)$。

c. **数据增强——算法**。使用(b)中求出的条件后验分布，描述一个数据增强方案以从 $h(\boldsymbol{\mu},$

$\boldsymbol{\Sigma} \mid y$)实现后验模拟。

- 为 $h(\boldsymbol{\mu}, \boldsymbol{\Sigma}, z \mid y)$ 设置一个吉布斯抽样器。令 $\boldsymbol{\theta}^k=(\boldsymbol{\mu}^k, \boldsymbol{\Sigma}^k, z^k)$ 表示模拟的蒙特卡罗样本，$k=1,\cdots,K$。
- 简单地丢弃 z^k。剩下的($\boldsymbol{\mu}^k$, $\boldsymbol{\Sigma}^k$)即为来自 $h(\boldsymbol{\mu}, \boldsymbol{\Sigma} \mid y)$ 的一个 MC 样本。

d. **数据增强——模拟**。实现(c)中描述的数据增强。绘制生成的 $\mu_j(j=1, 2)$ 随着迭代次数而变化的轨迹，绘制估计的边缘后验分布 $h(\mu_j \mid y)$。

e. **收敛性诊断**。提出某种(专门的)收敛性诊断方案来决定何时终止(d)的程序中的后验
118 模拟。

(解答不必完美，任何合理的、可行的、创造性的答案均可。收敛性诊断的更多讨论见 9.6 节。)

6.5 我们考虑一个层次事件率模型，它具有一个泊松抽样模型 $y_i \sim Poi(\lambda_i t_i)$ 和一个先验模型

$$\lambda_i \sim Ga(\alpha,\beta) \quad 和 \quad \beta \sim Ga(c,d)$$

其中(α, c, d)是固定的超参数。㊀

a. 求条件后验分布：

1. $h(\lambda_i \mid \beta, \lambda_j, j \neq i, y)$.
2. $h(\beta \mid \lambda_1, \cdots, \lambda_n, y)$.

b. 使用来自习题 4.4 的数据，实施一个吉布斯抽样器，从上面模型中的后验进行模拟。

c. 另一种方法，关于 λ_i 进行边缘化来求边缘似然 $f(y_i \mid \beta)$ 和 $h(\beta \mid y)$。

6.6 假设 x, y 是联合分布的随机变量，支撑为(0, B)，条件概率密度函数为

$$f(x \mid y) \propto \mathrm{e}^{-xy}, \quad 0<x<B \tag{6.12}$$

$$f(y \mid x) \propto \mathrm{e}^{-xy}, \quad 0<y<B \tag{6.13}$$

a. 提出一个吉布斯抽样器来从 $f(x, y)$ 生成一个 MC 样本(这很容易——不存在什么诀窍)。

b. 现在考虑 $B=\infty$，即 x 和 y 的支撑为整个正实数轴。证明不存在(正常)联合分布 $f(x, y)$ 具有式(6.12)和(6.13)中的条件。

c. 证明陈述“在(b)的设置下我们无法应用吉布斯抽样器”是正确的。

6.7 **概率单位回归**。考虑协变量 $\boldsymbol{x}_i(i=1,\cdots,n)$ 上的二元响应 y_i 的一个概率单位回归模型。令 $\Phi(\cdot)$ 表示标准正态累积分布函数

$$P(y_i=1 \mid \boldsymbol{x}_i)=\Phi(\boldsymbol{x}_i'\beta) \tag{6.14}$$

㊀ 与习题 4.4 中相同问题的变体进行比较。

其中$\boldsymbol{\beta}=(\beta_0,\ \beta_1,\ \beta_2)$，$\boldsymbol{x}_i=(1,\ x_{i1},\ x_{i2})$。我们观测到如下数据。[㊀]这些是历史数据——你能识别它们吗？ 119

x_{i1}	x_{i2}	y_i	x_{i1}	x_{i2}	y_i	x_{i1}	x_{i2}	y_i	x_{i1}	x_{i2}	y_i
66	50	0	70	100	0	53	200	1	75	200	1
70	50	1	57	200	1	67	200	0	75	200	1
69	50	0	63	200	1	75	200	0	76	200	0
68	50	0	70	200	1	70	200	0	58	200	1
67	50	0	78	200	0	81	200	0	31	200	0
72	50	0	67	200	0	76	200	0			
73	100	0	53	200	1	79	200	0			

令$y=(y_1,y_2,\cdots,y_n)$表示观测数据。假设一个不正常先验$h(\beta)=1$，求边缘后验分布$h(\beta_j\mid y)(j=0,\ 1,\ 2)$并绘制后验预测概率$p(y_{n+1}=1\mid y,\ \boldsymbol{x}_{n+1})$关于$\boldsymbol{x}_{n+1}$的函数。

首先引入一个潜在分数z_i将式(6.14)替换为

$$y_i=I(z_i>0)\text{和}z_i\sim N(\boldsymbol{x}_i'\boldsymbol{\beta},1) \tag{6.15}$$

这里，$I(A)$为事件A的指示函数。则

a. 证明式(6.15)等价于(6.14)。

b. 求条件后验$h(z_i\mid\boldsymbol{\beta},\ y)$和$h(\boldsymbol{\beta}\mid z,\ y)$。

c. 提出一个吉布斯抽样方案来从后验分布$h(\boldsymbol{\beta},\ z\mid y)$模拟。

d. 绘制模拟的β值的柱状图，作为$h(\beta_j\mid y)$的估计。

e. 证明$E\{h(\beta_j\mid y,\ z)\}=h(\beta_j\mid y)$。期望是关于哪个分布的？

f. 使用(e)来生成$h(\beta_j\mid y)$的估计。

g. 论证为什么(f)中的估计比(d)“更好”。你如何形式化“更好”？

h. 绘制$P(y_{n+1}=1\mid x_{n+1},\ y)$。

固定$x_{n+1,2}=100$，对$x_{n+1,1}$的值的网格(比如说$30<x_{n+1,1}<80$)绘制后验预测概率$P(y_{n+1}=1\mid x_{n+1},\ y)$。

6.8 概率单位回归。参考 4.2 节中的例 4.2。使用带数据增强的吉布斯抽样来实现此应用中的推断，使用类似习题 6.7 中的潜变量。绘制$h(a\mid y)$和$h(b\mid y)$。

6.9 混合模型。考虑下面的正态模型的混合，密度$g(x)$未知：

㊀ (相同的)数据可以在本书主页 sites.google.com/view/computationalbayes/home 上的 oring.dat 中找到。

$$g(x) = \sum_{j=1}^{J} w_j N(\mu_j, \sigma^2) \tag{6.16}$$

其中权重服从狄利克雷分布

120 $$(w_1, w_2, \cdots, w_J) \sim D(\alpha, \alpha, \cdots, \alpha)$$

即 $h(w) \propto \prod_{j=1}^{J} w_j^{\alpha-1}$，且位置具有独立的正态先验

$$\mu_j \sim N(0, \tau)$$

其中 $j=1,2,\cdots,J$。这里 α 和 τ 是固定的超参数。例如可使用 $\alpha=\tau=1$。用精度上的一个伽马先验 $(1/\sigma^2) \sim Ga(a, b)$ 补全先验。

我们使用密度估计问题的混合正态先验，也就是说，我们假设一个抽样模型

$$x_i \sim g(x_i), \quad i=1,2,\cdots,n$$

独立同分布，$g(\cdot)$ 的先验如式(6.16)。

a. **联合后验**。令 $\boldsymbol{\mu}=(\mu_1,\mu_2,\cdots,\mu_J)$，$\boldsymbol{w}=(w_1,w_2,\cdots,w_J)$，$x=(x_1,x_2,\cdots,x_n)$。求联合后验分布 $h(\boldsymbol{\mu}, \boldsymbol{w}, \sigma \mid x)$（最多相差一个归一化常数倍是可以的）。

b. **层次模型**。使用指示函数 $s_i \in \{1,2,\cdots,J\}$ 将式(6.16)重写为：

$$f(x_i \mid s_i=j, \boldsymbol{\mu}, \boldsymbol{w}, \sigma^2) = \cdots \quad 和 \quad P(s_i=j \mid \boldsymbol{\mu}, \boldsymbol{w}, \sigma^2) = \cdots \tag{6.17}$$

在…中替换的适当概率是什么？

c. **吉布斯抽样**。使用层次模型(6.17)定义一个吉布斯抽样方案来从后验分布 $h(\boldsymbol{w}, \boldsymbol{\mu}, s, \sigma \mid x)$ 进行模拟。描述在吉布斯抽样器的每次迭代中被采样的完全条件后验分布的列表。

d. **梅特罗波利斯-黑斯廷斯**。现在考虑不使用层次模型扩展的后验模拟，即使用原始后验分布 $h(\boldsymbol{\mu}, \boldsymbol{w} \mid x)$，不使用潜在指示器 s_i 增强模型。

用下面的转移概率定义一个 MCMC 方案：

- 对每个 $j(j=1,2,\cdots,J)$，用…更新 μ_j。
- 用…更新 $\boldsymbol{w}$。
- 更新 σ^2。

e. **数据**。使用 R 中的数据集 `galaxy`（数据直方图见图 6.3）。你可以通过包 `MASS` 中的数据 `galaxies` 得到它。

通过(c)中的吉布斯抽样器使用 $J=5$ 个正态分布的混合来估计 $g(x)$。证明：

1. 使用收敛性诊断来判定实际收敛性。你可以使用来自 R 包 coda 或 boa 中的实现（关于收敛性诊断的更多讨论参见 9.6 节）。
2. 121 在一个网格上（使用 0，0.01，0.02，…，0.99，1.0）估计 $g(x)$。
3. 绘制 $h(w, \mu, s, \sigma \mid x)$ 随迭代进行而变化的轨迹（有常数倍差距是可以的）。
4. 绘制 σ 随迭代进行而变化的轨迹。

f. 用(d)中的梅特罗波利斯-黑斯廷斯方法做同样的题目。用 M-H 方法估计 $J=5$ 个正态分布的混合的 $g(x)$。

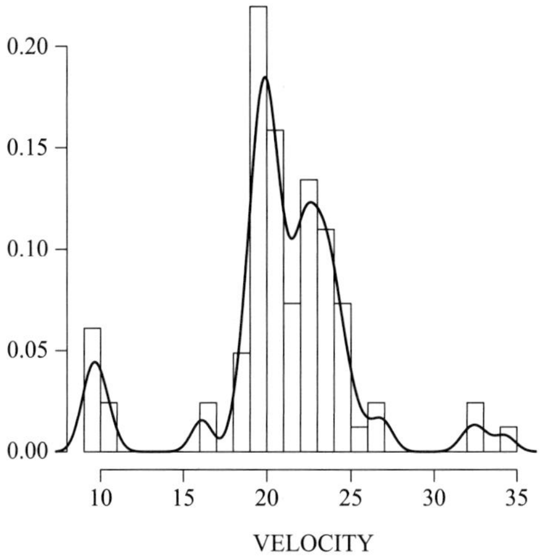

图 6.3　银河数据。直方图显示了数据点。曲线显示了核密度估计

6.10　本问题描述了在生物信息学研究中产生的一个实际推断问题。概率模型比其他例子复杂得多，但不会引入任何严重困难。[⊖]

似然(抽样模型)。令 x_i，$i=1,2,\cdots,n$ 表示一组多项随机变量，其结果 $x_i \in \{1,2,\cdots,N\}$。令 $y=(y_1,y_2,\cdots,y_N)$ 表示汇总多项实验的列联表，即 y_j 为结果 j 的频率。令 $\pi_j=P(x_i=j)$ 表示观测到结果 j 的概率(未知的)，$\sum\pi_j=1.0$。我们可以写

$$y \sim \mathrm{M}_{N-1}(n;\pi_1,\pi_2,\cdots,\pi_N)$$

先验。由于实验的性质，我们相信一个先验——某些 π_j 比其他的大得多。我们称这些具有大得多的概率的结果的子集为“流行”结果集 A_1，称那些可能性较低的结果的集合为“稀有”结果集 A_0。我们将在后文形式化定义 A_0 和 A_1。

参数化。为了给 $\theta=(\pi_1,\pi_2,\cdots,\pi_N)$ 定义一个先验概率模型，一个很方便的方法是引入一个潜在指示器 z_j 和一个 π_j 改变的变量 122

$$\pi_j=\begin{cases}\pi^* q_j & \text{如果 } z_j=1\\ (1-\pi^*)r_j & \text{如果 } z_j=0\end{cases} \tag{6.18}$$

其中 $\sum q_j=1$ 且 $\sum r_j=1$(如果 $z_j=0$ 则令 $q_j=0$，如果 $z_j=1$ 则令 $r_j=0$)。换句话说，潜变量 z_j

⊖　这个问题是 Morris 等(2003)讨论的 SAGE 数据分析的一种程式化形式。

是结果 j 是一个流行结果的指示器，即 $A_1=\{j: z_j=1\}$ 和 $A_0=\{j: z_j=0\}$。观测到某个流行结果的概率为 π^*，它接近 1.0；q_j 是我们观测到一个流行结果时结果为 j 的概率，r_j 我们观测到一个稀有结果时结果为 j 的概率。为了便于后文引用，我们定义

$$M_1=\#A_1 \text{ 和 } M_0=N-M_1$$

分别为流行结果和稀有结果的数量。

先验概率模型 $h(z, \pi^*, q, r)$。我们假设

$$P(z_j=1)=\rho \tag{6.19}$$

流行结果的总概率是一个贝塔先验：

$$\pi^* \sim Be(a^*, b^*) \tag{6.20}$$

而 π^* 划分成的单元概率 $\pi_j(j\in A_1)$ 是狄利克雷先验。令 $\tilde{q}_h(h=1,2,\cdots,M_1)$ 表示非零权重 q_j：

$$(\tilde{q}_1,\tilde{q}_2,\cdots,\tilde{q}_{M_1})\sim D_{M_1-1}(a_1,\cdots,a_1) \tag{6.21}$$

狄利克雷参数 a_1 的使用反映了关于$(q_1,q_2,\cdots,q_M)$的先验信念的对称性。类似地，对 r_j，$j\in A_0$ 有：

$$(\tilde{r}_1,\tilde{r}_2,\cdots,\tilde{r}_{M_0})\sim D_{M_0-1}(a_0,\cdots,a_0) \tag{6.22}$$

超参数。超参数 ρ，a^*，b^*，a_1，a_0 是固定的。例如，可以使用

$$\rho=0.1, a^*=9, b^*=1, a_1=0.1, \quad \text{及 } a_0=10$$

数据。数据发布在本书主页[㊀]上的 `sage.dta` 文件中。文件中给出了观测值 $x_i\in\{0, N\}$，$i=1,2,\cdots,n$，$n=700$ 和 $N=77$。

a. **联合概率模型**。写出联合概率模型如下

123 $$p(\pi^\star, q_1, r_1, \cdots, q_N, r_N, z_1, \cdots, z_N, y_1, \cdots, y_N)$$

b. **图模型**(选做)。[㊁]给出概率模型的图形模型表示。用圆圈表示每个随机变量，并连接任何两个在给定所有其他变量条件下不独立的随机变量。

c. **条件后验分布**。求完全条件后验分布 $h(z_j\mid\cdots)$，$h(\pi^*\mid\cdots)$，$h(q\mid\cdots)$和 $h(r\mid\cdots)$。这里…表示“所有其他参数和数据 y”。

d. **关于 q 和 r 边缘化**。求后验分布 $p(z\mid\pi^*, y)$，关于 q 和 r 进行边缘化。

e. **MCMC I**。考虑一个吉布斯抽样方案，从(c)求出的完全条件后验分布中进行抽样，即一个有如下步骤的 MCMC 方案：$z_i\sim p(z_i\mid\cdots)$；$\pi^*\sim h(\pi^*\mid\cdots)$；$q\sim h(q\mid\cdots)$；$r\sim h(r\mid\cdots)$。

㊀ sites. google. com/view/computationalbayes/home。

㊁ 本书中未讨论此问题。

证明 MCMC I 违反了不可约性(当然，不要实现 MCMC I——它无法正常运行)。

f. **MCMC II**。实现一个吉布斯抽样方案，从(d)求得的条件后验分布中进行抽样：$z_i \sim p(z_i \mid z_{-i}, \pi^*, y)$，$i=1,2,\cdots,n$；$q \sim h(q \mid \cdots)$；$r \sim h(r \mid \cdots)$；$\pi^* \sim h(\pi^* \mid \cdots)$。显示模拟值 $\pi^{*(t)}$ 随迭代 t 变化的轨迹；绘制(边缘)后验分布 $h(\pi_j \mid y)$ 的箱线图(在一幅图里绘制多个箱线图，例如使用 R 命令 `boxplot(.)`)；绘制后验均值 $E(\pi_j \mid y)$ 相对于最大似然估计 $\hat{\pi}_j = y_j/n$ 的图。在后一个绘图中，同时绘制 45 度直线，并讨论你(应该)看到的收缩模式。

g. **MCMC III**。考虑下面的 MCMC 方案。我们通过构造性定义转移函数 $h(\theta^{t+1} \mid \theta^t)$ 来描述 MCMC 方案：

1. 执行一个梅特罗波利斯-黑斯廷斯步骤来改变 z_i，q，$r(i=1,2,\cdots,N)$：用 $p(z_i'=1)=0.5$，$q' \sim h(q \mid z',\cdots,y)$ 和 $r' \sim h(r \mid z',\cdots,y)$ 生成一个提议(z_i', q', r')，其中 z' 是当前估计的 z，z_i 被替换为 z_i'，即 $z'=(z_1,\cdots,z_{i-1}, z_i', z_{i+1},\cdots,z_N)$。
   计算一个恰当的接受概率 α，以 α 概率令$(z_i, q, r) \equiv (z_i', q', r')$，否则保持$(z_i, q, r)$不变。
2. $\pi^* \sim h(\pi^* \mid \cdots)$

求(步骤 1 中)接受概率 α 的正确表达式(无须实现 MCMC Ⅲ)。

6.11 **正态线性回归**(参见习题 3.6)。考虑一个正态线性回归模型 $y_i = x_i'\beta + \epsilon_i$，$i=1,2,\cdots,n$，其中 $\epsilon_i \sim N(0, \sigma^2)$ 且相互独立。在这里，$y_i \in \mathbb{R}$ 是响应，$\boldsymbol{x}_i = (x_{i1}, x_{i2}, \cdots, x_{ip}) \in \mathbb{R}^p$ 是协变量向量。令 $\boldsymbol{X}$ 表示 $n \times p$ 设计矩阵，$\boldsymbol{x}_i$ 为其第 i 行，$\boldsymbol{\epsilon} = (\epsilon_1, \epsilon_2, \cdots, \epsilon_n)$，于是我们可将模型改写为 124

$$\boldsymbol{y} = \boldsymbol{X\beta} + \boldsymbol{\epsilon} \tag{6.23}$$

我们用一个先验补全此模型。令 $\tau^2 = 1/\sigma^2$ 表示残差精度：

$$h(\tau^2) = Ga(v_0/2, v_0\sigma_0^2/2) \text{ 和 } h(\boldsymbol{\beta}) = N(\boldsymbol{\beta}_0, \boldsymbol{\Sigma}_0) \tag{6.24}$$

也就是说，我们对 β 假设一个富信息的先验(例如，这可以基于来自先前相关研究的历史数据)。

在这里，$X \sim Ga(a, b)$ 表示一个均值为 $E(X)=a/b$ 的伽马分布。

a. 描述联合后验 $h(\boldsymbol{\beta}, \tau^2 \mid y)$(最多相差一个归一化常数倍是可以的)。无须简化。

b. 求条件分布 $h(\boldsymbol{\beta} \mid \tau^2, y)$。使用符号 $\hat{\boldsymbol{\beta}}$ 表示最小二乘解。将此分布识别为一个众所周知的参数族。

c. 求 $h(\tau^2 \mid \boldsymbol{\beta}, \boldsymbol{y})$。你可以使用符号 $\mathrm{RSS}(\boldsymbol{\beta}) = (\boldsymbol{y}-\boldsymbol{X\beta})'(\boldsymbol{y}-\boldsymbol{X\beta})$。将此分布识别为一个众所周知的参数族。

d. 提出一个吉布斯抽样后验 MCMC 方案，它基于来自(b)的条件来生成一个蒙特卡罗样本，

$$(\boldsymbol{\beta}^{(m)},\tau^{2(m)})\sim h(\boldsymbol{\beta},\tau^2\mid \boldsymbol{y}),\quad m=1,2,\cdots,M$$

6.12 **哈密顿蒙特卡罗**。参考 6.5.1 节中的例 6.3。

a. **后验**。绘制后验分布 $h(\alpha,\ \beta\mid y)$。使用等值线图(或热图，或其他任何允许你向来自(b)中的模拟添加点的形式)。

b. **哈密顿蒙特卡罗**。令 $\boldsymbol{\theta}=(\alpha,\ \beta)$。提出一个哈密顿蒙特卡罗算法来生成一个蒙特卡罗样本：

$$\boldsymbol{\theta}_m\sim h(\boldsymbol{\theta}\mid y)$$

$m=1,2,\cdots,M$($\boldsymbol{\theta}_m$ 之间无须独立，如同任何 MCMC 中那样)。使用 $M=100$。

1. 通过说明所有转移概率来给出算法。
2. 实现算法。
3. 绘制$\boldsymbol{\theta}_m$，将它们添加到来自(a)的图中。

c. **梅特罗波利斯-黑斯廷斯**。实现一个梅特罗波利斯—黑斯廷斯 MCMC 来生成$\boldsymbol{\theta}_m\sim h(\boldsymbol{\theta}\mid y)$，$m=1,\cdots,M$。

1. 通过描述所有转移概率给出算法。
2. 绘制$\boldsymbol{\theta}_m$——将它们添加到来自(a)的图中。

125 **6.13** **近似贝叶斯计算**(Approximate Bayesian Computation，ABC)。考虑统计推断问题中的一个后验 $h(\theta\mid y)\propto h(\theta)\cdot h(y\mid\theta)$，$y$ 为数据和 θ 为未知参数。我们设置如下 MCMC 模拟。令 $q(\tilde{\theta}\mid\theta)$表示一个提议分布，例如 $q(\tilde{\boldsymbol{\theta}}\mid\boldsymbol{\theta})=N(\boldsymbol{\theta},\ c\boldsymbol{I})$，一个以 $\boldsymbol{\theta}$ 为中心的多元正态分布。从$\boldsymbol{\theta}_0$ 开始。对 $i=1,2,\cdots,M$，模拟下面转移函数。

1. $\tilde{\boldsymbol{\theta}}\sim q(\tilde{\boldsymbol{\theta}}\mid\boldsymbol{\theta}_i)$。
2. $\tilde{z}\sim f(\tilde{z}\mid\tilde{\boldsymbol{\theta}})$，使用 $\tilde{\boldsymbol{\theta}}$ 下的抽样分布。
3. 令

$$\boldsymbol{\theta}_{i+1}=\begin{cases}\tilde{\boldsymbol{\theta}} & \text{以概率 } a=\min\{1,A(\boldsymbol{\theta}_i,\tilde{\boldsymbol{\theta}})\}\\ \boldsymbol{\theta}_i & \text{以概率 } 1-a\end{cases}\tag{6.25}$$

其中

$$A(\boldsymbol{\theta}_i,\tilde{\boldsymbol{\theta}})=\frac{h(\tilde{\boldsymbol{\theta}})}{h(\boldsymbol{\theta}_i)}\frac{I\{d(\tilde{z},\boldsymbol{y})<\epsilon\}}{1}\frac{q(\boldsymbol{\theta}_i\mid\tilde{\boldsymbol{\theta}})}{q(\tilde{\boldsymbol{\theta}}\mid\boldsymbol{\theta}_i)}$$

其中 $d(z,\ \boldsymbol{y})$ 是两个(假设的和实际观测的)数据集 z 和 y 的某种距离度量，例如 $d(z,$

$\boldsymbol{y})=\|z-\boldsymbol{y}\|^2$。

求此马尔可夫链的平稳分布 $\pi(\boldsymbol{\theta})$。

提示：引入一个变量 z_i，初始化为 $z_0\sim f(z_0\mid\boldsymbol{\theta}_0)$，然后将式(6.25)修改为增强状态向量($\boldsymbol{\theta}_i$，$z_i$)的一个提议分布，求此增强状态向量的马尔可夫链的平稳分布 $\pi(\boldsymbol{\theta},z)$。最后，证明所需的 $\pi(\boldsymbol{\theta})$ 是 $\pi(\boldsymbol{\theta},z)$ 下的边缘分布。[⊖]

6.14 Thall 等(2003)考虑对两种细胞毒性药物联合进行 I 期肿瘤试验的推断。在这里，我们关注估计毒副反应($y=1$)概率的剂量-响应面 $\pi(\boldsymbol{x};\boldsymbol{\theta})=P(y=1\mid \boldsymbol{x}=(x_1,x_2),\boldsymbol{\theta})$ 为两种药物(x_1 和 x_2)的函数。我们假设剂量已标准化，$0\leqslant x_j\leqslant 1$，并令 $y_i\in\{0,1\}$ 表示第 i 个患者的指示函数，记录了用两种药物 x_1 和 x_2 联合治疗后的毒副反应。响应面用未知参数 $\boldsymbol{\theta}=(a_1,b_1,a_2,b_2,a_3,b_3)$ 为索引，

$$\pi(\boldsymbol{x},\boldsymbol{\theta})=\frac{a_1x_1^{b_1}+a_2x_2^{b_2}+a_3(x_1^{b_1}x_2^{b_2})^{b_3}}{1+a_1x_1^{b_1}+a_2x_2^{b_2}+a_3(x_1^{b_1}x_2^{b_2})^{b_3}}\tag{6.26}$$

选择该模型是为了方便地将单药物毒性的信息纳入。对 $x_2=0$，模型简化为单药物剂量-毒副作用曲线 $\pi((x_1,0),\boldsymbol{\theta})=\pi_1(x_1,\boldsymbol{\theta})$，对 π_2 也类似。参数(a_3，b_3)刻画了两种药物间的相互作用。 126

我们用相互独立的伽马先验补全模型：

$$a_j\sim Ga(\alpha_{1j},\alpha_{2j})\text{ 和 }b_j\sim Ga(\beta_{1j},\beta_{2j})$$

($j=1,2$)是一个富信息先验，其超参数为(α_{1j}，α_{2j}，β_{1j}，β_{2j})，选择 $j=1,2$ 使得已知的单药物毒副作用曲线尽可能接近先验均值 $E(a_1,b_1,a_2,b_2)=(0.4286,7.6494,0.4286,7.8019)$ 和边缘方差(0.1054，5.7145，0.0791，3.9933)。这些矩是由 Thall 等(2003)精心推导出的。对相互作用参数，我们使用一个对数正态先验 $\ln a_3\sim N(\mu_{a3},\sigma_{a3}^2)$ 和 $\ln b_3\sim N(\mu_{b3},\sigma_{b3}^2)$。我们提议使用 $\mu_{a3}=\mu_{b3}=0.25$ 和 $\sigma_{a3}^2=\sigma_{b3}^2=3$ 作为默认选择。

令 $Y_n=(\boldsymbol{x}_i,y_i;i=1,2,\cdots,n)$ 表示用药物组合 $x_i=(x_{i1},x_{i2})(i=1,2,\cdots,n)$ 治疗的 n 个患者的毒副作用观测指示函数 y_i。

a. 求与所描述先验信息一致的超先验参数。

b. 提出一个哈密顿蒙特卡罗方案进行后验模拟。求 $\partial\ln h(\boldsymbol{\theta}\mid Y_n)/\partial\theta_j$ 并描述转移概率。

提示：在推导梯度时，使用像 $\pi_i\equiv\pi(\boldsymbol{x}_i,\boldsymbol{\theta})$，$\bar{\pi}_i=(1-\pi_i)$ 和 $\bar{y}_i=1-y_i$ 这样的符号是很有用的。使用 $x_{i3}=(x_{i1}^{b_1}x_{i2}^{b_2})$(记住，$x_{i3}$ 的定义涉及 b_1 和 b_2)。

⊖ 这是 ABC 的一个变体。参见 Marin 等(2012)的综述。

c. 使用来自本书主页[㊀]中的数据集 CTX.dta 实现后验模拟。绘制在$(x_1, x_2) \in [0, 1]^2$网格上估计的平均毒副作用面$\overline{\pi}(x)=E\{\pi(x;\ \theta)\}$(期望是关于$h(\theta \mid x)$的)。

6.15 **得到正确的诊断**(Geweke, 2004)。令$f(y \mid \theta)$和$h(\theta)$分别表示一个贝叶斯推断问题中数据y的抽样模型和参数θ的先验。令$h(\theta \mid y) \propto h(\theta)f(y \mid \theta)$表示后验分布，令$p_{\theta,y}(\theta, y)$表示$(\theta, y)$上的联合概率模型。

几乎所有 MCMC 后验模拟方案都可以描述为使用某种转移核$q(\theta_m \mid \theta_{m-1}, y)$生成一个序列$\theta_m$。即$P(\theta_m \in A \mid \theta_{m-1}) = \int_A q(\theta_m \mid \theta_{m-1}, y)\mathrm{d}\theta_m$(对固定的$y$——我们只是在预期的下一个构造的核中指出$y$)。我们构造转移核$q(\cdot)$使其具有唯一的不变分布$\pi(\theta) \equiv h(\theta \mid y)$。考虑下面的$x=(\theta, y)$中的马尔可夫链。用$\theta_0 \sim h(\theta)$和$y_0 \sim f(y \mid \theta_0)$进行初始化。设置$m=0$，执行下面迭代步骤，$m=1,2,\cdots,M$：

1. 生成$\theta_m \sim q(\theta_m \mid \theta_{m-1}, y_{m-1})$。
2. 生成$y_m \sim f(y_m \mid \theta_m)$。

a. 求此马尔可夫链的不变分布。

127 b. 令$P^{(n)}(x_0, A)=P(x_n \in A \mid x_0)$表示此链的$n$步转移概率。证明在总变差范数下$P^{(n)} \rightarrow p_{\theta,y}$。也就是说，在总变差范数下，对所有的$x_0$，有

$$\lim_{n \to \infty} \| P^{(n)}(x_0, \cdot) - p_{\theta,y} \| = 0$$

你可以假设对参数空间Θ中所有的$\theta_m \in \Theta$(以及所有的θ_{m-1}, y_{m-1})$q(\theta_m \mid \theta_{m-1}, y_{m-1})>0$；类似地，对样本空间$X$中所有的$y \in X$和$\theta \in \Theta$有$f(y \mid \theta)>0$。

最多使用三句话。

c. 你能提出一种生成 MC 样本$x_n \sim p_{\theta,y}(\theta, y)$的替代方法吗？[㊁]

128 提示：本题有一个非常容易的解答。

㊀ sites. google. com/view/computationalbayes/home。

㊁ Geweke(2004)使用(a)和(b)下的遍历性蒙特卡罗平均来构造一个感兴趣的诊断。

第 7 章　模型选择和跨维 MCMC

在 4.2.2 节和 4.2.3 节中我们讨论了如何用重要性抽样均值来实现模型选择的边缘似然函数(或先验预测分布)的计算。从 20 世纪 90 年代以来，文献中提出了各种实施这类方案的方法。[⊖]这适用于中等维度的参数向量，但对于高维问题就不奏效了。如前面章节所述，更复杂的问题通常需要使用马尔可夫链蒙特卡罗(MCMC)方法来生成后验蒙特卡罗抽样(或更精确地说，近似后验抽样)。使用这种后验蒙特卡罗抽样，我们可以近似地计算边缘似然函数。两种情况很容易区分。第一种情况是单独地从每个模型的参数空间生成模拟值。另一种情况是模拟值是从参数空间即参数指示函数(单独的或与参数空间一起)生成。实现后一种情况的一种流行算法是可逆跳跃(RJ)MCMC。

在下面的讨论中，M_j(或当上下文清晰时简写为 j)将表示竞争模型，θ_j 表示模型 M_j 下抽样分布的索引参数，且我们将使用符号 $f(y \mid \theta_j, M_j)$ 或简写的 $f_j(y \mid \theta_j)$ 来表示模型 M_j 下的抽样模型，$h(\theta_j \mid M_j)$ 或 $h_j(\theta_j)$ 表示模型 M_j 下的先验分布，$p(x \mid M_j)$ 或 $p_j(x)$ 表示模型 M_j 下的边缘分布，以及 $h(M_j)$ 或 $h(j)$ 表示先验模型概率。

7.1　参数空间上的 MC 模拟

除了我们在 4.2.2 节和 4.2.3 节已经讨论过的蒙特卡罗方法，对应上述第一种情况的方法还包括 Chib(1995)提出的方法以及 Chib 和 Jeliazkov(2001)提出的方法。 129
后一种方法分别通过吉布斯抽样器和梅特罗波利斯-黑斯廷斯抽样器来近似每个模型 $h(\theta_j \mid y, M_j)$ 中参数的后验分布。重要的是，这种计算包括归一化常数，于是允许通过贝叶斯定理(写成候选式，如下文所述)计算边缘分布 $f(y \mid M_j)$。

我们将描述模型的边缘似然函数 $f(x)$ 的计算方法，暂时放弃对模型指示 M_j 的显

⊖ 关于这些方法的综述，参见 Chen 等(2000)和 Andrieu 等(2004)。

式条件。Chib(1995)的方法是将参数向量 $\boldsymbol{\theta}$ 的联合后验分布分解为对应于 $b \geqslant 2$ 个子向量$\boldsymbol{\theta}_{(i)}(i=1,2,\cdots,b)$的因子，假设所有子向量的完全条件后验分布能以封闭形式获得。吉布斯抽样执行 $b-1$ 次以估计

$$\begin{aligned} & h(\boldsymbol{\theta}_{(1)},\boldsymbol{\theta}_{(2)},\cdots,\boldsymbol{\theta}_{(b)} \mid y) \\ & = h(\boldsymbol{\theta}_{(1)} \mid y) h(\boldsymbol{\theta}_{(2)} \mid \boldsymbol{\theta}_{(1)},y) \times \cdots \times h(\boldsymbol{\theta}_{(b)} \mid \boldsymbol{\theta}_{(b-1)},\cdots,\boldsymbol{\theta}_{(1)},y) \\ & \equiv \prod_{i=1}^{b} h(\boldsymbol{\theta}_{(i)} \mid \boldsymbol{\theta}_{(1)},\cdots,\boldsymbol{\theta}_{(i-1)},y) \end{aligned} \tag{7.1}$$

的前 $b-1$ 个因子。此方法在 Chib(1995)中有详细解释，包括一个针对并非所有因子都有完全条件的情况的变体。我们只简要地总结一下这个方法。令 $\boldsymbol{\theta}_{-(1)}$ 表示 θ 去掉子向量 $\boldsymbol{\theta}_{(1)}$后的向量。首先，注意 $h(\boldsymbol{\theta}^*_{(1)} \mid y) = \int h(\boldsymbol{\theta}^*_{(1)} \mid \boldsymbol{\theta}_{-(1)},y) h(\boldsymbol{\theta}_{-(1)} \mid y) \mathrm{d}\boldsymbol{\theta}_{-(1)}$ 允许 $h(\boldsymbol{\theta}^*_{(1)} \mid y)$的近似估算为后验蒙特卡罗样本$\{\boldsymbol{\theta}_{(1)},\boldsymbol{\theta}_{-(1)}\}$(丢弃蒙特卡洛样本中的 $\boldsymbol{\theta}_{(1)}$ 值而不使用它们)上 $h(\boldsymbol{\theta}^*_{(1)} \mid \boldsymbol{\theta}_{-(1)},y)$的蒙特卡罗均值。假设后验蒙特卡洛样本是由 MCMC 模拟产生的。假设 $b>2$，为了计算像 $h(\boldsymbol{\theta}^*_{(2)} \mid \boldsymbol{\theta}^*_{(1)},y)$这样的简化条件值，继续运行相同的 MCMC，但现在保持 $\boldsymbol{\theta}_{(1)}$ 固定在 $\boldsymbol{\theta}^*_{(1)}$ 处。在吉布斯抽样器的实现中，这很容易通过略过一个转移概率来完成，不需要任何额外的程序。使用产生的后验样本$\{\boldsymbol{\theta}^*_{(1)},\boldsymbol{\theta}_{(2)},\boldsymbol{\theta}_{-(1,2)}\}$，我们将 $h(\boldsymbol{\theta}^*_{(2)} \mid \boldsymbol{\theta}^*_{(1)},y)$ 近似为 $h(\boldsymbol{\theta}^*_{(2)} \mid \boldsymbol{\theta}^*_{(1)},\boldsymbol{\theta}_{-(1,2)},y)$的后验样本上的蒙特卡洛均值。一个类似的方案允许计算式(7.1)中所有简化的条件值。

一旦在给定的点，比如说 $\boldsymbol{\theta}^*$(例如，一些具有高后验似然的值)，计算出了 $\boldsymbol{\theta}$ 的后验密度，即可通过贝叶斯定理的逆运算(也称为候选式)来估计边缘分布。出于计算上的原因，我们使用对数变换密度，可得

130

$$\ln \hat{p}(y) = \ln f(y \mid \boldsymbol{\theta}^*) + \ln h(\boldsymbol{\theta}^*) - \ln \hat{h}(\boldsymbol{\theta}^* \mid y)$$

其中 $\hat{h}(\boldsymbol{\theta}^* \mid y) = \prod_{i=1}^{b-1} \hat{h}(\boldsymbol{\theta}^*_{(i)} \mid \boldsymbol{\theta}^*_{(1)},\cdots,\boldsymbol{\theta}^*_{(i-1)},y) \times h(\boldsymbol{\theta}^*_{(b)} \mid \boldsymbol{\theta}^*_{(i)}, i \neq b,\ y)$。

用这种方法求 $\hat{h}(\boldsymbol{\theta}^* \mid y)$的值需要所有完全条件分布的闭形式表达式。一般来说，这可能无法得到。Chib 和 Jeliazkov(2001)针对这种情况提出了另一种方法，使用具有闭形式表达式的梅特罗波利斯-黑斯廷斯提议分布 $q(\tilde{\boldsymbol{\theta}} \mid \boldsymbol{\theta})$代替。

7.2　模型空间上的 MC 模拟

与本章开头提到的第二种情况相对应的方法，特别地包括了许多流行的变量选

择方法。考虑具有响应变量 Y 和 p 个解释变量 x_j 的正态线性回归中的变量选择。有 2^p 种可能的模型。为了使变量选择可行，我们在第一步中从一个较小的适当的模型类中进行初步选择。在第二步中，我们在这个类中选择最符合特定推断问题标准的那些模型，或者对感兴趣的特定推断问题采用加权方案继续使用所有模型。当然，有各种各样的标准和方法可以用于这种结构。

SSVS 方法

考虑具有线性预测器 $\eta=\sum_{j=1}^{p}\beta_j x_j$ 的正态线性回归模型中的变量选择。George 和 McCulloch(1993)提出了一种称为随机搜索变量选择(SSVS)的方法，该方法基于层次先验结构，第一层为每个回归系数定义了两个零均值正态分布的混合。方差是固定的(基于一些初步拟合)，这样混合分布中两项中的一项紧紧地聚集在 0 附近，而另一项是分散的。更具体地说，引入一个二元参数 v_j 对应每个 β_j

$$\beta_j \mid v_j \sim \begin{cases} h_1(\beta_j) \equiv N(0,b_j^2) & \text{如果 } v_j=0 \\ h_2(\beta_j) \equiv N(0,a_j^2 b_j^2) & \text{如果 } v_j=1 \end{cases} \tag{7.2}$$

其中 b_j 和 a_j 分别是较小和较大的固定值。假设条件独立，在层次模型的第一层中 $\boldsymbol{\beta}=(\beta_j,j=1,2,\cdots,p)$ 的隐含先验分布是一个多元正态分布 $\boldsymbol{\beta}\mid\boldsymbol{v}\sim N_p(\boldsymbol{0},\boldsymbol{B}_{\boldsymbol{v}})$，其中 $\boldsymbol{B}_{\boldsymbol{v}}=\mathrm{diag}[(1-v_j)b_j^2+v_j a_j^2 b_j^2]$是一个对角矩阵。㊀

在第二层，SSVS 模型假设 σ^2 的一个逆伽马先验分布，超参数是固定的。更重要的是，对指示变量 v_j，模型假设 $v_j\sim Ber(w_j)$，意味着混合先验为 131

$$h(\beta_j \mid w_j)=(1-w_j)h_1(\beta_j)+w_j h_2(\beta_j)$$

其中 $w_j=P(v_j=1)$是 β_j 的一个非零估计(即模型中包含 x_j)的先验概率。这样，2^p 个可能模型中的每个都被一个潜在指示向量$\boldsymbol{v}=(v_1,v_2,\cdots,v_p)$所确定。先验模型概率写为 p 个伯努利概率 $Ber(w_j)$的积，其中$\{w_j\}$表示关于包含每个协变量的先验信念。

一旦完整地指明了层次模型，SSVS 继续使用一个吉布斯抽样器㊁来生成序列 $(\beta^{(t)},\sigma^{(t)},v^{(t)}),t=1,2,\cdots,T$，这个序列近似了联合后验分布，我们主要感兴趣的

㊀ George 和 McCulloch(1993，1997)考虑更一般的多元正态先验分布，包括 B_v 中的相关性和对抽样方差 σ^2 的依赖。

㊁ 参见 George 和 McCulloch(1993，1997)来获得关于调参选择、完全条件后验分布以及推广到其他族如广义线性模型的建议。

是子序列 $v^{(t)}, t=1,2,\cdots,T$。特别地，通过检查这个序列允许我们确定具有最高包含概率的协变量子集，这些协变量根据数据和假设的先验显示了最有希望的模型。注意，$\boldsymbol{v}$ 的任何特定值可能不会在样本中以高概率出现，这只是由于样本的大小有限(当 p 很大时 T 可能远小于 2^p)。综上所述，SSVS 的本质主要是一种探索性工具，用来限制模型的类别，以供进一步考虑。只有当少量的协变量使其可行时(比如说 $p<7$)，才能使用类似的过程来评估 $\boldsymbol{v}$ 的后验分布，而不是仅仅限制所考虑的模型集。

文献中提出了几种在某种程度上相关的方法。例如，Kuo 和 Mallick(1998)使用一个形式为 $\boldsymbol{\eta} = \sum_{j=1}^{p} v_j\beta_j x_j$ 的线性预测器，明确了变量选择以及一个独立于 $\boldsymbol{v}$ 的 $\boldsymbol{\beta}$ 的先验分布。Dellaportas 等(2002)保持了依赖 $\boldsymbol{\beta}$ 和 $\boldsymbol{v}$ 的先验，但使用后一种类型的线性预测器。

先前描述的 SSVS 中的层次先验对正态线性模型不是共轭的(给定包含的协变量的任意子集)。通过将 $\boldsymbol{B}_v$ 缩放 σ^2 倍可实现共轭先验(Hoff，2009)。通过在先验 $p(\boldsymbol{\beta} \mid \boldsymbol{v}, \sigma^2)$ 中做这种改变，计算 $\boldsymbol{v}$ 的边缘后验分布 $h^*(\boldsymbol{v} \mid y) = c^{-1}h(\boldsymbol{v} \mid y)$ 成为可能(George 和 McCulloch，1997)，从而我们可以直接用 $\boldsymbol{v}$ 生成一个马尔可夫链，而且不用涉及$(\boldsymbol{\beta}, \sigma^2)$。例如我们可以用完全条件分布 $h(v_j \mid v_{-j}, y)$ 实现一个吉布斯抽
132 样器。

依赖一个预定义的模型子集，例如在初步样本 $v_{(k)}(k=1,2,\cdots,K)$ 中出现的模型的子集 M_G，我们就可以使用下式通过 h^* 获得每个模型的后验概率估计：

$$\hat{h}(\boldsymbol{v} \mid y) = \hat{c}h^*(\boldsymbol{v} \mid y) \equiv \frac{\hat{h}(M_G \mid y)}{h^*(M_G \mid y)} h^*(\boldsymbol{v} \mid y) \tag{7.3}$$

其中

$$h^*(M_G \mid y) = \sum_{\boldsymbol{v} \in M_G} h^*(\boldsymbol{v} \mid y), \hat{h}(M_G \mid y) = \frac{1}{K}\sum_{k=1}^{K} I_{M_G}(v_{(k)})$$

在式(7.3)中，直方图估计 $\hat{h}(M_G \mid y)$ 用来估计 c，这是通过将其与未归一化的 $h^*(M_G \mid y)$进行匹配来实现的。通过显式地使用来自特定模型设定的信息，这样的估计自然比使用吉布斯抽样器蒙特卡罗样本(从 SSVS 的原始形式获得)中模型的相对频率得到的估计更精确。这两种计算方法之间的差别在 p 值较大的问题中可能更加明显。

MC^3 方法

通过 M-H 算法使用对任意$\boldsymbol{v}^{(t)}$的某个提议分布[⊖]$q(\tilde{\boldsymbol{v}} \mid \boldsymbol{v}^{(t)})$，我们就可以生成一个马尔可夫链，其平稳分布由核 $h^*(\boldsymbol{v} \mid y)$ 给定。使用梅特罗波利斯算法的一个特殊情形，用一个对称提议分布 q，则从 q 生成的一个提议分布 $\tilde{\boldsymbol{v}}$ 的接受率简化为 $R(\boldsymbol{v}^{(t)}, \tilde{\boldsymbol{v}}) = h^*(\tilde{\boldsymbol{v}} \mid y)/h^*(\boldsymbol{v}^{(t)} \mid y)$。这类梅特罗波利斯算法的一个简单例子使用一个提议分布 $q(\tilde{\boldsymbol{v}} \mid \boldsymbol{v}^{(t)}) = 1/p$，其中 p 是对应全 1 向量$\boldsymbol{v}=\boldsymbol{1}_p$ 的最简洁模型的维数，该分布仅当 $\tilde{\boldsymbol{v}}$ 与$\boldsymbol{v}^{(t)}$只有一个分量不同时非零。此算法由 Madigan 和 York(1995)命名为 MC^3(马尔可夫蒙特卡罗模型复合)，适用于离散数据。Raftery 等(1997)使用了多重回归平均的 MC^3 贝叶斯模型，其具有$(\boldsymbol{\beta}, \sigma^2)$上的一个共轭(正态-伽马)先验。 133

贝叶斯 lasso、马蹄和狄利克雷-拉普拉斯模型

式(7.2)中的 SSVS 模型可以刻画为关于一个离散混合度量 $G(\gamma_j) = w_j\delta_1 + (1-w_j)\delta_{a_j^2}$ 的正态分布 $h(\beta_j) = \int N(0, b_j^2\gamma_j)\,\mathrm{d}G(\gamma_j)$ 的尺度混合模型。在这里，δ_x 表示 x 处的点质量。此混合模型也可以写为一个层次模型：

$$h(\beta_j \mid \gamma_j) = N(0, b_j^2\gamma_j) \quad \text{和} \quad \gamma_j \sim G(\gamma_j)$$

其他几种方法，包括贝叶斯 lasso[Park 和 Casella(2008)]、马蹄[Carvalho 等(2010)]和狄利克雷-拉普拉斯模型[Bhattacharya 等(2015)]使用类似的正态构造的尺度模型。贝叶斯 lasso 使用

$$h(\beta_j \mid \sigma^2, \gamma_j) = N(0, \sigma^2\gamma_j) \quad \text{和} \quad \gamma_j \sim \mathrm{Exp}(\lambda^2/2)$$

关于 γ_j 进行边缘化，隐含先验 $h(\beta_j \mid \sigma^2) = \dfrac{\lambda}{2\sigma}\mathrm{e}^{-\lambda|\beta_j|/\sigma}$ 为双指数分布。对数双指数先验密度引入了 L_1 惩罚项，这是流行的 lasso 方法的特点(Tibshirani，1996)。因此，贝叶斯 lasso 给出了一种解释——lasso 是相应的贝叶斯模型中的最大后验估计。马蹄先验使用

$$h(\beta_j \mid \gamma_j) = N(0, \gamma_j^2) \quad \text{和} \quad \gamma_j \mid \tau \sim C^+(0, \tau)$$

再配上 $\tau \mid \sigma \sim C^+(0, \sigma)$就完整了，其中 $C^+(0, s)$表示一个柯西分布，其尺度为 s，截断到正半线。“马蹄” 这个名字源于在将 $E(\beta_j \mid y)$写为收缩最大似然估计量到零时收

⊖ 在适当条件下，此算法的实现在计算上会十分高效，类似吉布斯抽样器的情况(George 和 McCulloch，1997)。

缩系数上的隐含先验。因为在一个程式化的设置中，收缩系数上的先验是一个马蹄形的 $Be(1/2,1/2)$ 分布。最后，狄利克雷-拉普拉斯先验有

$$h(\beta_j \mid \gamma_j,\psi_j,\tau)=N(0,\psi_j\gamma_j^2\tau^2),\psi_j \sim \operatorname{Exp}\left(\frac{1}{2}\right),(\gamma_1,\gamma_2,\cdots,\gamma_p)\sim D(\boldsymbol{a})$$

其中 $\boldsymbol{a}=(a,\cdots,a)$，$\tau \sim Ga\left(pa,\frac{1}{2}\right)$。在这里，$D(\boldsymbol{a})$ 表示一个所有参数都等于 a 的对称狄利克雷分布。先验独立尺度系数 ψ_j 意味着边缘双指数分布，这类似贝叶斯 lasso 中的情况。狄利克雷-拉普拉斯先验的主要特征是具有依赖狄利克雷先验的尺度系数 γ_j。狄利克雷-拉普拉斯先验最适合于大规模稀疏信号，即 $p\to\infty$ 的情景，但只有少数非零的 β_j。使用 $a=p^{-(1+\beta)}$，狄利克雷先验引入了一种类似马蹄先验的机制。这是因为总质量 $pa<1$ 的狄利克雷分布将概率质量堆积在单纯形的角落，产生有效的变量
134 选择。

模型空间上的 MC 模拟：超越变量选择

若所考虑的模型类 M_v(或简写为 v)使得计算 $p(y \mid v)$ 成为可能(通常是通过适当的积分消除参数得到的)，则可能只在该模型空间的背景下有效，只需要一个先验分布 $h(v)$。例如，对于共轭层次先验下的变量选择，SSVS 和 MC^3 就是这种情况。

于是，使用 MCMC 就允许生成一个马尔可夫链 $v^{(t)}$，$t=1,2,\cdots$，这个链收敛到后验分布 $h(v \mid y)\equiv P(M_v \mid y)$，即模型 M_v 的后验概率。例如，我们可以采用一个 M-H 算法，在第 $t+1$ 次迭代中从 $q(\cdot \mid v^{(t)})$ 生成一个提议 $\tilde{v}$，其接受概率为

$$\alpha(v^{(t)},\tilde{v})=\min\left\{1,\frac{p(y \mid \tilde{v})h(\tilde{v})}{p(y \mid v^{(t)})h(v^{(t)})}\times\frac{q(v^{(t)} \mid \tilde{v})}{q(\tilde{v} \mid v^{(t)})}\right\}$$

如果拒绝，我们保持 $v^{(t+1)}=v^{(t)}$。每个模型的后验概率的一个简单估计即可由此链生成的马尔可夫样本中的包含概率给出。在这些后验概率的基础上，我们可以通过任何一对模型之间的后验概率与先验概率的比来估计贝叶斯因子。

该算法的效率不仅取决于恰当的提议分布，还取决于边缘似然的快速计算。请注意，在精确边缘似然可解析获得的情况下，我们有另一种获得在蒙特卡罗样本中出现的模型子类 $\mathcal{B}_s$ 后验估计的方法，即采用标准化方法

$$\hat{h}(v \mid y)=\frac{p(y \mid v)h(v)}{\sum_{v\in\mathcal{B}_s}p(y \mid v)h(v)}$$

在贝叶斯模型平均中使用它会有相应的优势。

7.3 模型和参数空间上的 MC 模拟

我们现在考虑更一般的模型选择问题，超越了特定的变量选择例子。令 $\mathcal{M}=\{M_j, j\in J\}$ 表示所考虑的模型集合。对每个 M_j，令 $\boldsymbol{\theta}_j\in\Theta_j$ 表示一个 p_j 维的参数向量。于是模型和参数的联合空间定义为 $\mathcal{N}=\bigcup_{j\in J}[\{M_j\}\times\Theta_j]$，目的是建立一种模拟目标分布为(模型，参数)对的后验分布 135

$$h(M_j,\boldsymbol{\theta}_j\mid y)\propto f(y\mid M_j,\boldsymbol{\theta}_j)h(\boldsymbol{\theta}_j\mid M_j)h(M_j)\equiv h^*(M_j,\boldsymbol{\theta}_j\mid y) \tag{7.4}$$

的方法，其中 $\sum_{k\in J}\int f(y\mid M_k,\boldsymbol{\theta}_k)h(\boldsymbol{\theta}_k\mid M_k)h(M_k)\mathrm{d}\boldsymbol{\theta}_k$ 是归一化常数的倒数，h^* 是后验分布的一个非归一化版本。于是，目标就是使用计算机进行式(7.4)中的模拟。

卡林-奇布(Chib)伪先验方法

Carlin 和 Chib(1995)通过设置一个更大空间即乘积空间 $\mathcal{M}\times\prod_{k\in J}\Theta_k$ 上的吉布斯抽样器，实现了所需的模拟。也就是说，他们设置了一个超参数向量 $\boldsymbol{\omega}=(M,\boldsymbol{\theta}_1,\boldsymbol{\theta}_2\cdots,\boldsymbol{\theta}_J)$，其中除了包含所选择的模型 $M=M_j$ 的参数之外，还包含了所有其他模型 $k\neq j$ 的参数。向量 $\boldsymbol{\theta}_k(k\neq j)$ 仍是假设的，因为它们未用于似然的计算。但是，先验概率模型定义在整个超参数向量上，包括卡林和奇布称为“伪先验”的参数，即 $\boldsymbol{\theta}_k$，$k\neq j$。细节请见下文。输出是一个状态的马尔可夫链 $(M,\boldsymbol{\theta}_1,\boldsymbol{\theta}_2,\cdots,\boldsymbol{\theta}_J)$，从这个链中我们为每个 j 保留子样本 $(M=M_j,\boldsymbol{\theta}_j)$。

在此描述中，我们假设 $\mathcal{M}$ 中所有模型都使用不同的参数向量，假定它们在给定模型的条件下是先验独立的，并连接为一个组合参数向量 $\boldsymbol{\theta}=(\boldsymbol{\theta}_1,\boldsymbol{\theta}_2,\cdots,\boldsymbol{\theta}_J)$，使得对每个模型有 $f(y\mid M_j,\boldsymbol{\theta})=f(y\mid M_j,\boldsymbol{\theta}_j)$ 和 $h(\boldsymbol{\theta}\mid M_j)=h(\boldsymbol{\theta}_j\mid M_j)\times\prod_{k\neq j}h(\boldsymbol{\theta}_k\mid M_j)$，具有正常先验分布。因子 $h(\boldsymbol{\theta}_k\mid M_j)$ 是伪先验。它们的角色是允许构建跨模型 M 和 $\tilde{M}$ 的转移概率。详见下文。

一旦收敛，这个吉布斯抽样器算法从后验分布 $h(M\mid\boldsymbol{\theta},y)$ 生成一个样本，这意味着对于每个模型有

$$h(M_j,\theta\mid y)\propto f(y\mid M_j,\theta_j)h(\theta_j\mid M_j)\prod_{k\neq j}h(\theta_k\mid M_j)h(M_j)\equiv h^*(M_j,\theta\mid y) \tag{7.5}$$

意味着对应模型 $k \neq j$ 的参数的先验分布 $h(\boldsymbol{\theta}_k \mid M_j)$ 无须指定 $(M_j, \boldsymbol{\theta}_j)$。此外，我们可
136 以很容易证明，每个模型的边缘似然可以写成

$$f(y \mid M_j) = E_{\boldsymbol{\theta}}[f(y \mid M_j, \boldsymbol{\theta}) \mid M_j] = E_{\boldsymbol{\theta}_j}[f(y \mid M_j, \boldsymbol{\theta}_j) \mid M_j]$$

由此可以看出，为了通过贝叶斯因子进行模型比较，伪先验的选择是无关的。

伪先验方法利用了 $J+1$ 个块的完全条件分布

$$\forall M \in \mathcal{M} \quad h(M \mid \boldsymbol{\theta}, y) = \frac{h^*(M, \boldsymbol{\theta} \mid y)}{\sum_{k \in J} h^*(M_k, \boldsymbol{\theta} \mid y)} \tag{7.6}$$

$$\forall j \in J \quad h(\boldsymbol{\theta}_j \mid \boldsymbol{\theta}_{-j}, M, y) = \begin{cases} h(\boldsymbol{\theta}_j \mid M_j, y), & M = M_j \\ h(\boldsymbol{\theta}_j \mid M_k), & M = M_k, k \neq j \end{cases} \tag{7.7}$$

基于这些分布的模拟是高效的，如果对每个模型 M_j，我们有似然共轭性且有相应的先验 $h(\boldsymbol{\theta}_j \mid M_j)$，且如果我们选择与 $h(\boldsymbol{\theta}_k \mid M_k, y)$ 相似的伪先验 $h(\boldsymbol{\theta}_k \mid M_j)$，$k \neq j$。注意，在模型 M_j 共轭性条件下，我们可以准确计算相应参数和边缘似然 $f(y \mid M_j)$ 的后验分布，并基于后者计算 M_j 的后验概率，这样就很容易单独计算后验量。

一旦来自 $h(M, \boldsymbol{\theta} \mid y)$ 的一个马尔可夫样本 $\{(M^{(t)}, \boldsymbol{\theta}^{(t)})\}$ 可用，我们就可以用它来计算每个模型 $h(M_j \mid y)$ 的后验概率（$M = M_j$ 的相对抽样频率），进而计算任意模型对间的贝叶斯因子。与 $h(\boldsymbol{\theta}_j \mid M_j, y)$ 相关的推断是从 $\boldsymbol{\theta}^{(t)}$ 的子样本得到的，子样本中包含与模型 M_j 关联的分量 $\boldsymbol{\theta}_j^{(t)}$。

一种梅特罗波利斯化伪先验 MCMC

这种方法是 Dellaportas 等(2002)提出的，目标是降低卡林和奇布方法的计算代价，主要是吉布斯抽样器每步循环中从 $(\#\mathcal{M}-1)$ 个伪先验生成的相关代价（这里 $\#\mathcal{M}$ 是所考虑的模型的数目）。这是通过混合吉布斯抽样器来实现的，在模型更新步骤将 $h(M \mid \boldsymbol{\theta}, y)$ 替换为与参数 $\boldsymbol{\theta}$ 无关的提议分布。令 $q(M_{j'} \mid M_j)$ 表示当前模型为 M_j 时的
137 提议分布。模型更新步骤的“梅特罗波利斯化”即为创建一个独立于当前参数的样本。

在 $h(M_\ell, \boldsymbol{\theta} \mid y)/h(M_k, \boldsymbol{\theta} \mid y)$，$k \neq \ell$ 中，所有其他伪先验都消掉了，只剩下伪先验 $h(\boldsymbol{\theta}_k \mid M_\ell)$ 和 $h(\boldsymbol{\theta}_\ell \mid M_k)$。而且，回忆一下 $h^*(\cdot)$ 表示先验和似然的未归一化乘积。因此，对一个提议 $M_j \to M_{j'}$，$M\text{-}H$ 接受率为

$$R(M_j, M_{j'}) = \frac{h^*(M_{j'}, \boldsymbol{\theta}_{j'} \mid y) h(\boldsymbol{\theta}_j \mid M_{j'}) q(M_j \mid M_{j'})}{h^*(M_j, \boldsymbol{\theta}_j \mid y) h(\boldsymbol{\theta}_{j'} \mid M_j) q(M_{j'} \mid M_j)}$$

强调一下，在每次迭代中只需要一个伪先验。因此，混合 MCMC 的每步循环由以下三个步骤组成：

1. 给定当前模型 M_j，生成一个值 $h(\boldsymbol{\theta}_j \mid M_j, y)$。
2. 通过从 $q(M_{j'} \mid M_j)$ 生成来提议一个到 $M_{j'}$ 的转移并从 $h(\boldsymbol{\theta}_{j'} \mid M_j)$ 生成一个值。
3. 以如下概率接受提议：

$$\alpha(M_j, M_{j'}) = \min\{1, R(M_j, M_{j'})\}$$

关于此方法的更多细节，特别是包括提议分布的选择，可在 Dellapovtas 等(2002)中找到。

7.4　可逆跳跃 MCMC

可逆跳跃(RJ)MCMC 是另一种从式(7.4)建立模拟的方法。它可能是这种类型的方法中使用最为广泛的，因此我们更详细地讨论它。RJ 源于 Green(1995)，它实现了一个 M-H 算法，从(模型，参数)对上的后验分布生成样本，(模型，参数)对定义在空间 $\bigcup_{j \in J} \{M_j, \Theta_j\}$ 上。不失一般性，假设 $\Theta_j = \mathbb{R}^{p_j}$。RJ 定义了一个过程，可在不同维度的模型间跳跃，还包括模型特定参数间的映射。对给定集合中的一个模型和在集合 $\bigcup_{j \in J} \Theta_j$ 中取值的一个参数 $\boldsymbol{\theta}$(使得当 $M = M_j$ 时 $\boldsymbol{\theta} \in \Theta_j$，即 $\boldsymbol{\theta} = \boldsymbol{\theta}_j$)，该算法通过跨维模拟，从 M 的联合后验分布中生成一个样本。模型指示集合 J 允许是无穷集。

从当前状态$(M_j, \boldsymbol{\theta}_j)$到$(\tilde{M}, \tilde{\boldsymbol{\theta}}_{\tilde{M}})$的转移服从一个 M-H 转移概率，这是通过一个提议分布实现的，该提议分布由两个与模型(q_m)间跳跃相关的因子组成，后面为提 138
议模型(q_p)生成的一个参数，具体定义为

$$q(\tilde{M}, \tilde{\boldsymbol{\theta}}_{\tilde{M}} \mid M_j, \boldsymbol{\theta}_j) = q_m(\tilde{M} \mid M_j, \boldsymbol{\theta}_j)\, q_p(\tilde{\boldsymbol{\theta}}_{\tilde{M}} \mid M_j, \boldsymbol{\theta}_j, \tilde{M})$$

假设 $\tilde{M} = M_{j'}$。在很多情况下所选择的提议分布 q_m 与当前模型 $\boldsymbol{\theta}_j$ 下的参数无关。也就是说，$q_m(\tilde{M} \mid M_j, \boldsymbol{\theta}_j) = q_{jj'}$ 是一个仅关于 j，j' 的函数。RJ 方法的显著特征是在提议分布 q_p 中，它必须适应从模型 M_j 到 $\tilde{M}$ 的转移，包括参数向量的维数的可能变化。具体介绍如下。

简言之，可逆跳跃建立在 M-H 算法的基础上，添加了两个重要元素。首先，我们通过添加辅助变量引入维数填充。其次，每个转移概率可以包含一个确定性变换。

后者对于构造良好混合的马尔可夫链非常重要。例如，对一个正态线性回归考虑 RJ，允许使用带截距的直线(M_2)或不带截距的直线(M_1)，即 $E(y_i \mid x_i)$ 在 M_2 下为 $\alpha+\beta x_i$、在 M_1 下为 βx_i。当我们在直线上添加一个新的截距 $\alpha \neq 0$ 时，调整斜率 β 的当前估计值是很重要的。这基本上是关于 RJ 所有要说的。其余的都是细节。

我们首先对带截距和不带截距的简单回归问题介绍 RJ。当然，在这个问题中不会真正使用 RJ。但它提供了一个易于理解的背景，其中包含任何 RJ 所需的所有相同细节。令 $f(y \mid \alpha,\beta,M_2)$ 和 $f(y \mid \beta,M_1)$ 分别表示带截距和不带截距模型下的似然函数，并令 $h(\alpha,\beta \mid M_2)$、$h(\beta \mid M_1)$ 和 $h(M)$ 表示先验分布。采用先前特定模型参数向量的一般符号表示，有 $\boldsymbol{\theta}_1=(\beta)$ 和 $\boldsymbol{\theta}_2=(\alpha,\beta)$。

上升：假设当前状态是 $\omega=(M_1,\boldsymbol{\theta}_1)$。提议一个新模型 $\tilde{M}$，满足 $P(\tilde{M}=2)=q_{12}$，$P(\tilde{M}=1)=q_{11}=1-q_{12}$。如果 $\tilde{M}=M_1$，继续执行通常的 MCMC 步骤，不改变维数。否则 $\tilde{M}=M_2$ 且：

1. 通过如下步骤生成($\tilde{\beta}$，$\tilde{\alpha}$)：

(a) 生成一个辅助变量 $u \sim q(u)$；

139 (b) 使用一个确定性映射 $(\tilde{\beta},\tilde{\alpha})=T(\beta,u)$。

2. 以概率 $A_{\text{up}}=\min\{\rho_{\text{up}},1\}$ 接受提议 $(\tilde{\beta},\tilde{\alpha})$，其中比为

$$\rho_{\text{up}}(\beta,u,\tilde{\beta},\tilde{\alpha})=\underbrace{\frac{h(\tilde{M})}{h(M_1)}\frac{h(\tilde{\beta},\tilde{\alpha}\mid \tilde{M})}{h(\tilde{\beta}\mid M_1)}}_{\text{先验比}}\times\underbrace{\frac{f(y\mid\tilde{\alpha},\tilde{\beta})}{f(y\mid\beta)}}_{\text{似然}}\times\underbrace{\frac{q_{21}}{q_{12}q(u)}}_{\text{提议}}\times\underbrace{\left|\frac{\partial T(\beta,u)}{\partial(\beta,u)}\right|}_{\text{雅可比}}$$

3. 以概率 A_{up} 设置 $\omega=(\tilde{M},\tilde{\beta},\tilde{\alpha})=(M_2,\theta_2)$。

下降：类似地，假设当前状态是 $(M_2,\boldsymbol{\theta}_2)$。提议一个新模型 $\tilde{M}$，满足 $P(\tilde{M}=2)=q_{22}$，$P(\tilde{M}=1)=q_{21}=1-q_{22}$。如果 $\tilde{M}=M_2$，继续执行通常的 MCMC 步骤，不改变维数。否则：

4. 计算 $(\tilde{\beta},u)=T^{-1}(\beta,\alpha)$。

5. 接受概率 $A_{\text{down}}=\min\{1,\rho_{\text{down}}\}$，其中

$$\rho_{\text{down}}=1/\rho_{\text{up}}(\tilde{\beta},u,\beta,\alpha)$$

在步骤 1(a) 中引入辅助变量实现了所需的维数填充及跨维 MCMC。在步骤 1(b) 中使用确定性映射允许我们设计具有更好模型混合的算法。例如，在应用到带截距

与不带截距的回归问题时，当提议增加一个截距或相反时，需要调整斜率 β。一般而言，上升和下降都可能涉及辅助变量，使得当前状态和提议的维数(可能都由辅助变量增强)相匹配。一般的 RJ 算法可以包含两种以上的转移概率。唯一的条件是，对于由任何转移概率生成的提议，需要有一个匹配的倒数类型的转移概率，转移概率可以生成一个提议来返回。例如，如果我们提出一个没有返回的上升提议，也就是说，没有可能逆转提议，那么在 ρ_{up} 中，分子中的提议概率的求值结果将为 0，从而接受概率 $A_{\mathrm{up}}=0$。也就是说，算法永远不会接受这样的没有返回的移动。因此，通常最好是成互反对地设计 RJ 动作。例如在混合模型中增加或删除一个项的动作，像上升和下降、生成和销毁等。

对于变量-维数参数空间上的任何后验分布，我们可以实现一个类似的跨维 MC-MC 算法。在实践中，使用一个好的映射 $T(\cdot)$ 对于实现非常快速混合的马尔可夫链是很重要的。也就是说，链的构造需要对提议模型 $\tilde{M}$ 中的提议参数 $\tilde{\boldsymbol{\theta}}$ 有一个很好的 140
估计。在很多复杂问题中，缺少一个好的映射使 RJ 算法的实现很困难，因为提议的移动几乎总会被拒绝。研究者发现在一类问题中 RJ 是切实可行的，即混合模型问题。当提议上升(或下降)时，为较大(或较小)规模的混合模型的参数构造提议是相当容易的。参见本章末尾的习题 7.2。

最后，请注意 RJ 算法和伪先验算法间的相似性。考虑一个 RJ 转移概率，它涉及一个从当前状态向量 $\boldsymbol{\theta}\in\Theta_j$ 移动到 $\tilde{\boldsymbol{\theta}}\in\Theta_{j+1}$ 的提议。假设转移概率包含一个从 $q(u)$ 生成的辅助变量和一个确定性映射 $T(\boldsymbol{\theta},u)$。可以用相同的元素来构造一个恰当的伪先验 $h(\boldsymbol{\theta}_{j+1}\mid\boldsymbol{\theta}_j,M_j)$。唯一的形式差异是 RJ 无需有限个竞争模型 M_j，而伪先验算法需要。

带一般“上升”和“下降”移动的 RJ 算法

作为参考，我们将介绍一个一般的 RJ 算法，它涉及“上升”和“下降”移动，类似于前面的程式化例子。例如，在正态模型混合问题中，“上升”移动可能涉及将混合模型中的一项拆分为两个新项，而“下降”移动可能涉及合并两个项。

考虑一个用于变量-维数参数空间 $\Theta=\bigcup_n\Theta_n(\Theta_n\subseteq\mathbb{R}^n)$ 上的一般目标分布 $\pi(\boldsymbol{\theta})$ 的 RJ 算法。我们令 $\theta\in\Theta$ 表示状态向量，且当希望强调 $\boldsymbol{\theta}_n\in\Theta_n$ 写成 $\boldsymbol{\theta}_n$。我们令 $\pi_n(\boldsymbol{\theta}_n)=\pi(\boldsymbol{\theta}\mid\Theta_n)$ 表示限定到 Θ_n 的目标分布，且假设其密度为 $f_n(\boldsymbol{\theta}_n)$。即对任何事

件 $F_n \subseteq \Theta_n$，$\pi_n(F_n)=\int_{F_n} f_n(\boldsymbol{\theta})\mathrm{d}\boldsymbol{\theta}$。

我们考虑一个 RJ 算法，它包含转移概率 $P_u(\boldsymbol{\theta},A)$ 用来提议一个从 $\boldsymbol{\theta}\in\Theta_n$ 到 $\boldsymbol{\theta}\in\Theta_{n+1}$ 的移动（"**上升**"），以及转移概率 $P_d(\boldsymbol{\theta},A)$ 用来提议一个从 $\boldsymbol{\theta}\in\Theta_{n+1}$ 到 $\boldsymbol{\theta}\in\Theta_n$ 的移动（"**下降**"）。为了符号表示更简单，我们假设维数上的跳跃分别是从 n 到 $n+1$ 和 $n-1$（如果变为分别是从 Θ_n 到 Θ_{n+d} 和 Θ_{n-d} 的转移，变化很小）。对于下面的构造，读者可能会发现，记住一个带拆分（"上升"）和合并（"下降"）移动的正态模型混合的具体例子是很有帮助的。可能还有其他的转移概率涉及 Θ_n 内的移动。例如，在一个正态模型混合问题中，我们可能采用吉布斯抽样转移概率来更新固定大小混合模型的位置和权重（如习题 6.9）。接下来，我们只关注跨维移动的 P_u 和 P_d。我们在此问
141 题中构建一般的 RJ 转移概率。

算法 4　可逆跳跃（RJ）

假设当前状态为 $\boldsymbol{\theta}_n\in\Theta_n$。如果 $n\geqslant 2$ 令 $q_{n,n-1}=\frac{1}{2}$，若 $n=1$ 令 $q_{n,n-1}=0$。

上升：以概率 $1-q_{n,n-1}$ 提议一个"**上升移动**" P_u。

1. 在 N_n^{up} 个可能移动中选择一个。例如，在一个模型混合问题中我们可以选择要拆分的那一项。令 $q_{\text{up},m}(\boldsymbol{\theta}_n)$ 表示选择第 $m(m=1,\cdots,N_n^{\text{up}})$ 个移动的概率。例如 $q_{\text{up},m}=1/N_n^{\text{up}}$。
2. 生成一个辅助变量 $u\sim q_{\text{aux}}(\boldsymbol{\theta}_n)$。$q_{\text{aux}}$ 通常涉及一个截断。如果它是 $\boldsymbol{\theta}_n$ 的一个函数，不要忘记归一化常数。
3. 使用确定性函数定义一个提议 $\widetilde{\boldsymbol{\theta}}_{n+1}=T(\boldsymbol{\theta}_n,u)$。记 $J=\det(\partial\ T/\partial\ \boldsymbol{\theta}_n\partial\ u)$。
4. 计算接受概率 $A_{\text{up}}(\boldsymbol{\theta}_n,\widetilde{\boldsymbol{\theta}}_{n+1})=\min\{1,\rho(\boldsymbol{\theta}_n,\widetilde{\boldsymbol{\theta}}_{n+1})\}$

$$\rho(\boldsymbol{\theta}_n,\widetilde{\boldsymbol{\theta}}_{n+1})=\underbrace{\frac{\pi(\widetilde{\boldsymbol{\theta}}_{n+1})}{\pi(\boldsymbol{\theta}_n)}}_{\text{目标}}\underbrace{\frac{q_{n+1,n}}{q_{n,n+1}}\frac{q_{\text{down},m'}(\boldsymbol{\theta}_{n+1})}{q_{\text{up},m}(\boldsymbol{\theta}_n)}}_{\text{提议}}\underbrace{\frac{1}{q_{\text{aux}}(u)}}_{\text{辅助}}|J| \tag{7.8}$$

下降移动的细节见下文。

5. 以概率 A_{up} 设 $\boldsymbol{\theta}=\widetilde{\boldsymbol{\theta}}_{n+1}$，否则 $\boldsymbol{\theta}=\boldsymbol{\theta}_n$。

下降：以概率 $q_{n,n-1}$ 执行一个"**下降移动**" P_d。

1. 我们以概率 $q_{\text{up},m}(\boldsymbol{\theta}_n)(m=1,\cdots,N_n^{\text{down}})$ 在 N_n^{down} 个可能移动中选择一个。例如，在一个模型混合问题中，我们可能选择两个相邻项进行合并。令 m' 表示选择的移动。
2. 记 $(\widetilde{\boldsymbol{\theta}}_{n-1},u)=T^{-1}(\boldsymbol{\theta}_n)$。

（续）

3. 计算接受概率

$$A_d(x_n,\tilde{\boldsymbol{\theta}}_{n-1})=\min\left\{1,\frac{1}{\rho(\tilde{\boldsymbol{\theta}}_{n-1},\boldsymbol{\theta}_n)}\right\}$$

4. 以概率 A_d 设 $\boldsymbol{\theta}=\tilde{\boldsymbol{\theta}}_{n-1}$，否则保持 $\boldsymbol{\theta}=\boldsymbol{\theta}_n$。

注意，在步骤 1 到步骤 3 中我们必须仔细记下所有移动，并考虑式(7.8)中对应的提议概率。

如果“下降”移动也包含一个辅助变量 $\boldsymbol{v}\in\mathbb{R}^q$，变化会很大。这只是增加了符号表示的复杂性。 142

习题

与第 6 章中一样，大多数习题要求通过一些编程来实现 MCMC 模拟。参见附录 B 关于如何在 R 中实现这种模拟的介绍。

7.1 **正态线性回归——变量选择**。使用习题 6.11 中的设定和符号完成下面的题目。

a. 令 $\bar{\boldsymbol{\beta}}=E(\boldsymbol{\beta}\mid\tau^2,\boldsymbol{y})$ 和 $\boldsymbol{V}=\mathrm{Var}(\boldsymbol{\beta}\mid\tau^2,y)$ 表示以 τ^2 为条件的 $\boldsymbol{\beta}$ 的后验均值和协方差矩阵。令 $\mathrm{RSS}(\boldsymbol{\beta})=\sum_i(y_i-\boldsymbol{x}_i'\boldsymbol{\beta})^2$ 表示 $\boldsymbol{\beta}$ 的残差平方和。证明如下结果

$$f(\boldsymbol{y}\mid\tau^2)\propto|\boldsymbol{V}|^{\frac{1}{2}}h(\bar{\boldsymbol{\beta}})\tau^{\frac{n}{2}}\exp\left(-\frac{\tau^2}{2}\mathrm{RSS}(\bar{\boldsymbol{\beta}})\right)\tag{7.9}$$

是 τ^2 的一个函数。即比例常数是 y 的一个函数。

提示：你可以对 $h(\boldsymbol{\beta}\mid\boldsymbol{y},\tau^2)$ 使用贝叶斯定理并进行 $\boldsymbol{\beta}=\bar{\boldsymbol{\beta}}$ 的替换。

b. 现在考虑变量选择问题。令 $\boldsymbol{\gamma}=(\gamma_1,\gamma_2,\cdots,\gamma_p)$ 表示一个指示向量，$\gamma_j\in\{0,1\}$。令 $p_\gamma=\sum_j\gamma_j$，并令 $\boldsymbol{X}_\gamma$ 表示 $\boldsymbol{X}$ 的 $n\times p_\gamma$ 的子矩阵，其列都是由 $\gamma_j=1$ 选择的。类似地，令 $\boldsymbol{\beta}_\gamma$ 表示由 $\boldsymbol{\gamma}$ 选择的 $\boldsymbol{\beta}$ 的子向量，$\boldsymbol{\beta}_{0,\gamma}$ 和 $\boldsymbol{\Sigma}_{0,\gamma}$ 的含义也类似。我们使用

$$y=\boldsymbol{X}_\gamma\boldsymbol{\beta}_\gamma+\boldsymbol{\epsilon}\tag{7.10}$$

将模型(6.23)改为包含变量选择，其中 $\boldsymbol{\epsilon}=(\epsilon_1,\epsilon_2,\cdots,\epsilon_n)$，以及一个修正的先验 $h(\boldsymbol{\beta}_\gamma\mid\boldsymbol{\gamma})=N(\boldsymbol{\beta}_{0,\gamma},\boldsymbol{\Sigma}_{0,\gamma})$ 和超先验 $h(\gamma_j=1)=\pi(j=1,2,\cdots,p)$，对不同的 j 它们是独立的。

使用式(7.9)求 $h(\boldsymbol{\gamma}\mid\tau^2,\boldsymbol{y})$。

c. 提出一个后验 MCMC 方案以生成一个后验蒙特卡罗样本 $(\boldsymbol{\gamma}^{(m)},\tau^{2(m)})\sim h(\boldsymbol{\gamma},\tau^2\mid\boldsymbol{y})$。

如果需要的话，你如何用$\boldsymbol{\beta}^{(m)} \sim h(\boldsymbol{\beta} \mid \boldsymbol{\gamma}^{(m)}, \boldsymbol{\tau}^{2(m)}, \boldsymbol{y})$增强蒙特卡罗样本？

7.2 **变量选择。** Ročková 和 George(2014) 对高斯线性模型提出了下面的 SSVS 实现：

$$f(\boldsymbol{y} \mid \boldsymbol{\beta}, \sigma) = N(\boldsymbol{X\beta}, \sigma^2 \boldsymbol{I})$$

其中$\boldsymbol{y}=(y_1, y_2, \cdots, y_n)$是一个响应向量，$\boldsymbol{X}$是一个$n \times p$的协变量矩阵。

对回归系数$\boldsymbol{\beta}$，我们使用下面的 SSVS 先验。令

$$\text{cov}(\boldsymbol{\beta}) = \boldsymbol{D}_{\sigma,\gamma} = \boldsymbol{\sigma}^2 \text{diag}(a_1, a_2, \cdots, a_p), \quad \text{其中 } a_i = (1-\gamma_i) v_0 + \gamma_i v_1$$

表示$\boldsymbol{\beta}$的先验协方差矩阵。在这里，$\gamma_j \in \{0,1\}$，v_0是一个小值使得$\beta_j \approx \sqrt{v_0}$实际上会去掉第$j$个协变量；而$v_1$是个大值。也就是说，$\boldsymbol{\gamma}=(\gamma_1, \gamma_2, \cdots, \gamma_p)$是一个指示向量，解释了变量

143 的选择。我们假设

$$h_{\boldsymbol{\beta}}(\boldsymbol{\beta} \mid \sigma, \boldsymbol{\gamma}) = N(\boldsymbol{0}, \boldsymbol{D}_{\sigma,\gamma})$$

其中$h_\gamma(\gamma_j = 1 \mid \theta) = \theta$。加上下面的超先验，模型就完全了，

$$h_\sigma(\sigma^2 \mid \boldsymbol{\gamma}) = IGa(v/2, v\lambda/2), \quad h\theta(\theta) = Be(a, b)$$

v_0，v_1是固定的超参数。

Ročková 和 George 引入了一个 EM 型[Dempster 等(1997)]的迭代算法来最大化$h(\boldsymbol{\beta}, \theta, \sigma \mid y)$。令$(\boldsymbol{\beta}^{(t)}, \theta^{(t)}, \boldsymbol{\sigma}^{(t)})$表示$t$次迭代后的参数向量。算法迭代执行下面的最大化运算：

$$Q(\boldsymbol{\beta}, \theta, \sigma \mid \boldsymbol{\beta}^{(t)}, \theta^{(t)}, \boldsymbol{\sigma}^{(t)}, y) = E_{\boldsymbol{\gamma}}[\ln h(\boldsymbol{\beta}, \theta, \boldsymbol{\sigma}, \boldsymbol{\gamma} \mid y)] \tag{7.11}$$

其中期望($E_{\boldsymbol{\gamma}}$)是关于$h(\boldsymbol{\gamma} \mid \boldsymbol{\beta}^{(t)}, \theta^{(t)}, \boldsymbol{\sigma}^{(t)}, y)$的，使用了当前估计值$(\boldsymbol{\beta}^{(t)}, \theta^{(t)}, \boldsymbol{\sigma}^{(t)})$。也就是说，通过进行关于$h(\boldsymbol{\gamma} \mid \boldsymbol{\beta}^{(t)}, \theta^{(t)}, \boldsymbol{\sigma}^{(t)}, y)$的边缘化来从$\ln h(\boldsymbol{\beta}, \theta, \boldsymbol{\sigma}, \boldsymbol{\gamma} \mid y)$中移除$\boldsymbol{\gamma}$。因此，函数$Q$不再有参数$\boldsymbol{\gamma}$了——它被期望移除了，只是$(\boldsymbol{\beta}, \theta, \sigma)$的函数了。

在一般 EM 算法的背景下，Q的计算被称为 E 步骤，关于$\boldsymbol{\beta}$，θ，σ最大化Q被称为 M 步骤。最大化步骤定义了$(\boldsymbol{\beta}^{(t+1)}, \theta^{(t+1)}, \boldsymbol{\sigma}^{(t+1)})$。

可以证明$(\boldsymbol{\beta}^{(t)}, \theta^{(t)}, \sigma^{(t)})$收敛到$p(\boldsymbol{\beta}, \theta, \sigma \mid y)$的众数。

a. 求$h(\boldsymbol{\gamma} \mid \boldsymbol{\beta}, \theta, \boldsymbol{\sigma}, y)$。

b. 证明对不同的$\gamma_j (j=1, \cdots, p)$，$h(\boldsymbol{\gamma} \mid \boldsymbol{\beta}, \theta, \boldsymbol{\sigma}, y)$相互独立。

对接下来两个问题，将后验分布和式(7.11)中的函数Q分解为

$$h(\boldsymbol{\beta}, \theta, \boldsymbol{\sigma}, \boldsymbol{\gamma} \mid y) = C \times f(y \mid \boldsymbol{\beta}, \boldsymbol{\sigma}, \boldsymbol{\gamma}) \times h_\sigma(\boldsymbol{\sigma}^2) \times h_{\boldsymbol{\beta}}(\boldsymbol{\beta} \mid \boldsymbol{\sigma}^2, \boldsymbol{\gamma}) \times h_\gamma(\boldsymbol{\gamma} \mid \theta) \times h_\theta(\theta)$$

$$Q = E_{\boldsymbol{\gamma}}[\ln h(\cdot \mid y)] = \ln C + Q_y(\boldsymbol{\beta}, \boldsymbol{\sigma}) + Q_\sigma(\boldsymbol{\sigma}^2) + Q_{\boldsymbol{\beta}}(\boldsymbol{\beta}, \boldsymbol{\sigma}^2) + Q_\gamma(\theta) + Q_\theta(\theta)$$

在这里，$Q_y = E_{\boldsymbol{\gamma}}[\ln f]$和$Q_x = E_{\boldsymbol{\gamma}}[\ln h_x]$ $(x = \boldsymbol{\gamma}, \boldsymbol{\sigma}, \boldsymbol{\beta}, \theta)$，而且回忆一下，期望是关于$h(\boldsymbol{\gamma} \mid \boldsymbol{\beta}^{(t)}, \theta^{(t)}, \boldsymbol{\sigma}^{(t)}, y)$的。注意，在关于$\boldsymbol{\gamma}$取期望后，$Q_{\boldsymbol{\gamma}}$的唯一参数就是$\theta$了。

c. 求Q_y，Q_σ和Q_θ。

d. 求 $Q_{\boldsymbol{\beta}}$ 和 $Q_{\boldsymbol{\gamma}}$。

7.3 **混合模型**。回忆习题 6.9 中式(6.16)的正态模型的混合。令 $\boldsymbol{\theta}=(J,w_1,w_2,\cdots,w_J,\mu_1,\mu_2,\cdots,\mu_J,\sigma^2)$。

$$g_{\boldsymbol{\theta}}(x) = \sum_{j=1}^{J} w_j N(\mu_j,\sigma^2) \quad (7.12)$$ 144

我们现在用 J 上的一个先验补全模型。令 $Poi^{+}(\lambda)$ 表示一个限制在正整数上的泊松分布。我们假设

$$J \sim Poi^{+}(\lambda)$$

使用 $\lambda=5$。

a. **联合后验**。令 $\boldsymbol{\mu}=(\mu_1,\mu_2\cdots,\mu_J)$、$\boldsymbol{w}=(w_1,w_2,\cdots,w_J)$ 及 $x=(x_1,x_2,\cdots,x_n)$，并令 $\boldsymbol{\theta}=(\boldsymbol{\mu},\boldsymbol{w},\sigma^2,J)$ 表示完全参数向量。求联合后验分布 $h(\boldsymbol{\theta} \mid x)$。

b. **层次模型**。使用指示函数 $s_i \in \{1,2,\cdots,J\}$ 将混合模型重写为一个层次模型。

$$f(x_i \mid s_i=j)=N(\mu_j,\sigma^2), \quad P(s_i=j \mid w,J)=w_j \quad (7.13)$$

令 $s_{-i}=(s_{1,\cdots,i-1},s_{i+1,\cdots,n})$。

求 $h(\mu_j \mid s,\boldsymbol{w},x)$、$h(s_i \mid s_{-i},\boldsymbol{\mu},\boldsymbol{w},J,x_i)$ 和 $h(\boldsymbol{w} \mid s,J,x)$。

c. **可逆跳跃 MCMC**。对跨变量 J 的后验模拟，提出一个 RJ MCMC。

1. 拆分移动。提议一个增加 J 的转移概率，即 $\tilde{J}=J+1$。

   描述提议的构造(逐步骤)，并说明提议的接受概率。

   提示：你可以(1)选择第 j 项拆分，不失一般性，假设 $j=J$(如需要的话重排索引以简化符号表示)；(2)生成一个双变元辅助变量(u,v)；(3)用 $\tilde{\mu}_J=\mu_J+u$、$\tilde{\mu}_{J+1}=\mu_J-u$、$\tilde{w}_J=w_J v$ 和 $\tilde{w}_{J+1}=w_J(1-v)$ 定义 $T(\boldsymbol{\theta},u,v)$。

2. 合并移动。提议一个减少 J 的转移概率，即 $\tilde{J}=J-1$(“合并移动”)。描述提议的构造(逐步骤)并说明提议的接受概率。

d. **实现**。使用问题(b)中的完全条件分布和(c)中的 RJ 移动实现一个 RJ 算法。

使用 R 中的 `galaxy` 数据集。例如，你可以在 R 包 `ElemStatLearn` 中找到它。图 6.3 中显示了数据。

- 绘制 J 随迭代的变化(估算的 J 的轨迹)。
- 对网格 x 上的 x 估计 $\bar{g}(x)=E[g_{\boldsymbol{\theta}}(x) \mid x]$。

- 对 σ^2 评估收敛性诊断，$g_{10}=g_{\boldsymbol{\theta}}(10)$、$g_{20}=g_{\boldsymbol{\theta}}(20)$ 和 $G_{30}=\int_{30}^{\infty}g_{\boldsymbol{\theta}}(s)\,ds$。[㊀]

7.4　**伪先验**。下面的例子是关于使用历史对照的临床试验中的推断。该试验是一项关于子宫乳头状浆液性癌的治疗建议的研究，这是一种非常罕见的疾病。研究药物分三种给药剂量，包括
145
0(对照)、1 和 2。为了便于在现实时间框架内进行研究，我们考虑将对照组的历史数据集中在一起。令 y_i 表示第 i 个患者的治疗效果(PFS，无进展生存期，以月为单位)，所有患者，包括历史研究的患者，统一编号为 $i=1,2,\cdots,n$，$n=56$，其中包括 $n_0=40$ 个历史数据中的患者和 $n_1=16$ 个新研究中的患者。令 $I_i\in\{0,1\}$ 表示一个指示函数，表示一个患者是否在历史研究中，$z_i\in\{0,1,2\}$ 表示研究药物的剂量。历史数据中的所有患者都作为对照，即 $z_i=0$，$i=1,2,\cdots,n_0$。我们使用带学习效应(或问题 b 中不带)的韦布尔回归，即抽样模型为

$$y_i\sim Weib(\lambda,a),\quad 其中\ \ln\lambda=\beta_0+\beta_1 z_i+\beta_2 I_i$$

a. 设置一个先验 $\beta_j\sim N(m_j,s_j^2)$，$j=0,1,2$，其中 $m_2=0$，$s_0=0.1$ 及 $s_1=s_2=0.5$。确定 m_0 和 m_1 的恰当值，以匹配专家观点——剂量 $z=0,1,2$ 对应的 PFS 应约为 7 个月、11 个月和 14 个月(你可能无法精确匹配这些值)。这些数据在文件 `uterine.txt` 中，本书主页中有其链接[㊁]。除了 z_i、y_i 和 I_i，文件还报告了一个指示函数 s_i，表示观测事件时间($s_i=1$)与检查时间($s_i=0$)。请进行后验推断。

b. 现在我们改变 β_2 上的先验和学习效应。令 δ_x 表示 x 处的点质量。我们假设

$$\beta_2\sim\begin{cases}\delta_0, & M=0\\ N(m_2,s_2^2), & M=1\end{cases}$$

其中 $h(M=1)=0.5$。即在模型 $M=0$ 下 $\beta_2=0$，在模型 $M=1$ 下 $\beta_2\sim N(m_2,s_2^2)$。修改后的模型允许汇集所有数据($\beta_2=0$)，先验概率为 0.5。对跨 $M=0$ 和 $M=1$ 的跨维 MCMC 实现带伪先验的后验 MCMC。

c. 计算 $M=0$ 和 $M=1$ 的贝叶斯因子。使用一种恰当的蒙特卡罗策略来近似贝叶斯因子(参见 4.2.2 节)。

7.5　**RJ：多变元混合模型**。Zhang 等(2004)为正态模型的多变元混合

$$y_i\mid K,\boldsymbol{\mu},\boldsymbol{\Sigma},\boldsymbol{w}\sim\sum_{k=1}^{K}w_k N(\mu_k,\Sigma_k)\tag{7.14}$$

设计了一种 RJ 算法。在这里，$\boldsymbol{y}_i=(y_{i1},y_{i2},\cdots,y_{iD})'$ 是一个 D 维响应向量。协方差矩阵 $\boldsymbol{\Sigma}_k$ 用其奇异值分解 $\boldsymbol{\Sigma}_k=\boldsymbol{E}_k\boldsymbol{\Lambda}_k\boldsymbol{E}_k'$ 表示，其中 $\boldsymbol{E}_k=(\boldsymbol{e}_1^k,\boldsymbol{e}_2^k,\cdots,\boldsymbol{e}_D^k)$ 是一个正交矩阵，其列等于 $\boldsymbol{\Sigma}_k$ 的特

㊀ 使用 R 包 boa 或 coda(或任何其他包)进行收敛性诊断。参见 9.6 节。

㊁ sites. google. com/view/computationalbayes/home。

征向量，$\boldsymbol{\Lambda}_k=\text{diag}(\kappa_{k1},\kappa_{k2},\cdots,\kappa_{kD})$是由对应的特征值组成的对角矩阵。我们假设 $\boldsymbol{E}_k=\boldsymbol{E}$ 对不同分量是固定的，因此 $\boldsymbol{\Sigma}_k=\boldsymbol{E}\boldsymbol{\Lambda}_k\boldsymbol{E}'$。我们固定 E，使用经验协方差矩阵 $\boldsymbol{S}$ 的奇异值分解 $\boldsymbol{S}=\boldsymbol{E}\boldsymbol{\Lambda}\boldsymbol{E}'$，并通过假设 146

$$\kappa_{kd}^{-1}\sim Ga(a/2,b/2)$$

来补全 $\boldsymbol{\Sigma}_k$ 的先验设定。加上 $K\sim Poi^{+}(\lambda)$、$\boldsymbol{\mu}_j\sim N(\boldsymbol{0},\boldsymbol{B})$和 $\boldsymbol{w}\sim D_{K-1}(\boldsymbol{a})$，模型就完整了，其中 λ、$\boldsymbol{B}$ 和 $\boldsymbol{a}$ 是固定的超参数。

对固定的 K，用 MCMC 转移概率更新 $\boldsymbol{w}$、$\boldsymbol{\mu}$ 和 κ 类似习题 7.3 中的单变元混合模型。但是，更新 K 就需要一个 RJ 型的移动。令 $\omega=(\boldsymbol{w},\boldsymbol{\mu},\kappa)$表示 K 之外的参数。

我们随机选择来提议一个组合或拆分移动。对大小为 K 的当前估计点配置，令 q_{Kd} 和 $q_{Ku}=1-q_{Kd}$ 分别表示提议一个组合移动和一个拆分移动的概率。我们对 $K\geqslant 2$ 使用 $q_{Kd}=0.5$，对 $K=1$ 使用 $q_{Kd}=0$。在下面的转移概率中，用$\mu_{kd}^{\star}=\boldsymbol{e}_d'\boldsymbol{\mu}_k$ 和 $y_d^{\star}=\boldsymbol{e}_d'\boldsymbol{y}$ 表示μ_d 和 y_d 在特征向量基中的坐标值。

拆分移动： 我们随机选择一个分量 j 拆分为两个新的分量。选择分量 j 的概率为 $q_{K_s}(j)=\dfrac{1}{K}$。不失一般性，假设分量 $j=1$ 拆分为新的分量 $j_1=1$ 和 $j_2=2$（将分量 $2,\cdots,K$ 重新标号为 $3,4,\cdots,K+1$）。我们定义新的参数 $\tilde{\omega}$：

$$\tilde{w}_1=w_1\alpha,\qquad \tilde{w}_2=w_1(1-\alpha)$$

$$\tilde{\mu}_{1d}^{\star}=\mu_{1d}^{\star}-\sqrt{\frac{\tilde{w}_2}{\tilde{w}_1}}\kappa_{1d}^{1/2}r_d\qquad \tilde{\mu}_{2d}^{\star}=\mu_{1d}^{\star}+\sqrt{\frac{\tilde{w}_1}{\tilde{w}_2}}\kappa_{1d}^{1/2}r_d$$

$$\tilde{\kappa}_{1d}=\beta_d(1-r_d^2)\frac{w_1}{\tilde{w}_1}\kappa_{1d}\qquad \tilde{\kappa}_{2d}=(1-\beta_d)(1-r_d^2)\frac{w_1}{\tilde{w}_2}\kappa_{1d}$$

其中 $\alpha\sim Be(1,1)$、$\beta_d\sim Be(1,1)$和 $r_d\sim Be(2,2)$是辅助变量。为了后文引用，令 $q_u(\alpha,\beta,r)=p(\alpha)\prod_d p(\beta_d)p(r_d)$。

令 $\boldsymbol{\theta}=(w_1,\mu_1,\kappa_{1d})$和 $\boldsymbol{u}=(\alpha,r,\beta)$表示当前状态（忽略不受拆分影响的项）和辅助变量，并令 $\tilde{\boldsymbol{\theta}}=(\tilde{w}_1,\tilde{w}_2,\tilde{\mu}_1,\tilde{\mu}_2,\tilde{\kappa}_{1d},\tilde{\kappa}_{2d})$表示提议。简言之，拆分提议为

$$\tilde{\boldsymbol{\theta}}=T(\boldsymbol{\theta},\boldsymbol{u})$$

容易验证，在提议的扩展混合模型下，边缘矩 $E(y_d^{\star})$和 $\text{cov}(y_d^{\star})$保持不变。

组合移动： 我们随机选择一对(j_1,j_2)分量进行合并。选择(j_1,j_2)的概率为 $q_{K_c}(j_1,j_2)=\dfrac{2}{K(K-1)}$，$j_1<j_2$。不失一般性，假设将$(j_1,j_2)=(1,2)$合并为新的分量 $j=1$。下面的确定性变换定义了合并后的参数值。为了强调与之前的拆分移动的关系（以及简化后面问题的解答）， 147

我们为当前状态向量 $\widetilde{\omega}$ 和提议 ω 标号：

$$
\begin{aligned}
w_1 &= \widetilde{w}_1+\widetilde{w}_2 \\
w_1\mu_1 &= \widetilde{w}_1\widetilde{\mu}_1+\widetilde{w}_2\widetilde{\mu}_2 \\
w_1(\kappa_{1d}+\mu_{1d}^{\star 2}) &= \widetilde{w}_1(\widetilde{\kappa}_{1d}+\widetilde{\mu}_{1d}^{\star 2})+\widetilde{w}_2(\widetilde{\kappa}_{2d}+\widetilde{\mu}_{2d}^{\star 2})
\end{aligned}
\tag{7.15}
$$

隐含的辅助变量为

$$
\alpha=\cdots,\frac{\beta_d}{1-\beta_d}=\cdots \quad 和 \quad \left\{\sqrt{\frac{\widetilde{w}_1}{\widetilde{w}_2}}+\sqrt{\frac{\widetilde{w}_2}{\widetilde{w}_1}}\right\}r_d=\cdots \tag{7.16}
$$

在这里，我们写出 μ_1、κ_{1d} 和 β_d 的方程而没有进行最终的化简——这是出于美观的考虑以及强调如何作为拆分操作的逆推导出它们。为了后文引用，我们将式(7.15)和(7.16)中的映射表示为

$$
S(\widetilde{\theta})=(\theta,u)
$$

a. 补上式(7.16)中每个等式右侧缺失的公式并证明 $S=T^{-1}$。

b. 求拆分移动的接受率。

c. 求合并移动的接受率。

d. 参见 Dellaportas 和 Papageorgiou(2006)中关于正态模型多变元混合的替代 RJ 算法。讨论两种先验模拟方案的相对优点和局限性。

7.6 **RJ 的细致平衡**。在本问题中，我们验证带一般“上升”和“下降”转移概率的 RJ MCMC (参见 7.4 节)的细致平衡条件。

为了验证这种一般 RJ 的细致平衡，我们从 DB 的一般表述开始。对任意(可测量的) $A,B\subset\Theta$，

$$
\int_A \sum_m q_m(\boldsymbol{\theta})P_m(\boldsymbol{\theta},B)\pi(\mathrm{d}\boldsymbol{\theta}) = \int_u \sum_m q_m(\boldsymbol{\theta})P_m(\boldsymbol{\theta},A)\pi(\mathrm{d}\boldsymbol{\theta})
$$

我们只关注跨维移动 $A=F_{n+1}\in\Theta_{n+1}$ 和 $B=F_n\in\Theta_n$：

$$
\int_{F_{n+1}} \sum_m q_m(\boldsymbol{\theta}_{n+1})P_m(\boldsymbol{\theta}_{n+1},F_n)\pi(\mathrm{d}\boldsymbol{\theta}_{n+1}) = \int_{F_n} \sum_m q_m(\boldsymbol{\theta}_n)P_m(\boldsymbol{\theta}_n,F_{n+1})\pi(\mathrm{d}\boldsymbol{\theta}_n) \tag{7.17}
$$

完成对式(7.17)的验证。

提示：你的论证应按如下步骤进行。(1) 式(7.17)的充分条件是，对与下降移动 P_d 和逆移动上升移动 P_u 相匹配的对(m_1,m_2)，公式成立。(2) 将 P_u 写为 u 上的积分。(3) 用密度 f_n
148 和 f_{n+1} 写出 $\boldsymbol{\theta}_{n+1}=T(\boldsymbol{\theta}_n,u)$，并使用 F_n 和 F_{n+1} 的指示函数替换积分范围。(4)用变量替换令两边都变为$(\boldsymbol{\theta}_n,u)$上的积分。(5)论证被积函数相等是积分相等的充分条件，并验证 RJ 的
149 接受概率满足后一个条件。

第8章　基于解析近似的方法

自20世纪80年代以来，研究人员一直致力于寻找有效而且最好是简单的方法来克服贝叶斯推断中出现的计算上的技术问题。人们提出了各种策略，特别是后验分布的多元正态近似、拉普拉斯方法、数值求积方法、经典蒙特卡罗方法和马尔可夫链蒙特卡罗(MCMC)方法。

在数据收集方面的进步引起了人们对越来越复杂的数据结构建模的需求。这包括时空模型、动态线性模型、广义线性混合模型、广义加性模型、对数-高斯考克斯过程、地理加性模型等。所有这些模型都属于大得多的一类模型，即潜高斯模型(LGM)。可参见 Blangiardo 和 Cameletti 的文章(2015)。从理论上讲，对这种 LGM 实现 MCMC 算法总是有可能的。然而，这种实现在收敛性和计算时间方面存在许多问题。

Rue 等(2009)开发了一种基于积分嵌套拉普拉斯近似(INLA)的解析方法，允许对这些模型中的边缘后验分布进行确定性近似。该方法为 LGM 中的贝叶斯推断提供了一个特别有效实现。与 MCMC 技术相比，INLA 方法有两个主要优点。第一个优点是计算时间。使用 INLA 可以在数秒或几分钟内得到结果，而使用 MCMC 算法需要数小时甚至数天才能得出结果。第二个优点是，INLA 以统一的方式处理 LGM，允许独立于特定模型的大量自动化推断。

为了更好地理解 Rue 等(2009)提出的方法，本章首先回顾了为实现贝叶斯推断而开发的主要的解析近似技术，然后介绍了 INLA 方法及其在相关 R 包中的实现。 150

8.1　解析方法

8.1.1　多元正态后验近似

克服在贝叶斯推断中出现的计算问题的一个可能的策略是基于后验分布的渐近性质。事实上，对于较大的 n，在一定的正则性条件下，k 维参数向量 $\boldsymbol{\theta}$ 的后验分布近似为多元正态分布(Walker, 1969)。

考虑一个后验密度 $h(\boldsymbol{\theta}\mid x)$，写为

$$h(\boldsymbol{\theta}\mid x)\propto\exp\{\ln h(\boldsymbol{\theta})+\ln f(x\mid\boldsymbol{\theta})\}$$

对表达式中的两个对数项，围绕各自的最大值(假设它们是唯一的)使用泰勒级数的二阶展开式，我们得到

$$\ln h(\boldsymbol{\theta})=\ln h(\boldsymbol{m}_0)-\frac{1}{2}(\boldsymbol{\theta}-\boldsymbol{m}_0)^{\mathrm{T}}\boldsymbol{H}_0(\boldsymbol{\theta}-\boldsymbol{m}_0)+R_0$$

$$\ln f(x\mid\boldsymbol{\theta})=\ln f(x\mid\hat{\boldsymbol{\theta}}_n)-\frac{1}{2}(\boldsymbol{\theta}-\hat{\boldsymbol{\theta}}_n)^{\mathrm{T}}\boldsymbol{H}(\hat{\boldsymbol{\theta}}_n)(\boldsymbol{\theta}-\hat{\boldsymbol{\theta}}_n)+R_n \tag{8.1}$$

其中 $\boldsymbol{m}_0$ 是先验众数，$\hat{\boldsymbol{\theta}}_n$ 是给定数据 x 条件下 $\boldsymbol{\theta}$ 的最大似然估计，

$$\boldsymbol{H}_0=-\frac{\partial^2\ln h(\boldsymbol{\theta})}{\partial\theta_i\partial\theta_j}\bigg|_{\boldsymbol{\theta}=\boldsymbol{m}_0},\quad \boldsymbol{H}(\hat{\boldsymbol{\theta}}_n)=-\frac{\partial^2\ln f(x\mid\boldsymbol{\theta})}{\partial\theta_i\partial\theta_j}\bigg|_{\boldsymbol{\theta}=\hat{\boldsymbol{\theta}}_n}$$

R_0、R_n 是相应级数展开的余项。根据特定的正则性条件，保证对于较大的 n 余项较小[参见如(Bernardo 和 Smith, 2000)]，我们得到

$$\begin{aligned}&h(\boldsymbol{\theta}\mid x)\propto\exp\left\{-\frac{1}{2}(\boldsymbol{\theta}-\boldsymbol{m}_n)^{\mathrm{T}}\boldsymbol{H}_n(\boldsymbol{\theta}-\boldsymbol{m}_n)\right\}\\&\boldsymbol{H}_n=\boldsymbol{H}_0+\boldsymbol{H}(\hat{\boldsymbol{\theta}}_n)\\&\boldsymbol{m}_n=\boldsymbol{H}_n^{-1}(\boldsymbol{H}_0\boldsymbol{m}_0+\boldsymbol{H}(\hat{\boldsymbol{\theta}}_n)\hat{\boldsymbol{\theta}}_n)\end{aligned} \tag{8.2}$$

这个展开式表明，当样本量足够大且服从正则性条件时，后验分布可以用一个多元正态分布 $N_k(\boldsymbol{m}_n,\hat{\boldsymbol{\Sigma}}_n)$(均值为 $\boldsymbol{m}_n$，协方差矩阵为 $\hat{\boldsymbol{\Sigma}}_n=\boldsymbol{H}_n^{-1}$)近似。

当样本量增大时，先验精度 $\boldsymbol{H}_0$ 完全由 $\boldsymbol{H}(\hat{\boldsymbol{\theta}}_n)$ 主导，而后者是由数据产生的，即 $\boldsymbol{H}_n\approx\boldsymbol{H}(\hat{\boldsymbol{\theta}}_n)$。因此也有 $\boldsymbol{m}_n\approx\hat{\boldsymbol{\theta}}_n$，我们可以使用它并通过一个多元正态分布来近
151 似后验分布，这个正态分布是在最大似然估计处中心化了的，其协方差矩阵为 $\hat{\boldsymbol{\Sigma}}=[\boldsymbol{H}(\hat{\boldsymbol{\theta}}_n)]^{-1}$，即观测信息矩阵的逆。㊀

式(8.1)中的两个展开式(围绕各自的众数)有助于我们注意到与观测信息矩阵的渐近匹配。另一种选择是，我们可以考虑对数后验 $\ln h(\boldsymbol{\theta}\mid x)$ 围绕其众数 $\boldsymbol{m}_n$(即围绕其后验众数)的展开。于是，假设有 $\boldsymbol{\theta}$ 的一个后验分布序列 $\{h_n(\boldsymbol{\theta}\mid x), n=1,$

㊀ 由于观测信息矩阵 $\boldsymbol{H}(\hat{\boldsymbol{\theta}}_n)$ 收敛到费希尔信息矩阵，我们也可以定义一个近似，其协方差矩阵为费希尔信息矩阵的逆。

$2,\cdots\}$、$L_n(\boldsymbol{\theta}\mid x)=\ln h_n(\boldsymbol{\theta}\mid x)$及$\boldsymbol{m}_n$，使得

$$L_n'(\boldsymbol{m}_n)=\partial L_n(\boldsymbol{\theta}\mid x)/\partial\boldsymbol{\theta}\mid_{\boldsymbol{\theta}=\boldsymbol{m}_n}=0$$

和

$$\boldsymbol{\Sigma}_n=(-L_n''(\boldsymbol{m}_n))^{-1}$$

其中$[L_n''(\boldsymbol{m}_n)]_{ij}=\left(\dfrac{\partial^2 L_n(\boldsymbol{\theta}\mid x)}{\partial\theta_i\partial\theta_j}\right)\Big|_{\boldsymbol{\theta}=\boldsymbol{m}_n}$。Bernardo 和 Smith(2000：第 5 章)证明了，在$h_n(\boldsymbol{\theta}\mid x)$上的某些条件下以及对足够大的$n$，可以用一个多元正态分布$N(\boldsymbol{m}_n,\boldsymbol{\Sigma}_n)$来近似后验分布。

这种方法的优点是，实际上所有的后验汇总都可以基于高斯路线计算。然而，对每个应用，当需要验证这个多元正态后验近似的充分性时，一个主要的问题出现了。

例 8.1　假设X服从一个二项分布，参数为n(已知)和θ，并且假设θ服从一个参数为(a_0,b_0)的贝塔先验。我们知道θ的后验也服从一个参数为(a_n,b_n)的贝塔分布，其中$a_n=a_0+x$，$b_n=b_0+n-x$。因此，

$$h_n(\theta\mid x)\propto\theta^{a_n-1}(1-\theta)^{b_n-1},\quad 0\leqslant\theta\leqslant1$$

当然，如果我们希望在θ或θ的任意函数上做推断，例如，对数几率函数，即$\rho=\ln\left(\dfrac{\theta}{1-\theta}\right)$，则不需要诉诸复杂的计算方法，因为精确解是现成的。但是，本例对于说明前面的方法是很有用的。

我们发现$\ln h_n(\theta\mid x)\propto(a_n-1)\ln\theta+(b_n-1)\ln(1-\theta)$，因此

$$L_n'(\theta)=\frac{(a_n-1)}{\theta}-\frac{(b_n-1)}{(1-\theta)},\quad L_n''(\theta)=-\frac{(a_n-1)}{\theta^2}-\frac{(b_n-1)}{(1-\theta)^2}\tag{8.3}$$ 152

和

$$m_n=\frac{(a_n-1)}{a_n+b_n-2},\quad -\{L_n''(m_n)\}^{-1}=\frac{(a_n-1)(b_n-1)}{(a_n+b_n-2)^3}\tag{8.4}$$

容易验证正则性条件是满足的，因此对大的n，用一个参数为$\sigma_n^2=-\{L_n''(m_n)\}^{-1}$的正态分布$N(m_n,\sigma_n^2)$可以很好地近似后验分布。

对于均匀先验$(a_0=b_0=1)$的情况，我们有

$$m_n=\frac{x}{n},\quad \sigma_n^2=\frac{x/n(1-x/n)}{n}$$

也就是说，在给定 $X=x$ 的条件下，θ 的后验分布可用一个正态分布 $N(x/n,(x/n)(1-x/n)n)$ 近似。注意这一结果与另一结果的对偶性，即给定 θ 条件下得到的 X/n 的渐近分布(通过中心极限定理得到)。实际上，我们知道对于 $X\sim Bi(n,\theta)$ 和大的 n，给定 θ 条件下 X/n 的分布可以用一个正态分布 $N(\theta,\theta(1-\theta)n)$ 很好地近似。

如果想要得到对数几率 ρ 上的近似推断，我们可以采用几种方法。从验证 ρ 的精确分布可通过一个简单变换得到开始。实际上，注意

$$h_n(\rho\mid x)\propto \mathrm{e}^{a_n\rho}(1+\mathrm{e}^{\rho})^{-(a_n+b_n)},\quad \rho\in\mathbb{R} \tag{8.5}$$

从式(8.5)计算出的 ρ 的后验均值为 $\psi(a_n)-\psi(b_n)$，其中 $\psi(x)$ 函数为 $\Gamma^2(x)$ 的对数的导数[⊖]。我们发现

$$\ln h_n(\rho\mid x)\propto a_n\rho-(a_n+b_n)\ln(1+\mathrm{e}^{\rho})$$

$$L_n'(\rho)=a_n-(a_n+b_n)\frac{\mathrm{e}^{\rho}}{(1+\mathrm{e}^{\rho})},\quad L_n'(\rho)=-(a_n+b_n)\frac{\mathrm{e}^{\rho}}{(1+\mathrm{e}^{\rho})^2} \tag{8.6}$$

且因此有

$$m_n=\ln\frac{a_n}{b_n}\quad 以及\quad -\{L_n''(m_n)\}^{-1}=\frac{1}{a_n}+\frac{1}{b_n} \tag{8.7}$$

总之，ρ 的后验分布可用一个正态分布 $N(\ln(a_n/b_n),1/a_n+1/b_n)$ 来近似。对于模糊先验($a_0=b_0=0$)的情况，我们得到

$$m_n=\ln\frac{\hat{\theta}}{1-\hat{\theta}},\quad \sigma_n^2=\frac{1}{n\hat{\theta}(1-\hat{\theta})},\quad 其中\ \hat{\theta}=x/n$$

153 也就是说，给定 $X=x$ 条件下 ρ 的后验分布可用一个正态分布 $N(m_n,\sigma_n^2)$ 近似。再次注意此结果与另一个结果即给定 θ 条件下通过中心极限定理得到的 $\ln\left(\frac{X/n}{1-X/n}\right)$ 的渐近分布的对偶性。实际上，我们知道对 $X\sim Bi(n,\theta)$，对大的 n 及给定 θ 条件下，$\ln\left(\frac{X/n}{1-X/n}\right)$ 的分布可用一个正态分布 $N\left(\ln\left(\frac{\theta}{1-\theta}\right),\frac{1}{n\theta(1-\theta)}\right)$ 很好地近似。 ■

8.1.2　经典拉普拉斯方法

Tierney 和 Kadane(1986)提出了一种解析方法计算如下形式的表达式：

⊖ 参见 Gradshteyn 和 Ryzhik(2007)关于此函数的积分表示和级数展开。

$$E[g(\boldsymbol{\theta}) \mid x] = \int g(\boldsymbol{\theta}) h(\boldsymbol{\theta} \mid x) \mathrm{d}\boldsymbol{\theta} \tag{8.8}$$

使用拉普拉斯方法近似积分。这种方法本质上包含如下假设：ψ 是 k 维参数 $\boldsymbol{\theta}$ 的一个正则函数，且 $-\psi$ 在 $\hat{\boldsymbol{\theta}}$ 处取最小值。拉普拉斯方法通过 ψ 在 $\hat{\boldsymbol{\theta}}$ 周围的一个级数展开来近似形式为

$$I = \int f(\boldsymbol{\theta}) \exp(-n\psi(\boldsymbol{\theta})) \mathrm{d}\theta \tag{8.9}$$

的积分。一般而言，最多二阶展开就足够了。这就是下面论证中所采用的。

- 考虑 $k=1$ 的情况。

在 $\hat{\theta}$ 周围对 $\psi(\theta)$ 进行二阶展开，并代入 $\exp(-n\psi(\theta))$ 中，我们得到

$$\exp(-n\psi(\theta)) \approx \exp\left(-n\psi(\hat{\theta}) - \frac{n(\theta-\hat{\theta})^2}{2}\psi''(\hat{\theta})\right)$$

其中利用了 $\psi'(\hat{\theta})=0$。

注意，指数函数正比于一个均值为 $\hat{\theta}$、方差为 $(n\psi''(\hat{\theta}))^{-1}$ 的正态分布的密度函数，因此

$$\int_{\infty}^{+\infty} \exp\left(-\frac{n\psi''(\hat{\theta})}{2}(\theta-\hat{\theta})^2\right) \mathrm{d}\theta = (2\pi(n\psi''(\hat{\theta}))^{-1})^{\frac{1}{2}}$$

因此，式(8.9)中的积分 I 可用

$$I \approx \hat{I}\{1+O(n^{-1})\} \tag{8.10}$$

近似，其中 154

$$\hat{I} = \sqrt{2\pi}\, n^{-\frac{1}{2}} \hat{\sigma} f(\hat{\theta}) \exp(-n\psi(\hat{\theta}))$$

而 $\hat{\sigma} = [\psi''(\hat{\theta})]^{-1/2}$。

- 对 k 维情况，采用类似方法可得到如下形式的 $\hat{I}$：

$$\hat{I} = (2\pi)^{\frac{k}{2}} n^{-\frac{k}{2}} \det(\hat{\boldsymbol{\Sigma}})^{\frac{1}{2}} f(\hat{\boldsymbol{\theta}}) \exp(-n\psi(\hat{\boldsymbol{\theta}})) .$$

其中 $\hat{\boldsymbol{\Sigma}}^{-1} = \nabla^2\psi(\hat{\boldsymbol{\theta}})$ 是关于 $\hat{\boldsymbol{\theta}}$ 的 ψ 的黑塞矩阵。

当然，使用 f 和 ψ 的高阶展开可得到更好的近似，例如：

$$\int f(\boldsymbol{\theta}) \mathrm{e}^{-n\psi(\boldsymbol{\theta})} \mathrm{d}\boldsymbol{\theta} = \sqrt{2\pi}\, \sigma \mathrm{e}^{-n\hat{\psi}} \left\{ \hat{f} + \frac{1}{2n}\left[\sigma^2 \hat{f}'' - \sigma^4 \hat{f}' \hat{\psi}''' + \frac{5}{12} \hat{f} (\hat{\psi}''')^2 \sigma^6 - \frac{1}{4} \hat{f} \hat{\psi}^{(4)} \sigma^4 \right] \right\} + O(n^{-2}) \tag{8.11}$$

其中 $\hat{f}$、$\hat{\psi}$ 等是关于 $\hat{\boldsymbol{\theta}}$ 的相应函数，如前所述，$\hat{\boldsymbol{\theta}}$ 是 $-\psi(\boldsymbol{\theta})$ 取极大值时的 θ 值，且有 $\sigma^2=[\psi''(\hat{\boldsymbol{\theta}})]^{-1}$。

于是假定我们想要计算参数的某个函数 $g(\boldsymbol{\theta})$ 的后验期望值。由式(8.8)我们看出 $E[g(\boldsymbol{\theta})\mid x]$ 可由两个积分之比得到，即

$$E[g(\boldsymbol{\theta})\mid x]=\frac{\int g(\boldsymbol{\theta})f(x\mid\boldsymbol{\theta})h(\boldsymbol{\theta})\mathrm{d}\boldsymbol{\theta}}{\int f(x\mid\boldsymbol{\theta})h(\boldsymbol{\theta})\mathrm{d}\boldsymbol{\theta}} \tag{8.12}$$

其基本思想是对分子和分母上的积分分别应用拉普拉斯近似，并考虑两个近似的比。Tierney 和 Kadane(1986)得到了下面两个 $E[g(\boldsymbol{\theta})\mid x]$ 的近似。

- 在分子和分母中对 $\exp(-n\psi(\theta))=f(x\mid\theta)h(\theta)$ 运用拉普拉斯近似，在式(8.12)中的分子中取 $f(\theta)=g(\theta)$，在分母中取 $f(\theta)=1$，我们得到

$$E[g(\theta)\mid x]=g(\hat{\theta})[1+O(n^{-1})] \tag{8.13}$$

注意这对应于通过众数 $g(\hat{\theta})$ 近似 $E[g(\theta)\mid x]$，其中 $\hat{\theta}$ 是后验众数，因为 $\hat{\theta}$ 定义为
155 $-\psi(\theta)$ 取最大值的点。

- 假定 $g(\theta)$ 几乎处处为正，简单起见，假定 θ 是一个实值参数，我们得到

$$E[g(\theta)\mid x]=(\sigma^\star/\hat{\sigma})\exp\{-n[\psi^\star(\theta^\star)-\psi(\hat{\theta})]\}(1+O(n^{-2}))$$

为得到这个近似，考虑

$$E[g(\theta)\mid x]=\frac{\int\exp\{-n\psi^\star(\theta)\}\mathrm{d}\theta}{\int\exp\{-n\psi(\theta)\}\mathrm{d}\theta} \tag{8.14}$$

其中

$$\begin{aligned}-n\psi(\theta)&=\ln h(\theta)+\ln f(x\mid\theta),\\ -n\psi^\star(\theta)&=\ln g(\theta)+\ln h(\theta)+\ln f(x\mid\theta)\end{aligned} \tag{8.15}$$

定义 $\hat{\theta}$，$\theta^\star$ 和 $\hat{\sigma}$，$\sigma^\star$ 使得

$$\begin{aligned}-\psi(\hat{\theta})&=\sup_\theta\{-\psi(\theta)\},\quad \hat{\sigma}=[\psi''(\theta)]^{-1/2}\big|_{\theta=\hat{\theta}},\\ -\psi^\star(\theta^\star)&=\sup_\theta\{-\psi^\star(\theta)\},\quad \sigma^\star=[\psi^{\star\prime\prime}(\theta)]^{-1/2}\big|_{\theta=\theta^\star}\end{aligned} \tag{8.16}$$

假定 $\psi(\cdot)$、$\psi^\star(\cdot)$ 是充分正则函数，则式(8.14)中分子和分母积分的拉普拉斯近似分别为(两者都使用 $f(\theta)=1$)

$$\sqrt{2\pi}\sigma^\star n^{-1/2}\exp\{-n\psi^\star(\theta^\star)\}\quad\text{and}\quad\sqrt{2\pi}\hat{\sigma}n^{-1/2}\exp\{-n\psi(\hat{\theta})\}$$

由此我们得到 $E[g(\theta)\mid x]$ 的如下近似

$$E[g(\theta)\mid x]\approx(\sigma^{\star}/\hat{\sigma})\exp\{-n[\psi^{\star}(\theta^{\star})-\psi(\hat{\theta})]\} \tag{8.17}$$

两个积分的近似误差是 n^{-1} 阶的。但是，这两个误差的相关项是相同的，因此在比中相互抵消了。因此，最终近似结果的相对误差是 n^{-2} 阶的。

为了得到前面的近似结果，我们施加了一个相当严格的条件，即 g 几乎处处为正。在更一般的问题中，我们可以用不同的方法来近似实值函数 g。Tierney 等(1989)建议从近似 $g(\theta)$ 的矩生成函数($E[\exp\{sg(\theta)\}]$)开始，使用正函数的拉普拉斯近似，然后由此求出矩生成函数的对数在 $s=0$ 处的导数，作为 $g(\theta)$ 的期望值的一个近似。此近似的误差是 $O(n^{-2})$ 阶的。 156

Tierney 等(1989)提出的另一种方法是重写式(8.12)中的积分，使得用恰当的 f_N，f_D，ψ_N 和 ψ_D 可将期望 $E[g(\theta)]$ 写为[㊀]

$$E[g(\theta)\mid x]=\frac{\int f_N(\theta)\exp\{-n\psi_N(\theta)\}\mathrm{d}\theta}{\int f_D(\theta)\exp\{-n\psi_D(\theta)\}\mathrm{d}\theta} \tag{8.18}$$

然后对两个积分都使用拉普拉斯近似式(8.11)。

例 8.2　我们回到第一个例子，如果希望估计 $g(\theta)=\rho=\ln\dfrac{\theta}{1-\theta}$，我们可以使用拉普拉斯近似。由于 $g(\theta)$ 可以取负值，我们或者使用对应于通过众数均值估计的第一种近似方法，得到

$$E(\rho\mid x)=\ln\frac{a_n-1}{b_n-1}$$

或者使用 Tierney 等(1989)提出的一种替代方法。

使用式(8.18)中的方法，其中 $\psi_N=\psi_D=\psi$，即 $-n\psi=\ln h(\theta)+\ln f(x\mid\theta)$；$f_N(\theta)=g(\theta)$；$f_D(\theta)=1$，我们得到

$$E(\rho\mid x)=\ln\frac{a_n-1}{b_n-1}+\frac{1}{2n}\frac{(a_n-b_n)}{(a_n-1)(b_n-1)}$$
$$-\frac{1}{n^2}\frac{(a_n-1)(b_n-1)}{(a_n+b_n-2)}[(a_n-1)^2-(b_n-1)^2] \tag{8.19}$$

㊀ 例如，如果我们使用 $\psi_N=\psi_D$，$f_N(\theta)=g(\theta)$，$f_D(\theta)=1$，则式(8.18)将只会归约为式(8.13)。更多细节参见 Tierney 等(1989)或 Robert(1994)。

对特定的 a_n 和 b_n 的值，将这一结果与精确值进行比较。

Tanner(1996)建议基于变换

$$\lambda=\frac{1}{2}\ln\frac{b_n\theta}{a_n(1-\theta)}$$

得到 ρ 的均值的一个近似。容易看出 λ 的分布是具有概率密度函数

$$h(\lambda)\propto\frac{\mathrm{e}^{2a_n\lambda}}{(2b_n+2a_n\mathrm{e}^{2\lambda})^{(a_n+b_n)}}$$

的费希尔 z 分布，其近似均值为

157

$$\frac{1}{2}\ln\left[\frac{1-(2a_n)^{-1}}{1-(2b_n)^{-1}}\right]$$

因此我们得到 ρ 的近似后验均值，

$$\ln\frac{a_n-0.5}{b_n-0.5}$$

这比前一个近似结果更精确。 ■

这些思想可以很容易地推广到多参数情形，可立即应用于计算边缘后验分布、后验矩和预测密度。

假定 $\boldsymbol{\theta}\in\Theta=\mathbb{R}^k$，我们希望求 θ_1 的边缘后验分布。将参数向量划分为 $\boldsymbol{\theta}=(\theta_1,\boldsymbol{\theta}_{-(1)})$，其中 $\boldsymbol{\theta}_{-(1)}=(\theta_2,\theta_3,\cdots,\theta_k)\in\Theta_{-(1)}$。$\theta_1$ 的边缘后验分布可写为两个积分的比：

$$h_1(\theta_1\mid x)=\int_{\Theta-(1)}h(\theta_1,\boldsymbol{\theta}_{-(1)}\mid x)\mathrm{d}\boldsymbol{\theta}_{-(1)} \tag{8.20}$$

$$=\frac{\int_{\Theta-(1)}h(\theta_1,\boldsymbol{\theta}_{-(1)})f(x\mid\theta_1,\boldsymbol{\theta}_{-(1)})\mathrm{d}\boldsymbol{\theta}_{-(1)}}{\int_{\Theta}h(\boldsymbol{\theta})f(x\mid\boldsymbol{\theta})\mathrm{d}\boldsymbol{\theta}} \tag{8.21}$$

对式(8.21)中的分子和分母积分应用拉普拉斯近似，我们得到近似

$$h_1(\theta_1\mid x)\approx\left(\frac{\det(\hat{\boldsymbol{\Sigma}}^*(\theta_1))}{2\pi n\det(\hat{\boldsymbol{\Sigma}})}\right)^{1/2}\frac{h(\theta_1,\hat{\boldsymbol{\theta}}_{-(1)})f(x\mid\theta_1,\hat{\boldsymbol{\theta}}_{-(1)})}{h(\hat{\boldsymbol{\theta}})f(x\mid\hat{\boldsymbol{\theta}})} \tag{8.22}$$

其中 $\hat{\boldsymbol{\theta}}$ 最大化了 $h(\boldsymbol{\theta})f(x\mid\boldsymbol{\theta})$，$\hat{\boldsymbol{\Sigma}}$ 为对应的关于 $\hat{\boldsymbol{\theta}}$ 计算的黑塞矩阵的负逆，$\hat{\boldsymbol{\theta}}_{-(1)}$ 对固定的 θ_1 最大化了 $h(\theta_1,\boldsymbol{\theta}_{-(1)})f(x\mid\theta_1,\boldsymbol{\theta}_{-(1)})$，而 $\hat{\boldsymbol{\Sigma}}^*(\theta_1)$ 为对应的关于 $\hat{\boldsymbol{\theta}}_{-(1)}$ 计算的黑塞矩阵的负逆。

在 8.3 节中我们将看到此结果是如何在 Rue 及其合作者提出的 INLA 方法中变得有用的。

使用类似方法，我们可以进一步证明当 $\boldsymbol{\theta} \in \mathbb{R}^k$ 且有如下条件时式(8.17)仍然有效：

$$\hat{\sigma} = |\nabla^2 \psi(\hat{\boldsymbol{\theta}})|^{-1/2} \quad \text{和} \quad \sigma^\star = |\nabla^2 \psi^\star(\boldsymbol{\theta}^\star)|^{-1/2}$$

其中

$$[\nabla^2 \psi(\boldsymbol{\theta})]_{ij} = \frac{\partial^2 \psi(\boldsymbol{\theta})}{\partial\theta_i \partial\theta_j} \quad \text{和} \quad [\nabla^2 \psi^\star(\boldsymbol{\theta})]_{ij} = \frac{\partial^2 \psi^\star(\boldsymbol{\theta})}{\partial\theta_i \partial\theta_j}$$

关于此方法的更多讨论，参见 Paulino 等(2018)一书中引用的文献。尽管这种方法是一种强有力的技术，但也存在一些局限性。在多元情形下其应用会变得困难且不切实际，特别是当被积函数是多峰的或导数难以得到时。在很多问题中，即使是中等维数的参数向量，考虑通过重参数化以获得更好的近似也是很方便的。 158

8.2　潜高斯模型

潜高斯模型(Latent Gaussian Model, LGM)可以用一个三层的层次结构来表示。第一层是顶层抽样模型，

$$\boldsymbol{x} \mid \boldsymbol{\theta}, \boldsymbol{\psi} \sim f(\boldsymbol{x} \mid \boldsymbol{\theta}, \boldsymbol{\psi}) = \prod_{i=1}^{n} f(x_i \mid \boldsymbol{\theta}, \boldsymbol{\psi}) \tag{8.23}$$

第二层假定参数向量 $\boldsymbol{\theta}$ 服从一个关于无向图 $\mathcal{G}=(\mathcal{V}=\{1,2,\cdots,n\},\mathcal{E})$ 的高斯马尔可夫随机场(GMRF)(Rue 和 Held, 2005)，即

$$\begin{gathered} \boldsymbol{\theta} \mid \boldsymbol{\psi} \sim N(\boldsymbol{0}, \boldsymbol{\Sigma}(\boldsymbol{\psi})) \\ \theta_l \perp \theta_m \mid \boldsymbol{\theta}_{-(lm)}, \quad \forall \{l, m\} \notin \mathcal{E} \end{gathered} \tag{8.24}$$

其中 $\boldsymbol{\theta}_{-(lm)}$ 为向量 $\boldsymbol{\theta}$ 去掉了分量 θ_l 和 θ_m，意味着 θ_l 和 θ_m 是条件独立的，如果它们之间没有边的话。第三层指定了未知超参数 $\boldsymbol{\psi}$ 的一个先验分布 $h(\boldsymbol{\psi})$，$\boldsymbol{\psi}$ 包括了 $\boldsymbol{\theta}$ 的协方差矩阵中及抽样模型(8.23)中的超参数。

许多问题允许将超参数向量 $\boldsymbol{\psi}$ 划分为 $\boldsymbol{\psi}=(\boldsymbol{\psi}_1, \boldsymbol{\psi}_2)$，使得 LGM 可以表述为

$$\begin{aligned} &\boldsymbol{x} \mid \boldsymbol{\theta}, \boldsymbol{\psi} \sim f(\boldsymbol{x} \mid \boldsymbol{\theta}, \boldsymbol{\psi}) = \prod_{i=1}^{n} f(x_i \mid \theta_i, \psi_2) && x \text{ 的抽样模型} \\ &\boldsymbol{\theta} \mid \boldsymbol{\psi} \sim N(\boldsymbol{0}, \boldsymbol{\Sigma}(\psi_1)) && \theta \text{ 的 GMRF 先验} \\ &\boldsymbol{\psi} \sim h(\boldsymbol{\psi}) && \text{超先验} \end{aligned}$$

抽样模型中的符号 θ_i 表明 x_i 仅依赖于潜在场的一个或少数几个分量，如 θ_i。$\boldsymbol{\theta}$ 的大多数分量未观察到。$\boldsymbol{\psi}_1$ 是协方差矩阵的超参数向量，而 $\boldsymbol{\psi}_2$ 是分散参数。在这种模型中，向量 $\boldsymbol{\theta}$ 可能是非常高维的，与之形成对照，$\boldsymbol{\psi}$ 通常是低维(1~5)的。

例 8.3 在一项纵向研究中，将 n 个患有相同疾病的患者分配到两种不同的治疗
159 方法中，治疗后记录下三个不同时间的临床评价。该研究的目的是评估两组的疾病发展是否不同，这是否依赖于年龄、治疗前的患病持续时间或其他时间依赖的协变量，协变量在疾病的临床评估中也在同样的三个时间被记录了三次。

一个有重复测量的回归问题的贝叶斯分析很容易实现为一个 LGM。令 X_{jk} 表示患者 $j(=1,\cdots,n)$ 在时刻 $k(=1,2,3)$ 的临床评价。令 $z_j=(z_{1,j},z_{2,j},z_{3,j})$ 表示患者 j 相应的治疗方法、年龄和患病持续时间的协变量向量，令 z_{jk} 表示时间依赖的协变量。

对 X_{jk} 我们假定下面模型：

- $X_{jk}\sim N(\mu_{jk},\sigma^2)$，条件独立于参数；
- $\mu_{jk}=\beta_0+\beta_1 z_{1,j}+\beta_2 z_{2,j}+\beta_3 z_{3,j}+\beta_4 z_{jk}+a_j+b_{jk}$；
- $a_j\overset{\text{iid}}{\sim}N(0,\sigma_a^2)$，$b_{jk}\overset{\text{iid}}{\sim}N(0,\sigma_b^2)$，其中 $a=(a_j,j=1,2,\cdots,n)$ 和 $b=(b_{jk},j=1,2,\cdots,n,k=1,2,3)$ 分别是病人水平上的随机效应和病人的重复测量水平上的随机效应(参见 9.2.1 节中关于 b_{jk} 的内容)。引入随机效应是为了诱导由数据的纵向性质引起的依赖；
- $\boldsymbol{\beta}=(\beta_1,\beta_2,\beta_3,\beta_4)$，$\beta_0,\beta_i(i=1,2,\cdots,4)\overset{\text{iid}}{\sim}N(0,\sigma_{\boldsymbol{\beta}}^2)$；
- 令 $\tau=1/\sigma^2$，$\tau_a=1/\sigma_a^2$，$\tau_b=1/\sigma_b^2$ 和 $\tau_\beta=1/\sigma_\beta^2$ 表示精度。我们假定对 $x=a,b,\boldsymbol{\beta}$，$\tau\sim Ga(c,d)$ 且 $\tau_x\sim Ga(c_x,d_x)$。

此模型可以写为一个三层的层次模型。令 $N(x\mid m,s^2)$ 表示随机变量 X 的一个 $N(m,s^2)$ 密度。

1. $X\mid z,\ \boldsymbol{\theta},\ \boldsymbol{\psi}\ \sim f(x\mid z,\boldsymbol{\theta},\boldsymbol{\psi})=\prod_{j,\ k}N(x_{jk}\mid\mu_{jk},\ 1/\psi_2)$；
2. $\boldsymbol{\theta}=(\beta_0,\boldsymbol{\beta},a,b)$，其中 $\boldsymbol{\theta}\sim N(0,\boldsymbol{\Sigma}(\psi_1))$，即 $\boldsymbol{\theta}\mid\psi\sim GMRF(\psi_1)$；
3. $\boldsymbol{\psi}=(\boldsymbol{\psi}_1,\psi_2)$，其中 $\boldsymbol{\psi}_1=(\tau_\beta,\tau_a,\tau_b)$，假定参数是先验独立的且 $\psi_2=\tau$。■

注意，固定效应参数的先验独立假设不是必需的。GMRF 的一个有吸引力的特性[参见 Rue 和 Held(2005)]是精度矩阵 $\boldsymbol{Q}=\boldsymbol{\Sigma}^{-1}$ 是稀疏的。实际上，我们可以证明

$$\theta_l\perp\theta_m\mid\boldsymbol{\theta}_{-(lm)}\Leftrightarrow\boldsymbol{Q}_{lm}=0$$

其中 Q_{lm} 是精度矩阵 $\boldsymbol{Q}$ 的第 lm 个元素。当使用为稀疏矩阵专门设计的数值计算方法时，此方法具有计算上的优势。

表述 LGM 的另一种方法，也是 INLA 方法的核心，是基于将模型识别为具有加 160
性结构的回归模型的特殊情况(Fahrmeir 和 Tutz，2001)。在这种模型中，假定因变量(X_i)具有一个均值为 μ_i 的指数族分布，它经由一个链接函数 $g(\mu_i)=\eta_i$ 链接到一个具有加性结构的预测器 η_i(见下文)，且抽样模型还可以由超参数 ψ_2 控制。预测器的一般形式为

$$\eta_i=\beta_0+\sum_{j=1}^{n_\beta}\beta_j z_{ji}+\sum_{k=1}^{n_f}w_{ki}f^{(k)}(u_{ki})+\epsilon_i \tag{8.25}$$

其中 β_0 是截距，$\boldsymbol{\beta}=(\beta_1,\beta_2,\cdots,\beta_{n_\beta})$ 是协变量 Z 的线性系数向量，协变量 u 的函数 $(f^{(1)},f^{(2)},\cdots,f^{(n_f)})$ 可以表示连续协变量的非线性效应、季节效应和各种性质的随机效应。这些函数可以有相关的权重($\{w_{ki}\}$)，对每个观测值是固定且已知的。公式中的 ϵ_i 表示没有特定结构的随机效应。

于是，通过对 $\boldsymbol{\theta}=\{\beta_0,\{\beta_j\},\{f^{(k)}(u_{ki})\},\{\eta_i\}\}$ 假设一个多元正态先验，其精度矩阵为 $\boldsymbol{Q}(\psi_1)$，即一个 GMRF，可得到潜高斯模型。$\boldsymbol{\theta}$ 的这种参数化，包括 η_i，是很有用的，因为它允许我们将每个观测值与随机场的一个分量链接起来。

通过模型超参数(ψ_1,ψ_2)的最终超先验的设定，潜高斯模型的定义就完成了。

8.3　积分嵌套拉普拉斯近似

在 LGMP 中，我们感兴趣的后验分布是

$$\begin{aligned}h(\boldsymbol{\theta},\boldsymbol{\psi}\mid\boldsymbol{x})&\propto h(\boldsymbol{\theta}\mid\boldsymbol{\psi})h(\boldsymbol{\psi})\prod_i f(x_i\mid\theta_i,\boldsymbol{\psi})\\&\propto h(\boldsymbol{\psi})\mid\boldsymbol{Q}(\boldsymbol{\psi})\mid^{n/2}\exp\left(-\frac{1}{2}\boldsymbol{\theta}^{\mathrm{T}}\boldsymbol{Q}(\boldsymbol{\psi})\boldsymbol{\theta}+\sum_i\ln(f(x_i\mid\theta_i,\boldsymbol{\psi}))\right)\end{aligned}$$

INLA 的主要目的是得到高斯模型中潜参数和超参数的边缘后验分布的解析表达式。

边缘分布可写为

$$h(\theta_i\mid\boldsymbol{x})=\int h(\theta_i,\boldsymbol{\psi}\mid\boldsymbol{x})\mathrm{d}\boldsymbol{\psi}=\int h(\boldsymbol{\psi}\mid\boldsymbol{x})h(\theta_i\mid\boldsymbol{\psi},\boldsymbol{x})\mathrm{d}\boldsymbol{\psi}$$

$$h(\psi_k\mid\boldsymbol{x})=\int h(\boldsymbol{\psi}\mid\boldsymbol{x})\mathrm{d}\boldsymbol{\psi}_{-(k)}$$ 161

其中 $\boldsymbol{\psi}_{-(k)}$ 表示向量 $\boldsymbol{\psi}$ 去掉分量 ψ_k。计算这些分布要求首先通过估计 $h(\boldsymbol{\psi}\mid\boldsymbol{x})$ 和

$h(\theta_i \mid \boldsymbol{\psi},\boldsymbol{x})$来得到

$$\tilde{h}(\theta_i \mid \boldsymbol{x}) = \int \tilde{h}(\boldsymbol{\psi} \mid \boldsymbol{x})\, \tilde{h}(\theta_i \mid \boldsymbol{\psi},\boldsymbol{x})\,\mathrm{d}\boldsymbol{\psi} \tag{8.26}$$

$$\tilde{h}(\psi_k \mid \boldsymbol{x}) = \int \tilde{h}(\boldsymbol{\psi} \mid \boldsymbol{x})\,\mathrm{d}\boldsymbol{\psi}_{-(k)} \tag{8.27}$$

其中 $\tilde{h}(\cdot \mid \cdot)$是相应密度函数的一个近似。于是式(8.26)和(8.27)中边缘后验分布的估计可经过三个步骤实现：近似$h(\theta_i \mid \boldsymbol{\psi},\boldsymbol{x})$；近似$h(\boldsymbol{\psi} \mid \boldsymbol{x})$；最终进行数值积分。名称 INLA 正是来自这些步骤。注意

$$h(\boldsymbol{\psi} \mid \boldsymbol{x}) = \frac{h(\boldsymbol{\theta},\boldsymbol{\psi} \mid \boldsymbol{x})}{h(\boldsymbol{\theta} \mid \boldsymbol{\psi},\boldsymbol{x})} \propto \frac{h(\boldsymbol{\psi})h(\boldsymbol{\theta} \mid \boldsymbol{\psi})f(\boldsymbol{x} \mid \boldsymbol{\theta},\boldsymbol{\psi})}{h(\boldsymbol{\theta} \mid \boldsymbol{\psi},\boldsymbol{x})}$$

如果 $\tilde{h}(\boldsymbol{\theta} \mid \boldsymbol{\psi},\boldsymbol{x})$是众数为$\hat{\boldsymbol{\theta}}(\boldsymbol{\psi})$的$h(\boldsymbol{\theta} \mid \boldsymbol{\psi},\boldsymbol{x})$的高斯估计，则我们可得到$h(\boldsymbol{\psi} \mid x)$的近似如下：

$$\tilde{h}(\boldsymbol{\psi} \mid \boldsymbol{x}) \propto \frac{h(\boldsymbol{\psi})h(\boldsymbol{\theta} \mid \boldsymbol{\psi})f(\boldsymbol{x} \mid \boldsymbol{\theta},\boldsymbol{\psi})}{\tilde{h}(\boldsymbol{\theta} \mid \boldsymbol{\psi},\boldsymbol{x})}\bigg|_{\boldsymbol{\theta}=\tilde{\boldsymbol{\theta}}(\boldsymbol{\psi})}$$

这就是 Tierney 和 Kadane(1986)提出的边缘后验分布近似的拉普拉斯方法(类似式(8.22)中的方法)。至于近似 $\tilde{h}(\boldsymbol{\theta} \mid \boldsymbol{\psi},\boldsymbol{x})$，使用

$$h(\boldsymbol{\theta} \mid \boldsymbol{\psi},\boldsymbol{x}) \propto \exp\left\{-\frac{1}{2}\boldsymbol{\theta}^{\mathrm{T}}\boldsymbol{Q}\boldsymbol{\theta} - \sum_i \ln(f(x_i \mid \theta_i,\boldsymbol{\psi}))\right\}$$

我们可以得到$h(\boldsymbol{\theta} \mid \boldsymbol{\psi},\boldsymbol{x})$的一个正态近似，这是通过一个迭代过程实现的，考虑围绕在均值向量$\boldsymbol{\mu}^{(0)}(\boldsymbol{\psi})$的初值的第 i 个分量$\mu_i^{(0)}(\boldsymbol{\psi})$周围的$\ln(f(x_i \mid \theta_i,\boldsymbol{\psi})) = g_i(\theta_i \mid \boldsymbol{\psi})$的二阶泰勒级数展开。细节参见 Rue 等(2009)。

至于式(8.26)中的$h(\theta_i \mid \boldsymbol{\psi},\boldsymbol{x})$的近似，有几种可能的方法：

1. 直接使用$h(\boldsymbol{\theta} \mid \boldsymbol{\psi},\boldsymbol{x})$的一个正态近似和精度矩阵$\boldsymbol{Q}(\psi_1)$的乔列斯基(Cholesky)分解(即$\boldsymbol{Q}(\psi_1)=\boldsymbol{L}(\psi_1)\boldsymbol{L}^{\mathrm{T}}(\psi_1)$，其中$L(\psi_1)$是一个下三角矩阵)来得到边缘方差。这样，唯一的额外工作就是计算边缘方差。但是，$h(\theta_i \mid \boldsymbol{\psi},\boldsymbol{x})$的这种正态近似
162 通常不是很好。

2. 令$\boldsymbol{\theta}_{-i}$表示$\boldsymbol{\theta}$去掉θ_i，则有

$$h(\theta_i \mid \boldsymbol{\psi},\boldsymbol{x}) = \frac{h(\theta_i,\boldsymbol{\theta}_{-i} \mid \boldsymbol{\psi},\boldsymbol{x})}{h(\boldsymbol{\theta}_{-i} \mid \theta_i,\boldsymbol{\psi},\boldsymbol{x})} \propto \frac{h(\boldsymbol{\psi})h(\boldsymbol{\theta} \mid \boldsymbol{\psi})f(\boldsymbol{x} \mid \boldsymbol{\theta},\boldsymbol{\psi})}{h(\boldsymbol{\theta}_{-i} \mid \theta_i,\boldsymbol{\psi},\boldsymbol{x})}$$

使用$h(\boldsymbol{\theta}_{-i} \mid \theta_i,\boldsymbol{\psi},\boldsymbol{x})$的一个正态近似，则可得到$h(\theta_i \mid \boldsymbol{\psi},\boldsymbol{x})$的一个估计

$$\widetilde{h}(\theta_i \mid \boldsymbol{\psi}, \boldsymbol{x}) \propto \left.\frac{h(\boldsymbol{\psi})h(\boldsymbol{\theta} \mid \boldsymbol{\psi})f(\boldsymbol{x} \mid \boldsymbol{\theta}, \boldsymbol{\psi})}{\widetilde{h}(\theta_{-i} \mid \theta_i, \boldsymbol{\psi}, \boldsymbol{x})}\right|_{\boldsymbol{\theta}_{-i}=\widehat{\boldsymbol{\theta}_{-i}}(\theta_i, \boldsymbol{\psi})} \tag{8.28}$$

其中 $\hat{\boldsymbol{\theta}}_{-i}(\theta_i, \boldsymbol{\psi})$ 是 $\widetilde{h}(\boldsymbol{\theta}_{-i} \mid \theta_i, \boldsymbol{\psi}, \boldsymbol{x})$ 的众数。这种方法比前一种方法给出了更好的近似，但复杂的是，它需要对每个 $\boldsymbol{\theta}$ 和 $\boldsymbol{\psi}$ 重新计算，因为精度矩阵依赖于 θ_i 和 $\boldsymbol{\psi}$。

3. 为了克服这一问题，Rue 等(2009)提出了几种改进的替代拉普拉斯方法，他们称之为完全拉普拉斯近似和简化拉普拉斯近似。

在完全方法中，我们避免了优化，取而代之使用基于一个正态近似 $\widetilde{h}(\boldsymbol{\theta} \mid \boldsymbol{\psi}, \boldsymbol{x})$ 的条件均值 $E(\boldsymbol{\theta}_{-i} \mid \theta_i)$ 的众数。除此之外，只使用“接近的” θ_j，根据直觉，只有这些会影响 θ_i 的边缘后验分布。如果 $|a_{ij}(\boldsymbol{\psi})|>0.001$，则认为 θ_j 接近 θ_i，从而构建了围绕 θ_i 的我们感兴趣的区域，其中 a_{ij} 定义为

$$\frac{E(\theta_j \mid \theta_i)-\mu_j(\boldsymbol{\psi})}{\sigma_j(\boldsymbol{\psi})} = a_{ij}(\boldsymbol{\psi})\frac{\theta_i-\mu_i(\boldsymbol{\psi})}{\sigma_i(\boldsymbol{\psi})}$$

其中 μ_i，σ_i，μ_j，σ_j 基于高斯近似 $\widetilde{h}(\boldsymbol{\theta} \mid \boldsymbol{\psi}, \boldsymbol{x})$。

最后，简化方法基于式(8.28)中对数分子和分母的三阶泰勒级数展开，再次将 $\boldsymbol{\theta}_{-i}$ 替换为条件期望(而非众数)。在分子中，三阶项允许纠正不对称的近似。此方法的细节解释见 Rue 等(2009)。

当然，在这些方法实现中的计算细节并不简单。Rue 等(2009)和 Blangiardo 等(2013)对其中的一些细节进行了详细描述。这种方法的高效实现可以在公开软件包 R-INLA 中找到(参见 www.r-inla.org)。 163

8.4　变分贝叶斯推断

8.4.1　后验近似

变分贝叶斯推断(VB)(Jordan 等，1999)是通过近似联合后验分布 $h(\boldsymbol{\theta} \mid x)$ 在一个预定义的分布族 $\mathcal{D}$(变分族)内实现后验近似的。

使用最广泛的变分族 $\mathcal{D}$ 是独立分布族 $\mathcal{D}=\{q: q(\boldsymbol{\theta})=\prod_j q_j(\theta_j)\}$，称为平均场变分族。在这里，独立性是指 $\boldsymbol{\theta}=(\theta_1, \theta_2, \cdots, \theta_p)$ 的元素或子向量之间。我们将简要介绍 VB 方法，特别是平均场 VB。最近更广泛的综述见例如 Blei 等(2017)。

在一个变分族 $\mathcal{D}$ 中选择最佳近似的标准是库尔贝克-莱布勒(Kullback-Leibler,

KL)散度。即

$$q^* = \arg\min_{q \in \mathcal{D}} KL\{q(\boldsymbol{\theta}) \parallel h(\boldsymbol{\theta} \mid x)\} \tag{8.29}$$

回忆一下，KL 散度定义为 $KL(q(\boldsymbol{\theta}) \parallel h(\boldsymbol{\theta} \mid y)) = E_q \ln\{q(\boldsymbol{\theta})/h(\boldsymbol{\theta} \mid y)\}$，其中期望是关于 $q(\boldsymbol{\theta})$ 的。使用贝叶斯定理替换 $h(\boldsymbol{\theta} \mid x)$ 并注意 $E_q p(x) = p(x)$，我们得到

$$\begin{aligned} KL\{q(\boldsymbol{\theta}) \parallel h(\boldsymbol{\theta} \mid x)\} &= E_q\{\ln(q(\boldsymbol{\theta}))\} - E_q\{\ln[f(x \mid \boldsymbol{\theta})h(\boldsymbol{\theta})]\} + \ln p(x) \\ &= E_q\{\ln[q(\boldsymbol{\theta})/h(\boldsymbol{\theta})]\} - E_q\{\ln[f(x \mid \boldsymbol{\theta})]\} + \ln p(x) \end{aligned} \tag{8.30}$$

所有期望都是关于 $q(\boldsymbol{\theta})$ 的。因此，式(8.29)等价于最大化

$$q^* = \arg\max_q \underbrace{\{E_q[\ln f(x \mid \boldsymbol{\theta})] - KL(q(\boldsymbol{\theta}) \parallel h(\boldsymbol{\theta}))\}}_{\text{ELBO}} \tag{8.31}$$

此标准被称为证据下限(Evidence Lower Bound，ELBO)。这是因为式(8.30)可以表述为

$$\begin{aligned} KL\{q(\boldsymbol{\theta}) \parallel h(\boldsymbol{\theta} \mid x)\} &= KL\{q(\boldsymbol{\theta}) \parallel h(\boldsymbol{\theta})\} - E_q[\ln f(x \mid \boldsymbol{\theta})] + E_q[\ln p(x)] \\ &= \ln p(x) - \text{ELBO} \geqslant 0 \end{aligned}$$

因此 $\ln p(x) \geqslant \text{ELBO}$[“证据”是边缘分布 $p(x)$ 的另一个名字]。式(8.31)还揭示了
164 VB 的本质，它是另一种平衡(对数)似然最大化和向先验收缩的形式。

8.4.2 坐标上升算法

寻找 q^* 的一种简单算法是一种迭代条件最大化方法，称为坐标上升变分推断(Coordinate Ascent Variational Inference，CAVI)。由假设，$q \in \mathcal{D}$ 分解为 $q(\boldsymbol{\theta}) = \prod_{j=1}^{p} q_j(\theta_j)$。CAVI 定义为 q_j 的迭代优化，保持所有其他 $q_k(k \neq j)$ 在它们当前的推测选择上。算法重复循环 $j=1,2,\cdots,p$，直至整个循环过程中 q^* 保持不变。作为一种贪心优化方法，该算法只给出一个局部最优值。最重要的是，在每个步骤中对 q_j 的优化是很容易的。令 $h(\theta_j \mid \boldsymbol{\theta}_{-j}, x)$ 表示在给定剩余参数的情况下，θ_j 的完全条件后验分布，令 $E_{-j}(\cdot)$ 表示 $\boldsymbol{\theta}_{-j}$ 关于 $q_{-j}(\boldsymbol{\theta}_{-j}) = \prod_{k \neq j} q_k(\theta_k)$ 的期望，即关于 $q_k(k \neq j)$ 的当前解的期望。于是，在 CAVI 的每个步骤中 q_j 的最优选择为

$$q_j^*(\theta_j) \propto \exp\{E_{-j} \ln h(\theta_j \mid \boldsymbol{\theta}_{-j}, x)\} \tag{8.32}$$

Blei 等(2017)对这一结果给出了一个优雅且简单的方法。优化是关于式(8.29)中的 $KL\{q(\boldsymbol{\theta}) \parallel h(\boldsymbol{\theta} \mid y)\}$ 进行的。利用 $h(\boldsymbol{\theta} \mid x) = h(\theta_j \mid \boldsymbol{\theta}_{-j}, x) h(\theta_j \mid x)$ 和假设的 $q(\boldsymbol{\theta})$ 的分解，我们有

$$E\{\ln h(\boldsymbol{\theta} \mid x)\} = E_j\{E_{-j}\ln h(\theta_j \mid \boldsymbol{\theta}_{-j}, x)\} + E_{-j}\ln h(\boldsymbol{\theta}_{-j} \mid x)$$

丢弃不依赖于 q_j 的项，剩下的就是关于

$$\text{ELBO}(q_j) \equiv E_j\{E_{-j}\ln h(\theta_j \mid \boldsymbol{\theta}_{-j}, x)\} - E_j \ln q_j(\theta_j)$$

优化 q_j。这里，E_{-j} 的定义如前，而且 E_j 是关于 q_j 的期望。注意，对式(8.32)中的 q_j^*，$\text{ELBO}(q_j) = -KL\{q_j(\theta_j) \parallel q_j^*(\theta_j)\}$。这样，当 $q_j = q_j^*$ 时此式最大化。这就是全部。综上所述，算法如算法 5 所示。

算法 5　坐标上升算法(CAVI)

输入： 后验分布 $h(\theta \mid x)$；变分族 $\mathcal{D} = \{q : q(\boldsymbol{\theta}) = \prod_j q_j(\theta_j)\}$；初始解 $q^* \in \mathcal{D}$

输出： 变分近似 $q^*(\theta) = \prod q_j^*(\theta_j)$

1：**repeat**
2：　　**for** $j = 1$ *to* p **do**
3：　　　　$q_j^* \propto \exp\{E_{-j}\ln h(\theta_j \mid \theta_{-j}, x)\}$
4：　　**end for**
5：**until** no change

165

当 $h(\theta_j \mid \boldsymbol{\theta}_{-j}, x)$ 是一个指数族模型时，优化变得特别容易。在此情况下，

$$h(\theta_j \mid \boldsymbol{\theta}_{-j}, x) \propto a(\theta_j)\exp(\eta_j' t(\theta_j)) \tag{8.33}$$

其中 $\eta_j = \eta_j(\boldsymbol{\theta}_{-j}, x)$ 是 $(\boldsymbol{\theta}_{-j}, x)$ 的某个函数。如果我们使用一个变分族 $\mathcal{D}$，且 q_j 属于与式(8.33)相同的指数族，则算法中第 3 行可极大简化。首先，取期望 E_{-j} 只需要 $E_{-j}[\eta_j(\boldsymbol{\theta}_{-j}, x)]$。其次，最重要的是，记录 q_j^* 时我们只需记录更新的超参数 η_j。由于(无约束的)解 q^* 属于 $\mathcal{D}$，使用假定的族 $\mathcal{D}$ 构不成限制。

这种情况在条件共轭模型中非常常见，包括特定的具有条件共轭模型选择的层次模型。最好通过一个例子对这种简化加以说明。我们基于 Gelfand 等(1990)的一个示例概述了其步骤，该示例也在 OpenBUGS 手册中以 `rats` 示例出现，参见 www.openbugs.net/w/Examples。

例 8.4　Gelfand 等(1990)讨论了这个层次正态分布或正态分布模型的例子。数据是 $n = 30$ 只年轻大鼠的体重，每周测量一次，测量了 $J = 5$ 周。数据在 Gelfand 等(1990)中的表 3 中给出。令 y_{ij} 表示大鼠 i 在第 j 周记录的体重。令 x_j 表示测量时间，

以天为单位。我们假设一个正态抽样模型，

$$y_{ij} \mid \alpha_i, \beta_i, \sigma_y \sim N(\mu_{ij}, \tau_y) \quad \text{其中} \quad \mu_{ij} = \mu + \alpha_i + \beta_i x_j$$

模型具有动物特异性生长曲线参数的正态先验

$$\alpha_i \sim N(\mu_\alpha, \tau_\alpha) \quad \text{和} \quad \beta_i \sim N(\mu_\beta, \tau_\beta)$$

其中，正态分布的第二个参数是精度（使用来自 WinBUGS 的参数化）。加上下面的超先验，模型就完全了。

$$\tau_y \sim Ga(\gamma_y, \delta_y), \tau_\alpha \sim Ga(\gamma_\alpha, \delta_\alpha), \tau_\beta \sim Ga(\gamma_\beta, \delta_\beta) \quad \text{和} \quad p(\mu_\alpha) = p(\mu_\beta) = c$$

其中超参数 $\gamma_y, \delta_y, \gamma_\alpha, \delta_\alpha, \gamma_\beta, \delta_\beta$ 是固定的，且假定超先验中的参数都是独立的。

令 $\boldsymbol{\omega} = (\mu_\alpha, \mu_\beta, \tau_y, \tau_\alpha, \tau_\beta, \alpha_i, \beta_i, i = 1, 2, \cdots, n)$ 表示完全参数向量，令 $\boldsymbol{\theta}_i = (\alpha_i, \beta_i)$ 表示动物特异性随机效应。用一个稍微有点儿滥用的符号，令 $N(\boldsymbol{x} \mid \boldsymbol{m}, \boldsymbol{P})$ 表示随机变量 x 的一个多元正态分布，其均值为 $\boldsymbol{m}$、精度矩阵为 $\boldsymbol{P}$，与 $Ga(x \mid c, d)$ 类似（注意，用精度矩阵而非协方差矩阵作为正态分布中的第二个参数）。我们使用一个具有
166 形式为

$$q(\omega) = \prod_i N(\boldsymbol{\theta}_i \mid m_i, P_i) \prod_{x=\gamma,\alpha,\beta} Ga(\tau_x \mid c_x, d_x) \prod_{x=\alpha,\beta} N(\mu_x \mid m_x, P_x)$$

的变分分布的变分族 $\mathcal{D}$。当我们完成式(8.32)的更新时，这个选择的基本原理将会很快显现出来。如前所述，令 E_{-x} 表示分布 q 下关于除 x 外的所有参数的期望（这里的符号 x 是任意参数的占位符）。令 $h(\omega \mid y)$ 表示联合后验分布，令 $h(x \mid \omega_{-x}, y)$ 表示参数 x 的完全条件后验。作为参考，我们关注联合后验。令 $y_i = (y_{ij}, j = 1, 2, \cdots, J)$ 表示对动物 i 的重复测量值。令 $\boldsymbol{X}$ 表示一个动物的线性回归的 $J \times 2$ 设计矩阵，令 $\boldsymbol{H} = \boldsymbol{X}\boldsymbol{X}'$，并令 $\hat{\boldsymbol{\theta}}_i$ 表示 $\boldsymbol{\theta}_i$ 的最小二乘拟合。同时，令 $\boldsymbol{T} = \text{diag}(\tau_\alpha, \tau_\beta)$、$\boldsymbol{\mu} = (\mu_\alpha, \mu_\beta)$，并令 $N = nJ$ 表示样本总数。则我们有

$$\begin{aligned} h(\omega \mid y) &\propto \prod_{x=\gamma,\alpha,\beta} Ga(\tau_x \mid \gamma_x, \delta_x) \prod_i N(y_i \mid \boldsymbol{X}\boldsymbol{\theta}_i, \tau_y \boldsymbol{I}) N(\boldsymbol{\theta}_i \mid \boldsymbol{\mu}, \boldsymbol{T}) \\ &= \prod_{x=\gamma,\alpha,\beta} Ga(\tau_x \mid \gamma_x, \delta_x) \tau_y^{\frac{N}{2}-n} \prod_i N(\hat{\boldsymbol{\theta}}_i \mid \boldsymbol{\theta}_i, \tau_y \boldsymbol{H}) N(\boldsymbol{\theta}_i \mid \boldsymbol{\mu}, \boldsymbol{T}) \end{aligned}$$

其中 $h(\mu_\alpha) = h(\mu_\beta) = c$ 包含在比例常数中。遵循式(8.32)，我们发现以下更新方程，首先为每个参数推导出完全条件后验 $h(x \mid \omega_{-x}, y)$，然后计算 $E_{-x} \ln h(x \mid \omega_{-x}, y)$，其中 x 仍旧是任意参数的占位符，E_{-x} 是变分分布 q 下关于 ω_{-x} 的期望。对于后一个期望，记住 q 下的独立性，将大大简化计算。我们从 $q(\boldsymbol{\theta}_i)$ 的更新开始。下面我们将

$\omega_{-\boldsymbol{\theta}_i}$ 简写为 ω_{-i}，E_{-i} 类似。注意 $h(\boldsymbol{\theta}_i \mid \omega_{-i}, y) = N(\overline{\boldsymbol{\theta}}_i, \overline{\boldsymbol{V}})$，且

$$\overline{\boldsymbol{V}} = \boldsymbol{T} + \tau_y \boldsymbol{H}, \quad \overline{\boldsymbol{\theta}}_i = \overline{\boldsymbol{V}}^{-1}(\boldsymbol{T\mu} + \tau_y \boldsymbol{H}\hat{\boldsymbol{\theta}}_i)$$

因此，$\ln h(\boldsymbol{\theta}_i \mid \omega_{-i}, y) = c - \frac{1}{2}\boldsymbol{\theta}_i'\overline{\boldsymbol{V}}\boldsymbol{\theta}_i + \boldsymbol{\theta}_i'\overline{\boldsymbol{V}}\,\overline{\boldsymbol{\theta}}_i$。令 $\overline{\tau}_x = c_x / d_x (x = \alpha, \beta, y)$、$\overline{\boldsymbol{T}} = \mathrm{diag}(\overline{\tau}_\alpha, \overline{\tau}_\beta)$ 及 $\overline{\boldsymbol{\mu}} = (m_\alpha, m_\beta)$ 表示分布 q_{-i} 下的期望。并令 $\boldsymbol{P}_i = E_{-i}\overline{\boldsymbol{V}} = \overline{\boldsymbol{T}} + \boldsymbol{H}\overline{\tau}_i$。则

$$\begin{aligned} E_{-i}\ln h(\boldsymbol{\theta}_i \mid \omega_{-i}, y) &= c - \frac{1}{2}\boldsymbol{\theta}_i'\boldsymbol{P}_i\boldsymbol{\theta}_i + \boldsymbol{\theta}_{i-i}'\{\boldsymbol{T\mu} + \tau_y \boldsymbol{H}\hat{\boldsymbol{\theta}}_i\} \\ &= c - \frac{1}{2}\boldsymbol{\theta}_i'\boldsymbol{P}_i\boldsymbol{\theta}_i + \boldsymbol{\theta}_i'\boldsymbol{P}_i^{-1}(\overline{\boldsymbol{T}}\,\overline{\boldsymbol{\mu}} + \overline{\tau}_y \boldsymbol{H}\hat{\boldsymbol{\theta}}_i) \end{aligned} \tag{8.34}$$

因此由式(8.32)，$q^*(\boldsymbol{\theta}_i) = N(\boldsymbol{m}_i, \boldsymbol{P}_i)$，其中 $\boldsymbol{m}_i = \boldsymbol{P}_i^{-1}(\overline{\boldsymbol{T}}\,\overline{\boldsymbol{\mu}} + \overline{\tau}_y \boldsymbol{H}\hat{\boldsymbol{\theta}}_i)$，$\boldsymbol{P}_i$ 如上。 167

类似化简可应用于 $q(\tau_y)$，$q(\tau_\alpha)$，$q(\tau_\beta)$，$q(\mu_\alpha)$ 和 $q(\mu_\beta)$ 的更新。在所有的情况下，已证明在分布 q_{-x} 下的期望等价于式(8.34)很容易求。这不是巧合。由于完全条件分布是指数族，$\ln h(x \mid \omega_{-x}, y)$ 总是归约为 $t(x)\eta_x(\omega_{-x})$ 类型的表达式，而计算 $\eta_x(\cdot)$ 的期望通常很容易，因为 q_{-x} 包含了所有其他参数之间的独立性。 ■

在习题 8.6 中，我们考虑一个有限混合。最近的几篇论文，包括 Blei 和 Jordan (2006) 以及 Lin(2013)，将混合模型的 VB 推广到正态模型的无限混合，他们还引入了适应大数据的序贯方案。

8.4.3　自动微分变分推断

实现算法 5 需要仔细考虑目标分布以及根据问题特异性恰当选择变分族 $\mathcal{D}$。另外，Kucukelbir 等(2017)开发了一种适用于自动化的变分推断的实现。该算法的两个关键点是使用一个变换将所有原始参数映射到实数，以及使用平均场独立正态变分族 $\mathcal{D}$，现在只通过 p 个独立一元正态分布的正态位置和尺度参数来索引，$\eta = (\mu_1, \mu_2, \cdots, \mu_p, \sigma_1, \sigma_2, \cdots, \sigma_p)$。另一个映射变换为多元标准正态分布，使得计算 ELBO 中出现的期望成为可能，并使用带有自动微分的梯度上升来进行优化。

这个算法在一个名为 Stan 的公开程序中实现，该程序使用哈密顿蒙特卡罗函数实现后验 MCMC。参见 9.4 节对 Stan 的简要介绍以及习题 9.6 中在 STAN 中使用变分推断的一个例子。

习题

8.1　**正态近似**。在一个特定的遗传模型下，一个特定物种的动物应该分别以概率 $p_1 = (2+\theta)/4$、

$p_2=(1-\theta)/4$、$p_3=(1-\theta)/4$ 和 $p_4=\theta/4$ 呈现四种特定表现型。令 $y_1,y_2,y_3,\cdots,y_4$ 表示每种表现
168 型的动物数目，且 $N=y_1+y_2+y_3+\cdots+y_4$。假设在 θ 上进行多项抽样且有一个 $Be(a,b)$ 先验，则后验密度 $h(\theta\mid y)$ 有如下形式

$$h(\theta\mid y)\propto(2+\theta)^{y_1}(1-\theta)^{y_2+y_3+b-1}\theta^{y_4+a-1},\quad 0\leqslant\theta\leqslant 1$$

即

$$L(\theta\mid y)\equiv\ln h(\theta\mid y)=C+y_1\ln(2+\theta)+(y_2+y_3+b-1)\ln(1-\theta)+(y_4+a-1)\ln(\theta)$$

$$L'(\theta)=\frac{y_1}{2+\theta}-\frac{y_2+y_3+b-1}{1-\theta}+\frac{y_4+a-1}{\theta}$$

$$-L''(\theta)=\frac{y_1}{(2+\theta)^2}+\frac{y_2+y_3+b-1}{(1-\theta)^2}+\frac{y_4+a-1}{\theta^2}$$

其中 C 是对数归一化常数。使用数据集 $N=197$，$y=(125,18,20,34)$ 和 $N=20$，$y=(14,0,1,5)$，回答问题(a)~(d)。

a. 求(截断)正态近似 $N(m,V)$，$0\leqslant\theta\leqslant 1$，通过求解 $H'=0$ 来确定 m 并使用 $V=-H''(m)$。令 $p_1(\theta)$ 表示概率密度函数。令 m_1 和 V_1 表示截断正态近似下的后验均值和方差(使用仿真来求截断正态分布的矩——注意，由于是截断，因此 $m_1\neq m$)。

b. 作为一种替代近似，求一个贝塔分布 $Be(a,b)$，通过匹配均值和方差来实现(如(a)中那样得到)。令 $p_2(\theta)$ 表示贝塔分布的概率密度函数。令 m_2(由构造 $m_2=m$)和 $V_2=V$ 表示贝塔近似下的后验矩。

c. 现在使用 p_1 和 p_2 作为重要性抽样密度进行重要性抽样，以计算后验均值和方差。令(m_3,V_3)和(m_4,V_4)表示近似后验矩，分别使用重要性抽样密度 p_1 和 p_2。

d. 将 p_2 作为重要性抽样密度，进行重要性抽样，以求出 $h(\theta\mid y)$ 的归一化常数。然后使用网格 $0\leqslant\theta\leqslant 1$ 上的数值积分(例如，采用黎曼和或使用梯形规则)来计算后验均值和方差。令(m_0,V_0)表示估计值。

制作一个表格来比较(m_j,V_j)，$j=0,1,\cdots,4$。

8.2 LGM。参考习题 8.3。确定 LGM 的三个层次，即描述概率模型 $f(x_i\mid\theta_i,\psi_2)$、$p(\boldsymbol{\theta}\mid\boldsymbol{\psi})$ 和 $h(\boldsymbol{\psi})$。

8.3 LGM(Rue 等，2009)。考虑一个每日英镑-美元汇率随机波动模型，用抽样模型

$$y_t\mid\eta_t\sim N(0,\exp(\eta_t))$$

$t=1,2,\cdots,n_d$，对数方差 $\eta_t=\mu+f_t$，先验为

$$f_t\mid f_1,f_2,\cdots,f_{t-1},\phi\sim N(\phi f_{t-1},1/\tau)$$

及超先验 169

$$\tau \sim Ga(1,0.1),\quad \mu \sim N(0,1),\quad \phi = 2\frac{e^{\phi'}}{1+e^{\phi'}}-1,\quad 其中\quad \phi' \sim N(3,1)$$

证明如何将模型表述为一个 LGM。确定 LGM 的三个层次，即表述概率模型$f(x_i \mid \theta_i,\psi_2)$、$p(\boldsymbol{\theta} \mid \boldsymbol{\psi})$和$h(\boldsymbol{\psi})$。

8.4 (Rue 等，2009)。令$y_i \in \{0,1\}$表示宫颈癌前恶性($y_i=1$)与恶性($y_i=0$)发病率的指示，$i=1,2,\cdots,n_d$。令$d_i \in \{1,2,\cdots,216\}$和$a_i \in \{1,2,\cdots,15\}$索引第 i 个病例的地理区域和年龄组。Rue 和 Held(2005)对$p_i \equiv P(y_i=1)$使用了一个 logistic 二元回归

$$\mathrm{logit}(p_i)=\eta_i=\mu+f^a_{a_i}+f^s_{d_i}+f^u_{d_i}$$

其中$f^a=(f^a_1,f^a_2,\cdots,f^a_A)$($A=15$)是年龄组的一个平滑效应，$f^s=(f^s_1,f^s_2,\cdots,f^s_S)$($S=216$)是地理区域效应的一个平滑空间场，$f^u=(f^u_1,f^u_2,\cdots,f^u_S)$是地区特异性随机效应。对$f^a$，我们假定一个精度为 κ_a 的二阶随机游走模型

$$f^a \mid \kappa_a \propto (\kappa_a)^{(15-2)/2} e^{-\frac{\kappa_a}{2}\sum_{j=3}^{15}(f^a_j-2f^a_{j-1}+f^a_{j-2})^2}$$

对f^s，我们假定一个条件自回归模型$f^s \sim \mathrm{CAR}(0,\kappa_s,\boldsymbol{G})$，其中 $\boldsymbol{G}$ 是一个 $S\times S$ 的二元邻接矩阵，如果地区 s 是地区 t 的邻居则 $G_{st}=1$。在一些约束条件下，CAR 模型意味着$f^s \mid \kappa_s \sim N(0,\boldsymbol{\Sigma}(\kappa_s,\boldsymbol{G}))$的一个多元正态先验。这就是这个问题所需要的全部。随机效应 f^u_d 是独立的$N(0,1/\kappa_u)$。加上 κ_a，κ_s，κ_u 以及$\mu \sim N(0,0.01)$(这里正态分布的第二个参数是一个精度，与 INLA 中使用的参数化匹配)的独立先验 $Ga(1,0.01)$，模型就完全了。

证明如何将模型表述一个 LGM。确定 $\boldsymbol{\theta}$、$\boldsymbol{\psi}$ 以及 LGM 的三个层次。也就是说，表述概率模型$f(x_i \mid \theta_i,\psi_2)$、$p(\boldsymbol{\theta} \mid \boldsymbol{\psi})$和$h(\boldsymbol{\psi})$。

8.5 **变分贝叶斯**。对 8.4.2 节中的例 8.4，求 $q(\tau_y)$，$q(\tau_\alpha)$，$q(\tau_\beta)$，$q(\mu_\alpha)$和 $q(\mu_\beta)$的更新公式。

8.6 **变分贝叶斯：混合模型**。考虑一个 $\boldsymbol{\theta}=(\boldsymbol{\pi},\boldsymbol{\mu},\sigma^2)$的混合正态模型$f(x \mid \theta) = \sum_{k=1}^{K}\pi_k N(x \mid \mu_k,\sigma^2)$，其中$\boldsymbol{\mu}=(\mu_1,\mu_2,\cdots,\mu_K)$，$\boldsymbol{\pi}=(\pi_1,\pi_2,\cdots,\pi_K)$。令 $\gamma=1/\sigma^2$。我们用条件共轭先验 $h(\mu_k)=N(0,\tau)$，$h(\gamma)=Ga(a,b)$和 $\pi \sim D_{K-1}(\alpha,\cdots,\alpha)$(其中 τ，a，b，α 是固定超参数且先验是独立的)使模型变完全。

a. 对 μ_k，π_k 和 γ 求完全条件后验 $h(\theta_j \mid \boldsymbol{\theta}_{-j},x)$。

b. 现在固定 $\sigma^2=1$ 和 $\boldsymbol{\pi}=(1/K,\cdots,1/K)$。考虑平均场变分族 $\mathcal{D}$，其中 $q(\mu_k)=N(m_k,s_k)$，$q(c_i=k)=\phi_{ik}$，推导 CAVI 的一步迭代，即求(m_k,s_k)和 ϕ_{kj} 的更新公式。 170

提示：参见 Blei 等(2017)中的讨论。

c. 现在在参数向量中包含 $\boldsymbol{\gamma}$ 和 $\boldsymbol{\pi}$。通过定义 $q(\gamma)=Ga(c,d)$ 和 $q(\boldsymbol{\pi})=D(e_1,\cdots,e_K)$。求 c，d 和 e 的更新公式。

8.7 在 R 中，加载 `MASS` 包，它提供了数据集 `galaxies`。缩放数据为 `x=c(scale(galaxies))`。假定一个 $K=5$ 的混合正态模型，$f(x_i \mid \boldsymbol{\theta}) = \sum_{k=1}^{K} \pi_k N(\mu_k,\sigma^2)$，其中 $\boldsymbol{\theta}=(\boldsymbol{\mu},\boldsymbol{\pi},\sigma^2)$。如上一习题用先验，并用 $\tau=a=b=c=d=e=1$ 使模型完全。使用变分推断生成一个近似蒙特卡罗后验样本 $\Theta=\{\boldsymbol{\theta}^m, m=1,2,\cdots,M\}$，其中 $\boldsymbol{\theta}^m \sim h(\boldsymbol{\theta} \mid x)$。

a. 每次迭代，计算 ELBO。绘制 ELBO 随迭代变化的图。

b. 使用 Θ 近似后验预测分布

$$\hat{f}(x) = \frac{1}{M}\sum_{m}\sum_{k}\pi_k^m N(\mu_k,(\sigma^m)^2)$$

171 绘制数据和 $\hat{f}$。为 $\hat{f}(x)$ 添加逐点中中 50%可信边界。

第9章 软 件

使用像前章中所讨论的那些计算方法，可以实现将贝叶斯数据分析应用于各种科学领域产生的问题。这方面的发展得到了许多研究人员的无私支持，他们使贝叶斯分析方法的软件可供科学界免费使用。R 软件中包括的各种各样的软件包，或者有的只是函数，可以用于贝叶斯推断。有兴趣的读者请查阅网页 http://cran. r-project. org/web/views/Bayesian. html。例如，你可以在那里找到 bayesSurv 包，它是专门为生存模型中的贝叶斯推理而构建的。除了这些 R 软件包和下面讨论的四个软件包，还有其他几个用于贝叶斯推断的公开程序，包括 NIMBLE[(de Valpine 等，2017)；(Rickert，2018)]、bayesm(Rossi 等，2015)和乔治·卡拉巴措斯(George Karabatsos)开发的贝叶斯回归软件(Karabatsos，2015)。Rickert(2018)在 NIMBLE 中包含了习题 4.4 和习题 6.5 的推断的一个实现。

在本章中，我们选择了四个通用的公开软件包进行介绍，它们实现了基于随机模拟的方法。虽然四个软件包都独立于 R，但它们都可以通过 R 中的接口来使用。这四个软件包是 OpenBUGS(Thomas 等，2006)、JAGS(Plummer 等，2003)、Stan(Carpenter 等，2017)和 BayesX[(Brezger 等，2005)；(Belitz 等，2013)]。本章将概述每个软件的主要特征，并用同一个例子对此进行说明。我们也展示了如何用软件包 CODA 和 BOA 监控和诊断链的收敛性，这两个包都是 R 中的。最后，我们展示了如何使用 R-INLA 分析相同的实例(www. r-inla. org)。

有几本书介绍了这些软件包的使用，包括 Ntzoufras(2009)、Kruschke(2011，2014)、Korner-Nievergelt 等(2015)以及 Blangiardo 和 Cameletti(2015)。所有软件包都有大量的文档。 172

9.1 应用实例

在本节中，我们介绍一个常见的例子，并用不同的方法对其进行分析。

例 9.1 在一项纵向研究中，将 n 个患有相同疾病的患者分为两组，采取不同的治疗方法。治疗后在三个不同的时间点进行临床评价。这项研究的目的是研究两组患者的疾病进展是否不同，以及这是否取决于患者的年龄和治疗前的患病时间。另外，在相同的三个时间点还测量另一个纵向协变量，作为疾病进展的临床评估。

在 LGM 的背景下可以考虑重复测量的贝叶斯回归推断。实际上，X_{jk} 是表示患者 $j(j=1,2,\cdots,n)$ 在时刻 $k(k=1,2,3)$ 的临床评估的随机变量。用 $z_j=(z_{1,j},z_{2,j},z_{3,j})$ 表示患者 j 的协变量向量，包括治疗方法、年龄和治疗前患病时间，并令 z_{jk} 表示时间依赖的协变量。

对 X_{jk} 假设下面模型：

1. $X_{jk}\sim N(\mu_{jk},\sigma^2)$，给定参数下条件独立。

2. $\mu_{jk}=\beta_0+\beta_1 z_{1,j}+\beta_2 z_{2,j}+\beta_3 z_{3,j}+\beta_4 z_{jk}+a_j+b_{jk}$。

3. $a_j \overset{\text{iid}}{\sim} N(0,\sigma_a^2),b_{jk} \overset{\text{iid}}{\sim} N(0,\sigma_b^2)$ 分别表示患者水平上的随机效应和嵌套在患者内的重复观测值（参见 9.2.1 节包括 b_{jk} 的部分），其中 $a=(a_j,j=1,2,\cdots,n)$，$b=(b_{jk},j=1,2,\cdots,n,k=1,2,3)$。引入随机效应是为了表示由数据的纵向性质产生的依赖结构。

4. $\boldsymbol{\beta}=(\beta_1,\beta_2,\beta_3,\beta_4)$，$\beta_0$，$\beta_i(i=1,2,3,4) \overset{\text{iid}}{\sim} N(0,\sigma_{\boldsymbol{\beta}}^2)$。

5. $\tau=(\sigma^2)^{-1}\sim Ga(c,d)$，$\tau_a=(\sigma_a^2)^{-1}\sim Ga(c_a,d_a)$，
   $\tau_b=(\sigma_b^2)^{-1}\sim Ga(c_b,d_b)$，$\tau_{\boldsymbol{\beta}}=(\sigma_{\boldsymbol{\beta}}^2)^{-1}\sim Ga(c_{\boldsymbol{\beta}},d_{\boldsymbol{\beta}})$。

9.2 BUGS 项目：WinBUGS 和 OpenBUGS

1989 年，安德鲁·托马斯与剑桥医学研究委员会生物统计部门签订了一份合同，
173 启动了 BUGS（使用吉布斯抽样的贝叶斯推理）项目。该项目源于 Spiegelhalter（1986）、Lauritzen 和 Spiegelhalter（1988）关于图模型及其在人工智能中应用的研究，也源于认识到了这些结构在形成贝叶斯模型中的重要性。有趣的是，同一时期 Gelfand 和 Smith（1990）在诺丁汉独立开展了类似的开创性工作，尽管是从一个相当不同的角度完成的。

BUGS 的原型是 1991 年在第四届瓦伦西亚会议上首次公开展示的。根据 Lunn 等（2009），真正推动其发展的是在 1993 年 INSERM MCMC 方法研讨会之后，随后在剑

桥举行了一个关于 BUGS 使用的研讨会，这推动了吉尔克斯(Gilks)、理查森和斯皮格尔霍尔特于 1996 年出版了 *MCMC in practice* 一书。在该软件的第一个版本中，仅使用吉布斯抽样器，且仅用于具有对数凹完全条件后验分布的模型。1996 年初，该项目转移到伦敦帝国理工学院，迈出了一大步，开发了 WinBUGS 版本，允许交互式诊断和推断。梅特罗波利斯-黑斯廷斯方法的引入使得对数凹性的限制得以消除。

然后通过引入切片抽样器和 WinBUGS 的 Jump 接口，实现了对更复杂模型的分析，该接口允许 MCMC 实现可逆跳跃。还开发了用于空间数据的 GeoBUGS、用于药代动力学模型的 PKBugs 和用于处理常微分方程组的 WBDiff。2004 年，安德鲁·托马斯开始在赫尔辛基大学研究 BUGS 的开源版本，这催生了 OpenBUGS 项目。OpenBUGS 预计在 1.4.3 版本之后成为 BUGS 项目的未来，后者是 2007 年发布的 WinBUGS 的最后一个版本。关于该项目的历史，包括技术发展，可以阅读 Lunn 等(2009)。正如林德利所预测的那样，BUGS 的出现无疑是 20 世纪末贝叶斯思想迅速传播的部分原因。BUGS 软件多年来没有任何竞争者，尽管该程序有一些已知的局限性，特别是计算时间。

通过使用贝叶斯推断模型的文本定义，BUGS 的语法简单而有吸引力。分布由符号~表示，逻辑关系或确定性关系由符号<-表示。它包含程序中通常使用的确定性结构，例如 for 循环。作为一种陈述性语言，指令的顺序是无关紧要的。这意味着不允许使用 if-then-else 之类的指令，这是该语言的一大局限。可以使用 step( ) 函数来 174
克服这一局限，但这是一种不清晰的编程风格。

由于 WinBUGS 没有继续开发，现在建议使用 OpenBUGS。R2OpenBUGS 包是尼尔·托马斯的 R2WinBUGS 包 Sturtz 等(2005)的一个改编版本，它可充当 OpenBUGS 和 R 之间的接口。要在 R 中用 R2OpenBUGS 分析贝叶斯模型，首先需要在 BUGS 中编写代码来对统计模型编程。在 OpenBUGS 中这样做是很有用的，可验证语法和纠正可能的错误。

BUGS 有各种说明手册，可以从 www.openbugs.net/w/Manuals 网站下载。最基本的说明手册是“OpenBUGS 用户手册”，要理解模型是如何定义的以及理解 BUGS 的功能，应该参考这本手册。接受的抽样分布和先验分布列表，以及如何指定它们，可在本手册的附录 I 中找到。如果一个抽样分布没有包含在此列表中，用户可以自己来构造，手册中的 BUGS 语言高级使用一节解释了如何做到这一点。同样的方法可以用于为参数指定附录中未列出的先验分布。

接下来，我们将用本章前面介绍的例子来说明 BUGS 的使用。

9.2.1 应用实例：使用 R2OpenBUGS

打开一个 R 会话后，使用下面命令安装包。

```
install.packages("R2OpenBUGS", dependencies=TRUE,
   repos="http://cran.us.r-project.org")
```

为简化命令，我们通常假设程序需要的所有文件都保存在 R 会话的工作目录下(如需要的话使用 setwd())。在 R2OpenBUGS 中分析模型的步骤如下：

1. 为模型编写代码，保存在一个后缀为 .txt 的文件中。在本例中，我们将其保存在文件 Cexemplo1BUGS.txt 中。

175

```
model{
for(i in 1:147){
  X[i]~dnorm(mu[i],tau)
  mu[i]<-beta0+beta[1]*z1[i]+beta[2]*z2[i]
    +beta[3]*z3[i]+beta[4]*z[i]+a[ID[i]]+b[i]
  b[i]~dnorm(0,tau_b)
}
for(j in 1:49){
  a[j]~dnorm(0,tau_a)
}
for(k in 1:4){
  beta[k]~dnorm(0,0.0001)
}
beta0~dnorm(0,0.0001)
tau~dgamma(0.05,0.05)
tau_a~dgamma(0.05,0.05)
tau_b~dgamma(0.05,0.05)
sigma<-1/sqrt(tau)
sigma_a<-1/sqrt(tau_a)
sigma_b<-1/sqrt(tau_b)
}
```

第一个 for 循环描述了 9.1 节第 1 条中给出的概率模型。在 BUGS 中，正态分布的第二个参数(tau)为精度(逆方差)。循环还包含了 9.1 节第 2 条和第 3 条中给出的线性预测器 mu 的定义和随机效应 b 的模型的描述。患者人数为 $n=49$，但由于每个患者都在三个不同时间点被观测，因此观测值总数为 147。

第二个 for 循环为随机效应 a 的模型。这些效应因人(患者)而异，患者用第一个循环中的变量 ID 来标识。

第三个 for 循环定义了固定效应参数的先验分布。在此之后，给出其余模型参数的先验分布。这些先验分布反映了模糊先验信息。最后，为了监测标准差，这些分布被定义为相应精度的函数。注意，这些命令的顺序是完全任意的。

为了验证定义模型的文件在 OpenBUGS 中的使用，可以使用命令

```
file.show("Cexemplo1BUGS.txt")
```

2. 读取数据。为了链更好的收敛性，建议对出现在线性预测器定义中的协变量进行中心化。如果数据还未中心化，可在 R 中进行。

176

```
> Cexemplo1<-read.table("Cexemplo1.txt",header=T)
> dim(Cexemplo1)
[1] 147  9
> head(round(Cexemplo1,4))

   X  gender z1     z2       year    z3    ID       z      all
1 14       1  0  -0.89796     1    2.5979  1   19.1329    1
2 10       2  0  -0.89796     1   -0.4020  2 -13.0671    2
3  8       2  0   0.10204     1   -0.9020  3   -7.3671    3
4 10       2  0  -3.89796     1   -1.2020  4   51.2329    4
5 10       2  0  -7.89796     1   -1.7020  5   18.2329    5
6 20       2  0  -3.89796     1    0.5979  6   -0.8671    6
```

协变量 z 在三个时间点被记录。变量 ID 是病人标识，值为 1 到 49。变量 all 是观测值的索引，值为 1 到 147，方便起见，边界值包含在内，稍后就会看到。变量 year 为评估时间，值为 1 到 3，同样方便起见包含边界值。文件中的连续协变量 $z2$，$z3$ 和 z 已经被中心化了。变量 $z1$ 为治疗方法的指示函数，取值 0 或 1。

3. 定义模型所使用的数据矩阵的向量。数据必须以一个向量、矩阵或列表的形式提供。

```
#Create separate objects for each variable
X<-Cexemplo1$X
ID<-Cexemplo1$ID
z3<-Cexemplo1$z3
z1<-Cexemplo1$z1
z2<-Cexemplo1$z2
z<-Cexemplo1$z
#Create a list of data which will be passed on to OpenBUGS
Cexemplo1.data<-list("X","ID","z1","z2","z3","z")
```

4. 定义将被监控的参数。

```
Cexemplo1.params <- c("beta0","beta",
   "tau","tau_a","tau_b","sigma_a","sigma_b","sigma")
```

如果我们希望监控 mu 或是在模型声明中定义的任何其他参数，如 a 或 b，必须在上面列表中列出它们。

5. 定义模型中参数和超参数的初始值。在本例中，我们需要为 beta、beta0、tau、tau_a、tau_b、a、b 定义初始值。这些参数或超参数在一个列表中进行定义，列表需要包含每个链的初值。

177

```
Inits<-list(tau=1,tau_a=1,tau_b=1,beta=c(0,0,0,0), b=c(0,0,0,0,
 0,0,0,0,0,0,0,0,0,0,0,0,0,0,0,0,0,0,0,0,0,0,0,0,0,0,0,0,0,0,0,
 0,0,0,0,0,0,0,0,0,0,0,0,0,0,0,0,0,0,0,0,0,0,0,0,0,0,0,0,0,0,0,
 0,0,0,0,0,0,0,0,0,0,0,0,0,0,0,0,0,0,0,0,0,0,0,0,0,0,0,0,0,0,0,
 0,0,0,0,0,0,0,0,0,0,0,0,0,0,0,0,0,0,0,0,0,0,0,0,0,0,0,0,0,0,0,
 0,0,0,0,0,0,0,0,0,0,0,0,0,0,0,0,0,0,0),a=c(0,0,0,0,0,0,0,0,0,
 0,0,0,0,0,0,0,0,0,0,0,0,0,0,0,0,0,0,0,0,0,0,0,0,0,0,0,0,0,0,0,
 0,0,0,0,0,0,0,0,0),beta0=0)
```

如果使用超过一个链，我们需要为每个链创建一个相同类型、不同初值的列表，这些列表按具名对象的名称排列，如“Inits1”和“Inits2”，然后用下面语句定义一个列表的列表

```
Inits<-list(Inits1,Inits2,...)
```

6. 然后就可以在 R 中用函数 bugs() 运行 OpenBUGS 程序了，前提是验证了当前 R 会话中已加载了 R2OpenBUGS 软件包。

```
library(R2OpenBUGS)
Cexemplo1_openBUGS.fit<- bugs(data=Cexemplo1.data, inits=list(Inits),
   parameters.to.save=Cexemplo1.params,
   "Cexemplo1BUGS.txt", n.chains=1, n.iter=40000,
   n.burnin=20000, debug=FALSE,save.history=FALSE,DIC=TRUE)
```

建议用命令 ?bugs() 验证 bugs() 的参数。

7. 为了得到先前在向量 Cexemplo1.params 中声明的参数的边缘后验分布的汇总，可用如下命令

```
Cexemplo1_OpenBUGS.fit$summary
```

在本例中此命令生成如下输出（最后一列97.5%分位数的结果被剪掉了以适应页面大小）

```
            mean       sd     2.5%      25%      50%      75%
beta0     17.4290   1.9208  13.9200  16.1000  17.2800  18.6600
beta[1]    4.2329   2.8568  -2.6160   2.5750   4.4480   6.0600
beta[2]    0.1422   0.1391  -0.1303   0.0474   0.1448   0.2352
beta[3]    4.3456   0.9455   2.3960   3.7600   4.3430   4.9100
beta[4]   -0.1029   0.0366  -0.1726  -0.1281  -0.1046  -0.0798
tau        1.5607   3.6155   0.0636   0.0847   0.1521   1.1012
tau_a      0.0162   0.0038   0.0097   0.0135   0.0159   0.0185
tau_b      2.2989   5.4749   0.0638   0.0870   0.1604   1.4452
sigma_a    8.0226   0.9547   6.4140   7.3560   7.9320   8.5990
sigma_b    2.1790   1.2991   0.2279   0.8318   2.4965   3.3910
sigma      2.2725   1.2624   0.2750   0.9528   2.5640   3.4360
deviance 583.7390 241.1451  37.2990 403.3750 695.3000 782.2000
```

输出中给出了模型参数的边缘后验分布的汇总，包括均值、标准差和0.025、0.25、0.5、0.75、0.975分位数。通过检查这些元素我们可以得到一些结果，例如，得到β_3(协变量 z3 的系数)的估计为4.3456，95%可信区间为(2.396，6.373)。为了得到HPD区间，我们可以使用CODA或BOA(在介绍这些软件包的小节中会展示)。 178

8. 更多信息可在 Cexemplo1_OpenBUGS.fit 中找到，使用如下命令

```
names(Cexemplo1_OpenBUGS.fit)
```

我们看到如下成员列表：

```
 [1] "n.chains"        "n.iter"
 [3] "n.burnin"        "n.thin"
 [5] "n.keep"          "n.sims"
 [7] "sims.array"      "sims.list"
 [9] "sims.matrix"     "summary"
[11] "mean"            "sd"
[13] "median"          "root.short"
[15] "long.short"      "dimension.short"
[17] "indexes.short"   "last.values"
[19] "isDIC"           "DICbyR"
[21] "pD"              "DIC"
[23] "model.file"
```

例如，用如下命令得到关于DIC的信息。

```
Cexemplo1_OpenBUGS.fit$DIC
[1] 429.7
Cexemplo1_OpenBUGS.fit$pD
[1] -154.1
```

p_D 的负值可能表明模型中的参数过多。在本例中，这可能是因为在模型中包含了随机效应 b。

9. 最后，使用第 6 章中讨论的一些方法来评估收敛性是至关重要的。可以使用 R 中的 CODA 包或 BOA 包(参见 9.6 节)。

10. 一个模型的完整分析应该包括模型选择和验证，都可以通过 R 实现。只要有模型参数的模拟值就足够了。这些值是以列表、数组或矩阵的形式提供的。例如，后者可以通过如下命令获取。

```
A<-Cexemplo1_OpenBUGS.fit$sims.matrix
dim(A)
[1] 20000    12
head(A)# shows the first 6 rows of A
       beta0 beta[1] beta[2] beta[3] beta[4]    tau
[1,] 15.45   8.683   0.066   4.086  -0.118 0.422
[2,] 16.44   5.370   0.123   4.398  -0.117 0.071
179
[3,] 19.35   2.387   0.214   4.675  -0.037 2.613
[4,] 19.12  -0.014   0.152   4.254  -0.084 0.361
[5,] 17.49   3.548   0.068   5.744  -0.104 2.452
[6,] 19.98   3.522   0.384   3.826  -0.106 0.092
     tau_a tau_b sigma_a sigma_b sigma deviance
[1,] 0.017 0.078   7.640   3.589 1.539    536.6
[2,] 0.016 2.567   7.895   0.624 3.749    790.8
[3,] 0.019 0.074   7.169   3.665 0.619    249.5
[4,] 0.016 0.107   7.853   3.061 1.665    570.3
[5,] 0.015 0.079   8.067   3.558 0.639    286.1
[6,] 0.020 3.179   7.058   0.561 3.298    791.9
```

注意，只有在对象 Cexemplo1.params 中声明过的参数才会出现在这里。例如，为了进行残差分析，监控 mu 是很重要的。

如果去掉随机效应 b(注意，要修改模型定义和初值的文件 Cexemplo1BUGS.txt)，我们得到

180

```
> exemplo1_OpenBUGS1.fit<- bugs(data=Cexemplo1.data,
    inits=list(Inits1), parameters.to.save=Cexemplo1.params1,
    "Cexemplo1BUGS_semb.txt", n.chains=1,
    n.iter=40000,n.burnin=20000, debug=FALSE,save.history=FALSE,
    DIC=TRUE)

> exemplo1_OpenBUGS1.fit$summary
            mean     sd    2.5%     25%     50%     75%   97.5%
beta0     17.210  1.763  13.760  16.040  17.190  18.360  20.790
beta[1]    4.781  2.393   0.063   3.186   4.731   6.417   9.495
beta[2]    0.152  0.145  -0.117   0.052   0.149   0.249   0.450
```

```
beta[3]     4.146  0.923   2.384   3.527   4.121   4.751   6.053
beta[4]    -0.107  0.036  -0.177  -0.131  -0.107  -0.083  -0.036
tau         0.077  0.011   0.057   0.070   0.077   0.085   0.101
tau_a       0.016  0.004   0.010   0.014   0.016   0.019   0.025
sigma_a     7.974  0.936   6.363   7.319   7.897   8.544  10.020
sigma       3.625  0.265   3.150   3.439   3.608   3.794   4.190
deviance 795.126 12.624 772.600 786.200 794.300 803.200 822.000

> exemplo1_OpenBUGS1.fit$DIC
[1] 843.2
> exemplo1_OpenBUGS1.fit$pD
[1] 48.03
> A1<-exemplo1_OpenBUGS1.fit$sims.matrix
> dim(A1)
[1] 20000    10
> head(A1)
      beta0 beta[1] beta[2] beta[3] beta[4]    tau
[1,] 20.62 -0.8067  0.1487   4.631 -0.1005 0.0838
[2,] 18.39  2.8580  0.0692   5.767 -0.0569 0.0826
[3,] 19.56  2.5330  0.3619   3.045 -0.1277 0.0784
[4,] 16.61  6.1660 -0.1078   4.284 -0.1168 0.0827
[5,] 18.11  2.8790  0.1680   4.372 -0.2055 0.0636
[6,] 15.06  5.1330  0.0461   3.707 -0.1142 0.0639
      tau_a sigma_a sigma deviance
[1,] 0.0188   7.291 3.455    773.9
[2,] 0.0141   8.431 3.479    781.4
[3,] 0.0247   6.368 3.572    796.0
[4,] 0.0162   7.844 3.478    783.5
[5,] 0.0251   6.310 3.964    819.5
[6,] 0.0168   7.704 3.955    818.8

> Cexemplo1_OpenBUGS1$DIC
[1] 843.1
> Cexemplo1_OpenBUGS1$pD
[1] 48.12
```

注意 p_D 现在是正的，等于 48. 12。

9.3 JAGS

2003 年，国际癌症研究机构的马丁・普卢默(Martyn Plummer)创建了 JAGS(另一种吉布斯抽样器)，作为用 C++编写的 BUGS 的克隆，修正了 BUGS 的某些局限。用 BUGS 语法编写的模型可以在 JAGS 中使用，几乎不需要任何更改。这样做的好处是相同的代码可以在两个平台上运行。在 JAGS 中，一个模型定义分为两部分：模型描述(`model{}`)，如 BUGS 中一样，和数据定义(`data{}`)。后者可以用来定义数据的转换、定义汇总统计量和模拟数据集等。JAGS 的最新版本于 2017 年 7 月推出(JAGS 4.3.0)。要理解 JAGS 如何工作，阅读说明手册(Plummer，2012)是很重要的。R 包 R2jags (https://cran. r-project. org/web/packages/R2jags/R2jags. pdf) 作为 R 和 JAGS 之间的接口。与 OpenBUGS 相比，JAGS 的一个主要优势是更快的运行时间。

9.3.1　应用实例：使用 R2jags

下面的例子演示了如何使用 R2jags 来研究 9.1 节给出的例子中的模型，不使用随机效应 b。使用下面命令安装和加载程序。

```
install.packages("R2jags", dependencies=TRUE,
   repos="http://cran.us.r-project.org")
```

181

```
library(R2jags)
```

1. 与 OpenBUGS 中相同的模型可以以文件形式加载，也可以在 R 脚本中定义为函数，如下：

```
exemplo1.model<-function(){
  for(i in 1:147){
    X[i]~dnorm(mu[i],tau)
    mu[i]<-beta0+beta[1]*z1[i]+beta[2]*z2[i]+beta[3]*z3[i]
           +beta[4]*z[i]+a[ID[i]]
  }
  for(j in 1:49){
    a[j]~dnorm(0,tau_a)
  }
  for(k in 1:4){
    beta[k]~dnorm(0,0.0001)
  }
  beta0~dnorm(0,0.0001)
  tau~dgamma(0.05,0.05)
  tau_a~dgamma(0.05,0.05)
  sigma<-1/sqrt(tau)
  sigma_a<-1/sqrt(tau_a)
}
```

2. 读取数据、模型变量的定义、参数的声明将受到监控，初值的定义与之前完全一样。

```
Cexemplo1.data <- list("X","ID","z3","z1","z2","z")
Cexemplo1.params1 <- c("beta0","beta","tau","tau_a",
 "sigma_a","sigma")

Inits1<-list("tau"=1,"tau_a"=1,"beta"=c(0,0,0,0),
   "a"=c(0, 0, 0, 0, 0, 0, 0, 0, 0, 0, 0, 0, 0, 0, 0,
         0, 0, 0, 0, 0, 0, 0, 0, 0, 0, 0, 0, 0, 0, 0, 0, 0,
         0, 0, 0, 0, 0, 0, 0, 0, 0, 0, 0, 0, 0, 0, 0, 0, 0),
   "beta0"=0)
```

3. 在首次使用 R2jags 之前，我们需要设置一个随机变量种子，例如使用 R 命令

```
set.seed(123)
```

4. 为了在 JAGS 中估计模型，使用函数 jags()。

```
exemplo1_JAGS.fit <- jags(data = Cexemplo1.data,
   inits = list(Inits1),  parameters.to.save = Cexemplo1.params1,
   n.chains = 1, n.iter = 40000,
   n.burnin = 20000, model.file = exemplo1.model)
```

5. 使用如下命令获得参数的边缘后验分布的汇总统计 182

```
> print(exemplo1_JAGS.fit)
Inference for Bugs model at "C:/Users...model1f5469ec52a3.txt",
fit using jags,
 1 chains, each with 40000 iterations (first 20000 discarded),
  n.thin = 20, n.sims = 1000 iterations saved
         mu.vect sd.vect    2.5%     25%     50%     75%   97.5%
beta[1]    4.751   2.537  -0.248   3.038   4.783   6.507   9.450
beta[2]    0.160   0.143  -0.121   0.069   0.159   0.249   0.447
beta[3]    4.163   0.915   2.467   3.552   4.132   4.777   6.081
beta[4]   -0.107   0.036  -0.177  -0.132  -0.108  -0.081  -0.031
beta0     17.212   1.810  13.561  16.050  17.151  18.387  20.717
sigma      3.676   0.808   3.133   3.441   3.604   3.789   4.267
sigma_a    7.920   1.159   6.289   7.335   7.921   8.529   9.778
tau        0.077   0.013   0.055   0.070   0.077   0.084   0.102
tau_a      0.699  13.406   0.010   0.014   0.016   0.019   0.025
deviance 797.267  28.396 773.207 786.080 794.391 802.998 823.233

DIC info (using the rule, pD = var(deviance)/2)
pD = 403.2 and DIC = 1200.4
DIC is an estimate of expected predictive error
 (lower deviance is better).
```

注意稀疏保存的模拟值(n.thin = 20)。实际上，函数 jags()有一个参数就是 n.thin。其默认值为 max(1, floor((n.iter-n.burnin)/1000))；还要注意 p_D 值的升高。

6. R2jags 的另一个特性是可以将初值的选择留给程序，将其指定为 NULL 即可，如下：

183

```
exemplo1_JAGS.fit2 <- jags(data = Cexemplo1.data, inits = NULL,
   parameters.to.save = Cexemplo1.params1,
   n.chains = 2, n.iter = 40000,
   n.burnin = 20000, model.file = exemplo1.model)
```

```
> print(exemplo1_JAGS.fit2)
Inference for Bugs model at
"C:/Users.../model1f5477c03ee1.txt",
 fit using jags,
 2 chains, each with 40000 iterations (first 20000 discarded),
 n.thin = 20
 n.sims = 2000 iterations saved
         mu.vect sd.vect    2.5%     25%     50%     75%   97.5%
beta[1]    4.859   2.596  -0.346   3.166   4.939   6.604   9.950
beta[2]    0.157   0.139  -0.113   0.068   0.151   0.242   0.453
beta[3]    4.191   0.918   2.422   3.595   4.173   4.805   6.059
beta[4]   -0.105   0.036  -0.175  -0.130  -0.106  -0.081  -0.035
beta0     17.218   1.816  13.857  15.996  17.207  18.435  20.716
sigma      3.659   0.715   3.164   3.436   3.608   3.798   4.235
sigma_a    7.943   1.049   6.363   7.317   7.886   8.587   9.873
tau        0.077   0.012   0.056   0.069   0.077   0.085   0.100
tau_a      0.507  14.898   0.010   0.014   0.016   0.019   0.025
deviance 796.175  22.494 773.690 786.454 794.169 802.528 822.873
          Rhat n.eff
beta[1]  1.001  2000
beta[2]  1.003   590
beta[3]  1.001  2000
beta[4]  1.001  2000
beta0    1.001  2000
sigma    1.006  2000
sigma_a  1.040  2000
tau      1.006  2000
tau_a    1.040  2000
deviance 1.022  2000

For each parameter, n.eff is a crude measure of effective
sample size, and Rhat is the potential scale reduction
factor (at convergence, Rhat=1).

DIC info (using the rule, pD = var(deviance)/2)
pD = 253.1 and DIC = 1049.3
DIC is an estimate of expected predictive error
   (lower deviance is better)
```

注意，现在有额外两列“Rhat”和“n. eff”，其含义将在输出中解释。

可使用下面命令绘制模拟的参数值。

```
traceplot(exemplo1_JAGS.fit2)
```

7. 绘制结果显示了明显的收敛问题。如果需要，例如在本例中，可以使用以下命令继续模拟直到收敛(该命令只能对至少两个链使用——注意在调用 jags 时 n.chains=2)。

```
exemplo1_JAGS.fit2.upd <- autojags(exemplo1_JAGS.fit2)

print(exemplo1_JAGS.fit2.upd)
Inference for Bugs model at
"C:/Users.../model1f5477c03ee1.txt",
 fit using jags,
 2 chains, each with 1000 iterations (first 0 discarded)
 n.sims = 2000 iterations saved
          mu.vect sd.vect    2.5%     25%     50%     75%   97.5%
beta[1]     4.681   2.562  -0.227   2.972   4.702   6.345   9.832
beta[2]     0.156   0.143  -0.117   0.059   0.151   0.253   0.440
beta[3]     4.179   0.924   2.410   3.575   4.181   4.771   5.951
beta[4]    -0.106   0.037  -0.178  -0.132  -0.106  -0.081  -0.036
beta0      17.288   1.777  13.735  16.117  17.333  18.443  20.676
sigma       3.631   0.265   3.139   3.444   3.611   3.801   4.210
sigma_a     8.007   0.955   6.314   7.363   7.936   8.582  10.080
tau         0.077   0.011   0.056   0.069   0.077   0.084   0.102
tau_a       0.016   0.004   0.010   0.014   0.016   0.018   0.025
deviance  795.438  12.641 773.639 786.407 794.608 802.980 823.357
           Rhat n.eff

beta[1]   1.001  2000
beta[2]   1.001  2000
beta[3]   1.001  2000
beta[4]   1.001  2000
beta0     1.001  2000
sigma     1.002  2000
sigma_a   1.001  2000
tau       1.002  2000
tau_a     1.001  2000
deviance  1.002  2000

For each parameter, n.eff is a crude measure of effective
sample size, and Rhat is the potential scale reduction
factor (at convergence, Rhat=1).

DIC info (using the rule, pD = var(deviance)/2)
pD = 79.9 and DIC = 875.4
DIC is an estimate of expected predictive error
  (lower deviance is better).
```

184

注意 p_D 值和 DIC 值的下降。另一个可以用作相同目的，但仅要求一个链的函数是 update()。

在 9.6 节中，我们将讨论如何对本例评估收敛性诊断，也包括使用其他软件包进行后验模拟。

9.4 Stan

2010 年，纽约哥伦比亚大学的安德鲁·格尔曼(Andrew Gelman)和他的合作者正在研究多水平广义线性模型的贝叶斯分析，正如 Gelman 和 Hill(2006)所描述的那样。由于模型结构复杂，在 WinBUGS 或 JAGS 中实现这些模型非常具有挑战性。例如，马特·斯科菲尔德(Matt Schofield)指出，对于使用树木年轮测量的气候模型，对其所使用的多水平时间序列模型进行模拟，即使经过数十万次迭代也没有收敛(Schofield 等，2016)。为了解决这个问题，格尔曼和他的合作者开发了一种新的贝叶斯软件，他们称之为 Stan，以纪念斯塔尼斯拉夫·乌拉姆(Stanislaw Ulam)——蒙特卡罗方法的创始人之一。第一个版本于 2012 年 8 月向用户开放。Stan 没有使用吉布斯抽样器，而是采用了哈密顿蒙特卡罗方法(Neal，2011)。通过采用他们开发的
185 no-U-turn 抽样器算法(Hoffman 和 Gelman，2014)，所有参数都在一个块中模拟。这种策略令收敛问题得到了极大的缓解。与 BUGS 不同，Stan 采用一种命令式语言。

Stan 允许使用 C++的所有基本运算符，以及大量其他特殊函数，包括特殊的贝塞尔函数、伽马和双伽马函数以及与广义线性模型中使用的逆函数相关的各种函数。Carpenter 等(2017)给出了可在 Stan 中实现的基本运算符和特殊函数的完整列表。已实现的概率分布很全面，其列表也出现在同一参考文献中。这使得模型构建具有很大的灵活性。

Stan 的开发历史以及实现细节可以在 *Stan Modeling Language: User's Guide and Reference Manual* 一书中找到，它对应于版本 2.6.2。RStan 中实现了 R 和 Stan 之间的一个接口(Stan 开发团队，2014)。

9.4.1 应用实例：使用 RStan

要安装 RStan，请按照 https://github.com/stan-dev/rstan/wiki/RStan-Getting-Started 上的说明操作。

1. 与其他包一样，必须首先在 Stan 中定义模型。模型定义保存在一个文本文件中，通常带有 .stan 后缀。模型定义比前面介绍的包中更复杂一些。作为一种命令式语言，命令的顺序很重要。对于我们的实例，Stan 中的模型定义(保存在文件 exemplo 1.stan.txt 中)如下：

```
data {
  int<lower=1> J; // length of data
  int<lower=1> N; // number of patients
  real X[J]; // response variable
```

186

```
  real z2[J]; // covariate
  real z3[J]; // covariate
  real z[J]; // covariate
  int<lower=0,upper=1> z1[J]; // z1 takes values 0 and 1
  int<lower=1> ID[J]; // identification
}
parameters {
  real<lower=0> tau;
  real<lower=0> tau_a;
  real beta0;
  real beta[4];
  real a[N];
}
transformed parameters {
  real<lower=0> sigma_a;
  real<lower=0> sigma;
  sigma_a = sqrt(1/tau_a);
  sigma = sqrt(1/tau);
}
model {
  vector[J] mu;
  for(i in 1:J){
    mu[i] = beta0+beta[1]*z1[i]+beta[2]*z2[i]
      +beta[3]*z3[i]+a[ID[i]]+beta[4]*z[i]};
    beta0 ~ normal(0,100);
    beta ~ normal(0,100);
    tau ~ gamma(0.05,0.05);
    tau_a ~ gamma(0.05,0.05);
    a ~ normal(0, sigma_a);
    X ~ normal(mu, sigma);
  }
generated quantities {
  vector[J] log_lik;
  vector[J] m;
  for(i in 1:J) {
    m[i] = beta0+beta[1]*z1[i]+beta[2]*z2[i]
      +beta[3]*z3[i]+a[ID[i]]+beta[4]*z[i]};
    log_lik[i] = normal_log(X[i] | m[i], sigma);
  }
}
```

我们逐块解释此程序。

- 在 `data` 块中，必须声明运行 Stan 时要使用的数据。例如，J 和 N 是最小值为 1 的整数；`z1` 是一个二进制协变量，取整值 0 或 1。响应变量和协变量都是实向量。Stan 还允许使用矩阵、有序向量、数组等形式的数据。
- `parameters` 块声明 Stan 将要估计的所有未知量。在本例中，我们决定包含精度参数 `tau` 和 `tau_a`，以与之前的模型定义保持一致。此外，我们为所有要估计的量声明变量类型。例如，tau 和 tau_a 是正实数，beta 和 a 分别是 4 维和 N 维的实向量。

- 在 transformed parameters 块中，所有作为数据或参数的函数的量，如果以后要使用，都必须声明。在本例中，我们定义 sigma 和 sigma_a 为逆精度参数的平方根。

187
- model 块定义了实际的模型。向量 mu 被定义为协变量和随机效应 a 的函数。我们定义了响应变量的模型(注意，在这里正态分布的第二个参数是标准差)。我们还定义了模型参数和超参数的先验分布。在 Stan 中，先验分布的定义不是强制性的。如无相应定义，Stan 使用均匀先验分布进行处理。

- generated quantities 块不是必需的。在这里，我们定义了对数似然，使得 Stan 可以保存单个项。这些项被收集到一个名为 log-lik 的对象中；该对象的模拟值可用于计算广泛适用信息标准(WAIC)或 LOO[Vehtari 等(2017)]，如我们将要看到的。

2. 就像以前一样，数据以列表的形式引入，或者如果数据是从文件中读取的，那么创建一个具有变量名的对象就足够了，如下所示：

```
Cexemplo1<-read.table("Cexemplo1.txt",header=T)
attach(Cexemplo1)
J<-nrow(Cexemplo1)     #J=147
N<-length(unique(ID)) #N=49
# object to be used by Stan
Cexemplo1_data<-c("N","J","X","ID","z3","z2","z1","z")
```

3. 接下来，我们可以从包 rstan 中调用函数 stan()来模拟后验分布：

```
library(rstan)
exemplo1.fit_stan <- stan(file="exemplo1.stan.txt",
  data=Cexemplo1_data, iter=40000, chains=2)
```

调用 ?stan 可查看函数 stan 的参数。参数 sample_file 和 diagnostic_file 特别有用，它们允许指定可以保存所有模型参数和收敛性诊断的模拟样本的文件名。如果没有给出这些文件名，则不保存这些元素。然而，稍后可以提取它们。

rstan 以下面形式提供了关于每个链的执行时间的信息(这里只针对一个链)：

188

```
 COMPILING THE C++ CODE FOR MODEL 'example1' NOW.

SAMPLING FOR MODEL 'exempl1' NOW (CHAIN 1).

Chain 1, Iteration:     1 / 40000 [  0%]  (Warmup)
Chain 1, Iteration:  4000 / 40000 [ 10%]  (Warmup)
Chain 1, Iteration:  8000 / 40000 [ 20%]  (Warmup)
Chain 1, Iteration: 12000 / 40000 [ 30%]  (Warmup)
Chain 1, Iteration: 16000 / 40000 [ 40%]  (Warmup)
Chain 1, Iteration: 20000 / 40000 [ 50%]  (Warmup)
Chain 1, Iteration: 20001 / 40000 [ 50%]  (Sampling)
Chain 1, Iteration: 24000 / 40000 [ 60%]  (Sampling)
Chain 1, Iteration: 28000 / 40000 [ 70%]  (Sampling)
Chain 1, Iteration: 32000 / 40000 [ 80%]  (Sampling)
Chain 1, Iteration: 36000 / 40000 [ 90%]  (Sampling)
Chain 1, Iteration: 40000 / 40000 [100%]  (Sampling)
#  Elapsed Time: 46.431 seconds (Warm-up)
#               75.594 seconds (Sampling)
#               122.025 seconds (Total)
```

40 000 次迭代的执行时间比 OpenBUGS 或 JAGS 中的执行时间长得多，不过对于这个特定的问题，实际上是瞬间就可完成的。然而，使用 Stan 达到收敛所需的迭代次数更少。上面我们使用了相同次数的迭代，但这不是必需的。事实上，如果没有在 iter=中指定迭代次数，在这个例子中，我们发现只需 2000 次迭代即可收敛。

4. 要获取感兴趣的参数的边缘后验分布的汇总统计信息，使用如下命令

```
print(exemplo1.fit_stan,
   pars=c("beta0","beta","sigma","sigma_a","tau","tau_a","lp__"))
```

我们将得到如下结果(最后一列 97.5%分位数的结果被剪掉了以适应页面大小)：

```
Inference for Stan model: example1.
2 chains, each with iter=40000; warmup=20000; thin=1;
post-warmup draws per chain=20000, total post-warmup draws=40000.

           mean se_mean   sd    2.5%     25%     50%     75%
beta0     17.22    0.02 1.79   13.67   16.04   17.23   18.41
beta[1]    4.80    0.03 2.52   -0.17    3.12    4.80    6.48
beta[2]    0.16    0.00 0.14   -0.12    0.06    0.16    0.25
beta[3]    4.19    0.01 0.93    2.38    3.55    4.18    4.82
beta[4]   -0.10    0.00 0.04   -0.18   -0.13   -0.11   -0.08
sigma      3.62    0.00 0.26    3.16    3.44    3.61    3.79
sigma_a    8.00    0.01 0.94    6.39    7.34    7.92    8.57
tau        0.08    0.00 0.01    0.06    0.07    0.08    0.08
tau_a      0.02    0.00 0.00    0.01    0.01    0.02    0.02
lp__    -388.89    0.06 6.36 -402.47 -392.90 -388.50 -384.42
```

189

```
          n_eff Rhat
beta0      5771    1
beta[1]    5754    1
beta[2]    7261    1
beta[3]    7555    1
beta[4]   10087    1
sigma     21771    1
sigma_a   23821    1
tau       21546    1
tau_a     25151    1
lp__      11599    1

For each parameter, n_eff is a crude measure of effective sample size,
and Rhat is the potential scale reduction factor on split chains (at
convergence, Rhat=1).
```

这里 se_mean 是均值的蒙特卡罗标准误差。如果没有指定参数，则给出所有未知量的边缘后验分布的汇总统计，特别是 a、log_lik、m。

量 lp_ 出现在 pars=中的最后一个元素，其汇总统计在输出的最后一行，为对数后验密度(未归一化)，是通过 Stan 的哈密顿蒙特卡罗实现计算。它也可以用于模型评估[参见如(Vethari 和 Ojanen，2012)]。

print()函数提供基于生成的所有链的汇总统计信息，而 summary()则分别提供每个链的汇总统计信息。

5. 要获得模拟的参数值，可以使用 extract()函数。当参数 permuted=TRUE 时，将创建所有参数的所有模拟值的列表(如果只需要某些参数的模拟值，则需要在参数 pars=中给出这些参数)；使用 permuted = FALSE，将创建一个数组，其中第一个维对应迭代，第二个维对应链，第三个维对应参数。例如，请参见以下内容：

```
#####using permuted=TRUE##############
samples_stan<-extract(exemplo1.fit_stan,
pars=c("beta0", "beta", "sigma", "sigma_a"),
permuted = TRUE, inc_warmup = FALSE, include = TRUE)
> class(samples_stan)
[1] "list"
> names(samples_stan)
[1] "beta0"    "beta"     "sigma"    "sigma_a"
> length(samples_stan$beta0)
[1] 40000 #20000 each chain
> head(samples_stan$beta0)
[1] 16.18767 18.64417 20.43510 16.69809 14.35278 15.39996
> dim(samples_stan$beta)
> head(round(samples_stan$beta,3))
```

```
iteration    [,1]  [,2]  [,3]   [,4]
      [1,]  8.994 0.468 2.437 -0.126
      [2,]  4.310 0.309 4.425 -0.093
      [3,]  2.127 0.079 3.700 -0.156
      [4,]  3.394 0.245 1.680 -0.131
      [5,] 10.541 0.359 3.814 -0.086
      [6,]  8.314 0.357 4.001 -0.068
#########using permuted=FALSE#########
> samples_stan_array<-extract(exemplo1.fit_stan,
+ pars=c("beta0", "beta", "sigma", "sigma_a"),
+ permuted = FALSE, inc_warmup = FALSE, include = TRUE)
> class(samples_stan_array)
[1] "array"
> dim(samples_stan_array)
[1] 20000     2     7 # 20000 each chain
                      # 2 chains, 7 parameters
> samples_stan_array[1:4,1:2,1:3]
, , parameters = beta0

          chains
iterations  chain:1  chain:2
      [1,] 16.29099 17.81893
      [2,] 16.68243 17.31063
      [3,] 16.49383 17.31063
      [4,] 16.20388 16.70740

, , parameters = beta[1]

          chains
iterations  chain:1  chain:2
      [1,] 6.530125 5.718621
      [2,] 4.949012 6.479835
      [3,] 6.000288 6.479835
      [4,] 6.204705 7.421142

, , parameters = beta[2]

          chains
iterations   chain:1    chain:2
      [1,] 0.1718956 0.07575568
      [2,] 0.1657402 0.18286167
      [3,] 0.1793824 0.18286167
      [4,] 0.1347633 0.15160846
```

190

6. 函数 traceplot()绘制每个链的模拟参数值。图 9.1 是通过以下命令得到的：

```
traceplot(exemplo1.fit_stan,
   pars=c("beta"), nrow = 5, ncol = 2, inc_warmup = FALSE)
```

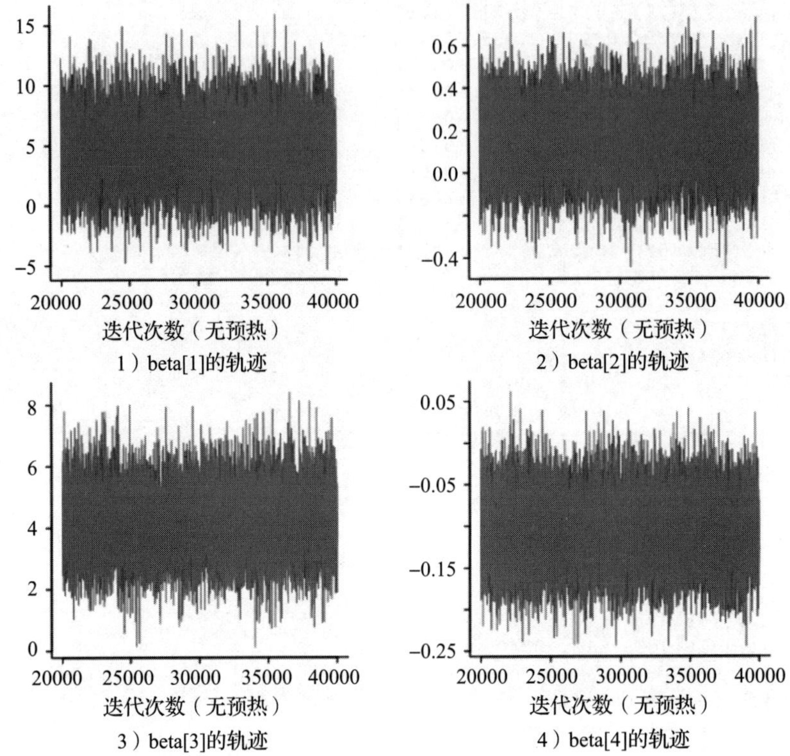

图 9.1　模拟值

7. 为了得到 WAIC(Vehtari 等，2017)，在安装完 CRAN 的 `loo` 包后，按照以下步骤进行

191

```
> library(loo)
> log_lik1 <- extract_log_lik(exemplo1.fit_stan)
> waic(log_lik1)
Computed from 40000 by 147 log-likelihood matrix

          Estimate   SE
elpd_waic   -422.4  9.9
p_waic        40.5  4.7
waic         844.8 19.8
```

`Rstan` 的使用方法请参见 https://cran.r-project.org/web/packages/rstan/vignettes/rstan_vignette.pdf。

9.5 BayesX

BayesX是一个由安德里亚斯·布雷泽(Andreas Brezger)、托马斯·克乃伯(Thomas Kneib)和斯蒂芬·朗(Stefan Lang)在慕尼黑大学统计系开发的程序，第一个版本出现在2002年。该软件是专门为结构化加性回归模型编写的(Brezger等，2005)。这个模型族(STAR)在第8章中介绍过，包括一个统一框架下的各种知名和广泛使用的回归模型，如广义加性模型(GAM)、广义加性混合模型(GAMM)、广义 192 地理加性混合模型(GGAMM)、动态模型、时空模型等(Umlauf等，2015)。用C++编写的BayesX也允许在响应变量不一定属于指数族时分析回归模型。它还允许通过建模风险函数(Cox模型的扩展)分析分位数回归和生存回归，以及分析多状态模型和多水平模型。BayesX的方法手册(www.statistik.lmu.de/~bayesx/manual/methodology_manual.pdf)包含了BayesX中允许使用的回归模型的简要描述。

用于实现统计模型的BayesX函数的特定参数包括响应变量的分布族设定、估计方法以及由`bayesx.control()`函数定义的其他控制参数，我们很快将看到。类似于R中的glm()函数，如果省略的话，指定的分布族(隐式)就为一个高斯族。除了通常的指数族分布之外，BayesX中允许的概率分布列表可以在Umlauf等(2015)中找到。BayesX的一个特点是，除了MCMC之外，它还允许我们使用受限最大似然估计(REML)和惩罚似然方法(STEP)对混合模型进行推断。

原则上，对在BayesX中实现的STAR模型的推断也可以用WinBUGS/OpenBUGS或JAGS实现。然而，BayesX的作者报告说，与WinBUGS/OpenBUGS相比，其执行时间大幅减少，而且马尔可夫链收敛速度更快(Brezger等，2005)，具有更好的混合特性。为了简化BayesX结果的使用和后续分析，Knéib等(2014)创建了一个R包，也称为BayesX，它允许读取和处理BayesX结果。但是，使用这个包，用户仍然必须使用BayesX读取数据、调整模型并获得输出文件。为了简化这个任务，Umlauf等(2015)引入了一个新的R包R2BayesX，它可以提供R和BayesX之间的完整接口。

R2BayesX的使用手册可以在https://cran.r-project.org/web/packages/R2BayesX/R2BayesX.pdf上找到。与往常一样，要安装R2BayesX，只需使用如下命令即可。

193

```
install.packages("R2BayesX", dependencies=TRUE,
   repos="http://cran.us.r-project.org")
```

9.5.1　应用实例：使用 R2BayesX

R2BayesX 中用于实现贝叶斯模型推断的语法在所有方面都与 R 中用于实现统计模型的语法非常相似。

1. 要实现所需的模型，在读入数据后，只需编写模型公式并调用 bayesx()函数即可。

```
Cexemplo1        <- read.table("Cexemplo1.txt",header=T)
library(R2BayesX)
modelo2_BayesX   <- X~z2+z3+z1+z+sx(ID,bs="re")
exemplo1_BayesX <- bayesx(formula = modelo2_BayesX,
    data = Cexemplo1, family = "gaussian", method = "MCMC",chains=2,
    seed = c(123,456),
    control = bayesx.control(model.name = "bayes2x.estim",
        outfile='C:/...', iterations = 40000L,
        burnin = 20000L,dir.rm=T))
```

代码解释如下：

- 保存为 modelo2_BayesX 的公式是期望响应值的线性预测器公式。按照最初的模型设定，固定效应 z2,z3,z1,z 线性地进入线性预测器。然而，BayesX 在使用函数 sx()建模非线性协变量效应时特别有用。例如，如果我们有理由相信协变量 z2 具有非线性效应，且我们希望使用 P-spline 来建模这种非线性效应，那么应该使用模型声明 sx(z2,bs ="ps")将 z2 引入模型，其中参数 bs 指明了这一项的基的类型。我们在上面用它来指定随机效应。看看如何使用 sx()函数引入随机效应 a。回想一下，这些随机效应是患者特异的，患者按 ID 索引。因此，函数 sx()的第一个参数是 ID。为了指定随机效应为均值为零、标准差为 σ_a 的独立同分布正态分布，我们使用 bs="re"。要指定一个具有随机效应 b 的模型，这是我们一开始就使用的模型，我们可以使用 sx(all,bs="re")(回想一下，all 索引了所有观测值，索引范围从 1 到 147)。BayesX 的所有参数的列表可以在 Umlauf 等(2015)的表 4 中找到。
- 函数 bayesx()拟合指定的模型。该函数有几个参数，其中许多是带有默认
194 选项的可选参数。必需的参数是前两个：formula 和 data。默认情况下，分布族为正态分布，该方法为 MCMC，[⊖]迭代次数为 12 000 次，有一个 2000

⊖ BayesX 也实现了 REML 和 STEP，细节请参见 Umlauf 等(2015)。

的 burn-in，通过每 10 次迭代保存 1 次进行稀疏化，链的数量为 1。这些值和其他值一样，都可以通过 bayesx.control 函数中的参数 control 进行更改；像往常一样，要找出这个函数的参数及其用法，可以通过键入?bayesx.control 来使用 R 中的帮助函数。该函数的第一个参数是 model.name，它取模型的名称，也用于形成文件的名称，这些文件用于保存使用 BayesX 进行模型估计的结果；这些文件将保存在 outfile 中指定的目录中。

2. 使用这段代码，我们得到如下参数的边缘分布的汇总统计量的输出

```
> summary(exemplo1_BayesX)
### Chain_1
Call:
bayesx(formula = formula, data = data, weights = weights,
subset = subset, offset = offset, na.action = na.action,
contrasts = contrasts, control = control, model = model,
chains = NULL, cores = NULL)

Fixed effects estimation results:

Parametric coefficients:
               Mean      Sd    2.5%     50%   97.5%
(Intercept) 17.2313  1.8036 13.6702 17.2744 20.7688
z2           0.1557  0.1371 -0.1174  0.1566  0.4250
z3           4.2146  0.9665  2.3040  4.2043  6.2029
z1           4.7691  2.4910 -0.1460  4.7646  9.6957
z           -0.1043  0.0366 -0.1756 -0.1055 -0.0319

Random effects variances:
            Mean     Sd   2.5%    50%  97.5%    Min   Max
sx(ID):re 64.925 15.702 41.081 62.706 99.701 26.824 169.6

Scale estimate:
          Mean      Sd    2.5%     50%  97.5%
Sigma2 13.2389  1.9332  9.9936 13.0804 17.373

N = 147  burnin = 20000  DIC = 194.7823  pd = 48.29928
method = MCMC  family = gaussian  iteration = 40000
step = 10
### Chain_2
Call:
bayesx(formula=formula, data=data, weights=weights,
    subset=subset, offset = offset, na.action = na.action,
    contrasts = contrasts, control = control,
    model = model, chains = NULL, cores = NULL)

Fixed effects estimation results:

Parametric coefficients:
```

195

```
                Mean        Sd      2.5%       50%     97.5%
(Intercept) 17.1458   1.7125 13.9773 17.0971 20.3820
z2           0.1591   0.1438 -0.1282  0.1612  0.4407
z3           4.1544   0.9413  2.3008  4.1405  6.0312
z1           4.9990   2.5100 -0.2337  5.0116  9.6973
z           -0.1025   0.0351 -0.1751 -0.1016 -0.0367

Random effects variances:
              Mean       Sd     2.5%      50%    97.5%     Min    Max
sx(ID):re   64.569   15.502   40.542   62.367 101.027   30.008 136.28

Scale estimate:
          Mean       Sd     2.5%      50%   97.5%
Sigma2 13.2323   1.9739   9.9179 13.0191 17.518

N = 147  burnin = 20000  DIC = 195.1921  pd = 48.54314
method = MCMC  family = gaussian  iterations = 40000  step = 10
###
Object consists of 2 models
```

当参数 control 给出了输出文件名时，将在指定的目录中自动创建文件夹，每个文件夹对应一个链，其中包含保存模拟参数值(文件扩展名为 .raw)的各种文件，以及保存汇总统计量的文本文件。在当前的实例中，创建了两个名分别为 Chain_1_bayes2x.estim 和 Chain_2_bayes2x.estim 的文件夹。所有这些数据文件以后都可以用于图形汇总、评估诊断等。

3. 下面命令返回一个 R 脚本，能使用这些文件来创建绘图。

```
getscript(exemplo1_BayesX)
```

4. 还可以使用 samples()函数来获得参数的模拟后验样本，如下所示：

```
AA<-samples(exemplo1_BayesX)
> class(AA)
[1] "mcmc.list"
> names(AA)
[1] "Chain_1" "Chain_2"
196 > length(AA[[1]])
[1] 10000
> length(AA[[2]])
[1] 10000

plot(AA)
```

对象 AA 是一个列表，AA[[1]]中包含来自链 1 的固定效应参数的后验分布的一个样本，类似地 AA[[2]]包含来自链 2 的样本。由于我们保存了 20 000 次迭代，稀疏为每 10 次保存 1 次，所以这 5 个参数中的每一个都有 2000 个模拟值。模拟值出现的顺序与公式中引入它们的顺序相同。因此 AA[[1]][1:2000]包含从 beta0 开始的后验模拟值；AA[[1]][2001:4000]包含 beta1 的后验模拟值和协变量 z2 的系数，等等。

5. 命令 plot(AA)绘制出每个参数的模拟值和相应的边缘后验密度估计的叠加序列。

6. 为了获得方差(在本例中是正态分布的方差)的后验模拟值和对应的图示汇总，可使用如下命令。

```
> Va<-samples(exemplo1_BayesX,term = "var-samples")
> length(Va[[1]])
[1] 2000
> plot(Va)
```

图 9.2 显示了 plot(Va)绘制的图形。

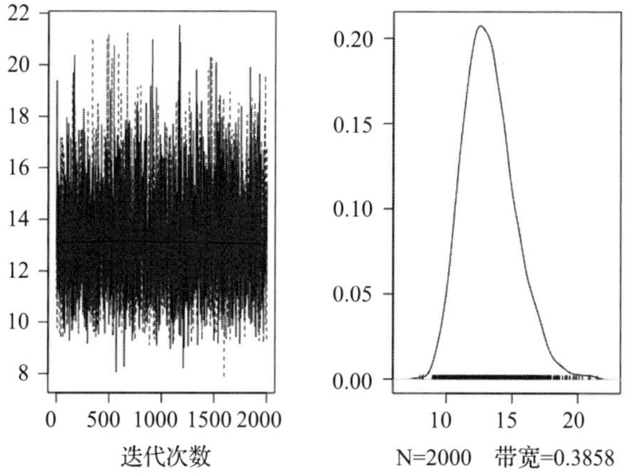

1）var1的轨迹　2）var1的密度

图 9.2 σ^2 的模拟值和边缘后验密度的轨迹图

7. 为了获得随机效应 a 和 σ_a^2 的模拟值，在 samples 函数中使用参数 term="sx(ID)"。通过这种方法我们可以获得特定参数的后验样本；例如，使用 term="z3" 获得对应 z3 的参数的后验样本。

8. 一个有用的功能是，为每个链的结果创建的文件夹中还包含一个带有模型汇总信息的 latex 文档，其中包括关于假设的先验分布的信息和结果汇总。例如，当没有指定特定的先验时，查阅本文档，我们就会发现扩散先验用于固定效应、独立同分布正态随机效应，而逆伽马先验用于超参数为 $a=0.001$ 和 $b=0.001$ 的方差分
197 量。如果需要，超参数的设定可以在 Control 参数中调整。

此 latex 文档中的信息还可通过如下命令得到。

```
bayesx_logfile(exempl1_BayesX)
```

9.6 收敛性诊断：CODA 程序和 BOA 程序

如 6.6 节所述，MCMC 方法从具有与期望后验分布 $h(\theta \mid x)$ 相匹配的平衡分布的齐次马尔可夫链来生成实现。然后，目标是获得一个(或多个)参数值序列，这些参数值可以认为是联合后验分布的一个代表性样本。为了获得一个这样的样本，有必要根据给定的迭代次数 t 来评估链是否已经处于(或“接近”)平衡态。如果是这样的话，那么当前估计状态和接下来的迭代可以被认为是来自后验分布 $h(\theta \mid x)$ 的近似蒙特卡罗样本，当然，由于链的马尔可夫性质，它们是相关的。有几种图形化且基于统计检验的方法允许我们诊断链的收敛性或链是否达到平稳分布。其中一些已经在 6.6 节中提到过。CODA(Plummer 等，2006)和 BOA(Smith，2007)软件包实现了这些
198 方法，允许我们对收敛性进行快速和有效的评估。

9.6.1 收敛性诊断

CODA 程序和 BOA 程序允许对收敛性诊断进行评估，特别是 Gelman 和 Rubin (1992)、Geweke(1992)、Raftery 和 Lewis(1992)以及 Heidelberger 和 Weloh(1983)的方法，下文将简要介绍这些方法。更详细的描述可以在 Cowles 和 Carlin(1996)或 Paulino 等(2018)所引用的文章中找到。

格尔曼和鲁宾诊断

格尔曼和鲁宾建议使用多个并行链的方差分量，从不同的起点初始化这些链。该方法包括以下步骤：

1. 模拟 $m \geqslant 2$ 个链，每个链进行 $2n$ 次迭代，开始的初始点是从相对目标(平稳)分布过度分散的分布生成的。

2. 对每个链丢弃前 n 次迭代。

3. 令 g 表示要估计的感兴趣的标量(g 通常是参数 θ 的一个函数)。

4. 基于 g 的模拟值，分别计算方差分量 W 和 B，即每个链内的方差和链间的方差。

5. 估计 g 在目标分布下的均值，即 g 的所有 mn 个模拟值的样本均值。

6. 估计目标分布下 $g(\theta)$ 的方差 V，即 W 和 B 的加权平均。

7. 计算尺度收缩因子 $\hat{R}=\sqrt{VW}$。

8. 随着 $n\to\infty$，这个比收敛到 1。值 $\hat{R}\approx 1$ 提供了证据：包含 n 个模拟状态的 m 个序列中的每一个都逼近目标分布。

格韦克诊断

令 $\theta^t(t=1,2,\cdots,N)$ 是一个由 MCMC 模拟生成的状态序列，令 $g(\theta)$ 是一个待估计的 θ 的函数。由 $g^t=g(\theta^t)$ 形成的轨迹 g^1，g^2，…定义了一个时间序列。

Geweke(1992)的方法基于常用的检测模拟序列收敛性的时间序列方法。假设 N 足够大，我们使用前 n_a 次迭代计算样本均值 $g_a=\frac{1}{n_a}\sum g(\theta^t)$，使用后 n_b 次迭代计算均值 $g_b=\frac{1}{n_b}\sum g(\theta^t)$。如果链是平稳的，则其前一部分的均值应该与后一部分的均值相近。令 $N\to\infty$ 且 n_a/N 和 n_b/N 固定，我们可以证明 199

$$\frac{(g_a-g_b)}{\sqrt{(s_a^2/n_a)+(s_b^2/n_b)}}\to N(0,1)$$

其中 s_a^2 和 s_b^2 是 g_a 和 g_b 的渐近方差的独立估计，针对时间序列自的相关性进行了调整。使用这一统计量，我们现在可以评估是否存在收敛性的证据。

拉夫特里和刘易斯诊断

假设我们需要估计参数的某个函数的后验 q 分位数，数值不确定性 r 和概率 s 在 r 由定义的界内。拉夫特里和刘易斯方法计算为了达到指定标准所需的迭代次数 N 和初始老化代数 M。计算基于这样的假设：导出的函数指示的二进制序列要么高(1)、要么低(0)，所需的分位数近似为马尔可夫。除了 N 和 M，诊断还报告 $N_{\min}$、试验样本的最小量，并将 $I=(M+N)N_{\min}$ 作为依赖因于——解释为迭代次数的增加比例，这可以归因于序列依赖。该因子的高值(>5)是有影响的初始值、参数向量的系数之间的高相关性或后验支撑上的不良混合马尔可夫链的证据。该方法应该用于一个或多个试验序列。

海德堡和韦尔奇诊断

海德堡和韦尔奇提出了一个基于 Cramer-von Mises 检验的检验统计量，来检验模拟的马尔可夫链确实来自平稳分布这一零假设。

收敛性诊断应用于每一个被监测的变量，步骤如下：

1. 生成一个大小为 N 的链并定义一个水平 α。

2. 对每个被监测变量，进行 N 次迭代来求检验统计量。根据检验结果，确定是否拒绝零假设。

3. 如果零假设被拒绝，丢弃前 10%的迭代，再次求检验统计量。如零假设一直
200 被拒绝就一直重复此过程。

4. 如果我们持续拒绝零假设，当剩余迭代次数达到初始迭代次数 N 的 50%时，则马尔可夫链模拟必须继续，因为链还未达到平衡。在这种情况下，CODA 报告检验统计量并指出链的平稳性检验失败。

5. 否则，链通过平稳性检验部分被用来估计均值(m)和均值的渐近标准误差(s)，并按如下方式对链的这部分进行半宽检验。如果对小的 ϵ(CODA 使用默认值 $\alpha=0.05$ 和 $\epsilon=0.1$)有 $1.96s<m\epsilon$，则链通过了全部检验。否则，条件 $1.96s\geq m\epsilon$ 意味着要继续马尔可夫链模拟。

9.6.2 CODA 包和 BOA 包

CODA 软件包最初是为 S-PLUS 编写的，作为 Cowles(1994)的生物统计学博士论文的一部分。后来，BUGS 团队(Best 等，1995)接管了它，他们通过将 BUGS 中的模拟值以 CODA 格式保存，创建了一个接口，之后可以对其通过 CODA 进行分析。

R 的 CODA 包源于将为 S-PLUS 编写的函数迁移到 R 环境的努力。这种迁移很困难，导致了对函数的大量重写，从而催生了 BOA 包。BOA 包的开发始于 2000 年，当时所有的 CODA 函数都已经被重写，以便在 R 中使用。因此，现在可以在 R 中使用 CODA(Plummer 等，2006)。

两个包都可以从 CRAN 中直接安装，命令如下：

```
install.packages("coda",repos="http://cran.us.r-project.org")
install.packages("boa",repos="http://cran.us.r-project.org")
```

CODA 和 BOA 两个包都来自 CRAN，分别包含函数 `coda.menu()`和 `boa.memu()`，

此接口允许通过一个菜单接口使用程序，适用于对 R 的知识有限的临时用户。例如，在 CODA 中可这样使用： 201

```
> library(coda)
> codamenu()
CODA startup menu

1: Read BUGS output files
2: Use an mcmc object
3: Quit

Selection: 2

Enter name of saved object (or type "exit" to quit)
1:A1_2_mcmc #ver posteriormente como foi definido.
Checking effective sample size ...OK
CODA Main Menu

1: Output Analysis

2: Diagnostics
3: List/Change Options
4: Quit
```

在读取数据后，用户会看到一列分析选项，包括汇总统计、图形表示和收敛性诊断。

BOA 的菜单也非常相似。参见 Smith(2007)中有关 boa.menu()的细节。

除了菜单模式，也可以使用 R 命令进行分析。为了在 CODA 和 R 之间有一个接口，以便函数可以从 R 命令行中使用，创建了一个新的 R 类 mcmc。BOA 接受模拟值以向量或矩阵作为输入参数，并将其保存为 mcmc 对象。

CODA 和 BOA 的最新版本的使用手册可从下面网站找到。

```
https://cran.r-project.org/web/packages/coda/coda.pdf
https://cran.r-project.org/web/packages/boa/boa.pdf.
```

手册描述了汇总 MCMC 模拟结果的函数，包括图示汇总，以及收敛到链的极限分布的诊断检验。

CODA 函数需要一个类 mcmc 的对象，该对象包含被监测的所有参数的所有模拟值。使用 as.mcmc()函数(有一个模拟输出的矩阵)可以很容易地创建这样的对象。

为了使用 BOA 函数，MCMC 模拟输出需要以矩阵形式给出，每列对应一个参数、每一行对应一次迭代。具有行名和列名的列表是类 matrix 对象的参数 dimnames()。 202

9.6.3 应用实例：CODA 和 BOA

我们将展示如何使用CODA 和 BOA 研究链的收敛性，链是之前使用 R2OpenBUGS、R2jags、RStan 和 R2BayesX 模拟的。

A. 使用 R2OpenBUGS

回忆 9.2.1 节中是如何得到参数的模拟值的矩阵的，参数都是之前声明的受监测的。它是作为对象 `A1 = Cexemplo1_OpenBUGS.fit` 的成员 `$sims.matrix` 得到的。该对象包含调用 `bugs()`得到的所有输出，如下例所示：

```
Cexemplo1_OpenBUGS.fit<- bugs(data=Cexemplo1.data,
inits=list(Inits1,Inits2), parameters.to.save=Cexemplo1.params1,
   "Cexemplo1BUGS_semb.txt", n.chains=2, n.iter=40000,
   n.burnin=20000, debug=FALSE,save.history=FALSE,DIC=TRUE)

> A1<-Cexemplo1_OpenBUGS.fit$sims.matrix
> dim(A1)
[1] 40000    10
> head(round(A1,4))
     beta0 beta[1] beta[2] beta[3] beta[4]    tau  tau_a
[1,] 15.73   6.349  0.0098   3.843 -0.1046 0.0819 0.0192
[2,] 18.55   2.689  0.0214   4.742 -0.1315 0.0953 0.0195
[3,] 16.41   6.330  0.2284   4.585 -0.0643 0.0664 0.0218
[4,] 14.18   5.653 -0.1744   4.911 -0.1551 0.0793 0.0127
[5,] 19.86   2.291  0.0826   4.259 -0.1209 0.0875 0.0180
[6,] 19.00   1.449 -0.0214   5.277 -0.0964 0.0778 0.0190
     sigma_a sigma deviance
[1,]   7.207 3.495    797.3
[2,]   7.168 3.240    792.8
[3,]   6.779 3.882    800.5
[4,]   8.883 3.552    781.2
[5,]   7.452 3.381    793.0
[6,]   7.247 3.585    783.9
> class(A1)
[1] "matrix"
```

我们看到 A1 有 40 000 行(两个链各 20 000 次迭代)和 10 列，每列的列名都是对应的被检测的参数名。注意，第 1 个链的状态对应第 1 行到第 20 000 行，第 2 个链对应第 20 001 行到第 40 000 行。

因此，为了用 CODA 分析两个链，我们需要定义两个 `mcmc` 类型的对象，每个对象用于一个链，然后用函数 `as.mcmc.list` 将它们组合成一个单一对象，如下所示。

203

```
> library(coda)
> A1_1chain<-as.mcmc(A1[1:20000,])
> A1_2chain<-as.mcmc(A1[20001:40000,])
> A1_2_mcmc<-as.mcmc.list(list(A1_1chain,A1_2chain))
```

我们可以绘制两个链的叠加轨迹、后验密度(图 9.3 中展示了对参数 β_1 和 β_2 的结果)、自相关性、分位数轨迹和分量间的相关矩阵。使用下面命令进行绘制。

```
plot(A1_mcmc)
plot(A1_2_mcmc[,2:3])     #only for cols that appear in the figure
autocorr.plot(A1_2_mcmc) #autocorrelation
cumuplot(A1_2_mcmc)       #evaluate quantiles (0.025,0.5,0.975)
crosscorr.plot(A1_2_mcmc)#plot correlation matrix
```

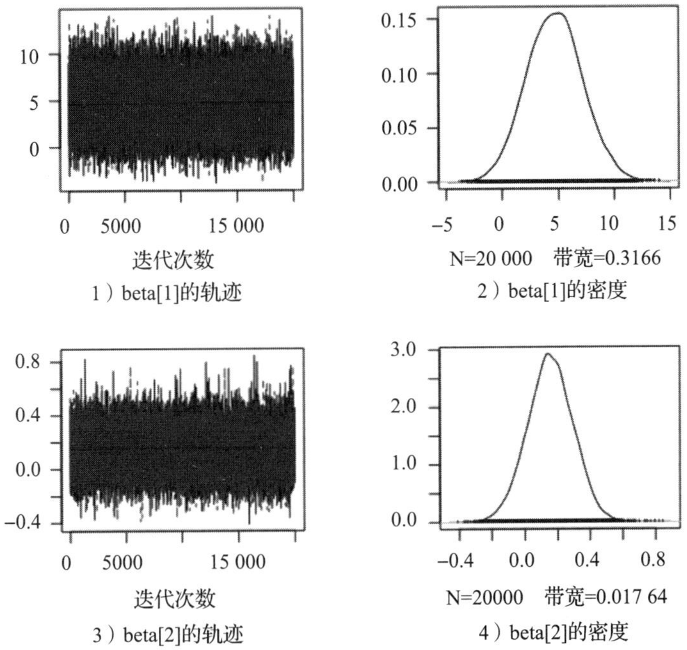

图 9.3 β_1 和 β_2 的轨迹图和后验密度

使用相应的 CODA 函数可以很容易地进行 9.6.1 节中所述的收敛性诊断。

1. 格尔曼和鲁宾诊断

```
> gelman.diag(list(A1_1chain,A1_2chain),
    confidence = 0.95, transform=FALSE, autoburnin=TRUE,
```

204
```
    multivariate=TRUE)
Potential scale reduction factors:

         Point est. Upper C.I.
beta0             1          1
beta[1]           1          1
beta[2]           1          1
beta[3]           1          1
beta[4]           1          1
tau               1          1
tau_a             1          1
sigma_a           1          1
sigma             1          1
deviance          1          1

Multivariate psrf
1
```

命令包含选项 autoburnin=TRUE。因此，只有序列的后一半被用来计算尺度收缩因子。因子求值为 1，意味着没有证据表明该序列不收敛。通过 gelman.plot()可获得格尔曼和鲁宾尺度收缩因子随迭代次数而演变的绘图。图 9.4 展示了对 β_1 和 β_2 的绘图结果。

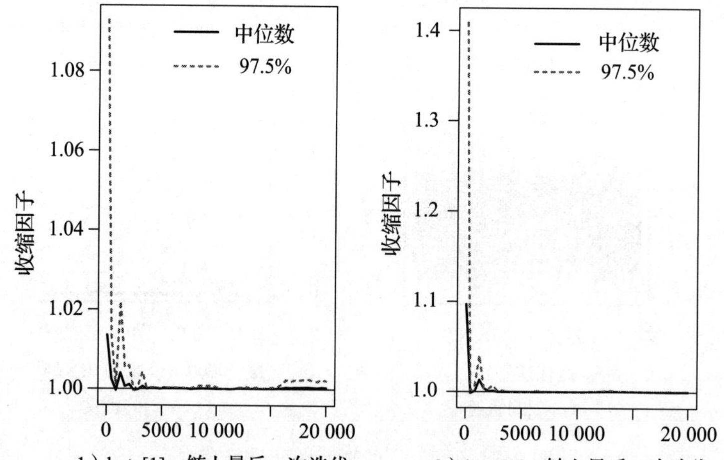

1）beta[1]。链上最后一次迭代　　2）beta[2]。链上最后一次迭代

图 9.4　格尔曼和鲁宾尺度收缩因子

205

2. 格韦克诊断

```
> geweke.diag(A1_2_mcmc)
[[1]]
```

```
Fraction in 1st window = 0.1
Fraction in 2nd window = 0.5

    beta0   beta[1]   beta[2]   beta[3]   beta[4]       tau
 0.003827 -1.383019 -0.608487 -0.695510 -0.948153  0.047654
    tau_a   sigma_a     sigma  deviance
-0.231638 -0.349071  0.069021 -0.278292


[[2]]

Fraction in 1st window = 0.1
Fraction in 2nd window = 0.5

   beta0  beta[1]  beta[2]  beta[3]  beta[4]      tau
 -2.2450   2.7206   0.6372  -0.5620  -0.5291   0.3862
   tau_a  sigma_a    sigma deviance
  0.1276  -0.4537  -0.3752   1.4152
```

这个函数的输出是每个变量的序列的前一部分和后一部分之间均值相等检验的 Z 得分。因为第一个链的值都在区间(-1.96,1.96)内，我们不拒绝所有监测参数均值相等的零假设。然而，对于第二个链中的 β_0 和 β_1 则不是这样。记住，任何参数没有通过测试，这就是链整体上没有达到平稳性的证据。这是因为收敛性是链的性质，而不是单个参数的性质。

3. 拉夫特里和刘易斯诊断

该方法适用于短试验序列的马尔可夫链。因此，我们将仅对每个链的前 4000 次迭代应用它(在初始老化期间的迭代，在本例中是 20 000 次，没有保存在对象 A1 中)。该方法需要指定一个要估计的分位数。在默认情况下，CODA 使用 0.025 分位数。我们使用的方法假设人们希望估计中位数，即 0.5 分位数。

206

```
> raftery.diag(A1_1chain[1:4000,],q=0.5,r=0.01,s=0.95,
     converge.eps=0.001)

Quantile (q) = 0.5
Accuracy (r) = +/- 0.01
Probability (s) = 0.95
You need a sample size of at least 9604 with
these values of q, r and s

#using 10000 iterates
> raftery.diag(A1_1chain[1:10000,],q=0.5,r=0.01,s=0.95)

Quantile (q) = 0.5
Accuracy (r) = +/- 0.01
```

```
Probability (s) = 0.95

          Burn-in  Total Lower bound  Dependence
          (M)      (N)   (Nmin)       factor (I)
 beta0    2        9324  9604         0.971
 beta[1]  2        9268  9604         0.965
 beta[2]  2        9354  9604         0.974
 beta[3]  1        9619  9604         1.000
 beta[4]  2        9099  9604         0.947
 tau      2        9354  9604         0.974
 tau_a    2        9520  9604         0.991
 sigma_a  2        9558  9604         0.995
 sigma    2        9384  9604         0.977
 deviance 2        9272  9604         0.965

> raftery.diag(A1_2chain[1:10000,],q=0.5,r=0.01,s=0.95)

Quantile (q) = 0.5
Accuracy (r) = +/- 0.01
Probability (s) = 0.95

          Burn-in  Total Lower bound  Dependence
          (M)      (N)   (Nmin)       factor (I)
 beta0    2        9794  9604         1.020
 beta[1]  2        9771  9604         1.020
 beta[2]  2        9459  9604         0.985
 beta[3]  1        9588  9604         0.998
 beta[4]  2        9302  9604         0.969
 tau      2        9736  9604         1.010
 tau_a    2        9406  9604         0.979
 sigma_a  2        9399  9604         0.979
 sigma    2        9751  9604         1.020
 deviance 2        9276  9604         0.966
```

两个链的依赖因子都接近 1，意味着没有问题。根据这些结果，10 000 次迭代将足以估计容忍度为 $r=0.01$ 和在这些容忍限内的概率为 $s=0.95$ 的中位数。

4. 海德堡和韦尔奇方法

为了应用此方法，我们需要固定 ϵ 和 α 的值。如前所述，CODA 默认使用 $\epsilon=0.1$

207 和 $\alpha=0.05$。使用函数 heidel.diag()的参数可以改变此默认值。仅出于展示目的，我们使用 $\epsilon=0.01$。

```
> heidel.diag(A1_2_mcmc, eps=0.01, pvalue=0.05)
[[1]]

        Stationarity start     p-value
        test         iteration
beta0   passed       1         0.503
```

```
beta[1]  passed       1          0.052
beta[2]  passed       1          0.592
beta[3]  passed       1          0.822
beta[4]  passed       1          0.504
tau      passed       1          0.402
tau_a    passed       1          0.999
sigma_a  passed       1          0.936
sigma    passed       1          0.435
deviance passed       1          0.503

         Halfwidth Mean     Halfwidth
         test
beta0    passed     17.2739 2.47e-02
beta[1]  passed      4.7013 3.46e-02
beta[2]  failed      0.1565 1.93e-03
beta[3]  passed      4.2236 1.29e-02
beta[4]  passed     -0.1047 4.93e-04
tau      passed      0.0774 1.52e-04
tau_a    passed      0.0163 5.29e-05
sigma_a  passed      7.9973 1.30e-02
sigma    passed      3.6216 3.60e-03
deviance passed    794.9228 1.72e-01

[[2]]

         Stationarity start     p-value
         test         iteration
beta0    passed       2001      0.2585
beta[1]  passed          1      0.0766
beta[2]  passed          1      0.8299
beta[3]  passed          1      0.1795
beta[4]  passed          1      0.8124
tau      passed          1      0.9457
tau_a    passed          1      0.8847
sigma_a  passed          1      0.9781
sigma    passed          1      0.9562
deviance passed          1      0.5130

         Halfwidth Mean     Halfwidth
         test
beta0    passed     17.2694 0.025928
beta[1]  passed      4.6858 0.034335
beta[2]  failed      0.1561 0.001879
beta[3]  passed      4.2275 0.012846
beta[4]  passed     -0.1046 0.000507
tau      passed      0.0773 0.000154
tau_a    passed      0.0162 0.000052
sigma_a  passed      8.0069 0.013041
sigma    passed      3.6251 0.003658
deviance passed    795.0646 0.175413
```

当 $\epsilon=0.01$ 时，参数 β_2 通过了平稳性检验(两个链都通过)，但未通过半宽检验，

208~209

表明需要继续模拟以达到所需精度。如果我们将 ϵ 设置为 0.05，所有参数都会通过平稳性检验和半宽检验。

5. HPD 区间

最后，回想一下，在 CODA 中，我们可以使用函数 `HPDinterval()` 得到所有被监测参数的 HPD 区间。这里展示了对每个链获取 95%的 HPD 区间。

```
> HPDinterval(A1_2_mcmc, prob = 0.95)
[[1]]
              lower     upper
beta0     13.860000  20.80000
beta[1]    0.036880   9.84600
beta[2]   -0.128400   0.42490
beta[3]    2.487000   6.08700
beta[4]   -0.178200  -0.03300
tau        0.056580   0.10000
tau_a      0.009279   0.02371
sigma_a    6.246000   9.88700
sigma      3.122000   4.14500
deviance 771.400000 820.30000
attr(,"Probability")
[1] 0.95

[[2]]
              lower     upper
beta0     13.960000  20.87000
beta[1]    0.002304   9.64300
beta[2]   -0.114500   0.42770
beta[3]    2.402000   6.02500
beta[4]   -0.178100  -0.03235
tau        0.055750   0.09912
tau_a      0.009449   0.02374
sigma_a    6.223000   9.83100
sigma      3.122000   4.15300
deviance 771.100000 819.80000
attr(,"Probability")
[1] 0.95
```

209 我们现在简要展示如何在 BOA 中进行相同的诊断。

```
A1<-Cexemplo1_OpenBUGS.fit$sims.matrix
                                #results in matrix form
nomes<-list(c(1:20000,1:20000),c("beta0","beta[1]","beta[2]",
            "beta[3]","beta[4]","tau","tau_a",
            "sigma_a","sigma","deviance"))
dimnames(A1)<-nomes
A1_1<-A1[1:20000,]              #define first chain
A1_2<-A1[20001:40000,]          #define a second chain
#-----------------------------------------------#
```

```
        #autocorrelation
#------------------------------------------------#
boa.acf(A1_1,lags=1)
boa.acf(A1_2,lags=1)
#------------------------------------------------#
        #Geweke's method #
#------------------------------------------------#
boa.geweke(A1_1, p.first=0.1, p.last=0.5)
boa.geweke(A1_2, p.first=0.1, p.last=0.5)
#------------------------------------------------#
     #Heidelberg and Welch method #
#------------------------------------------------#
boa.handw(A1_1, error=0.05, alpha=0.05)
boa.handw(A1_2, error=0.05, alpha=0.05)
#------------------------------------------------#
            #HPD intervals #
#------------------------------------------------#
#the function boa.hpd() computes HPD intervals
#for one parameter.
#to find intervals for all (monitored) parameters
#one can use, e.g.
hpd_boa<-function(x) boa.hpd(x,0.05)
apply(A1_1,2,hpd_boa)
apply(A1_2,2,hpd_boa)
```

B. 使用 R2jags

1. 可以用如下命令将 jags()的输出转换为一个 mcmc 对象。

```
exemplo1_JAGS.fit2.mcmc <- as.mcmc(exemplo1_JAGS.fit2 )
```

2. 和前面一样，有了 mcmc 对象，在 CODA 中可使用各种命令进行收敛诊断： 210～211

```
library(coda)
plot(exemplo1_JAGS.fit2.mcmc)
autocorr.plot(exemplo1_JAGS.fit2.mcmc)
gelman.plot(exemplo1_JAGS.fit2.mcmc)
gelman.diag(exemplo1_JAGS.fit2.mcmc)
geweke.diag(exemplo1_JAGS.fit2.mcmc)
raftery.diag(exemplo1_JAGS.fit2.mcmc)
heidel.diag(exemplo1_JAGS.fit2.mcmc)
```

注意，对象 exemplo1_JAGS.fit2 已经包含两个链，mcmc 对象 exemplo1_JAGS.fit2.mcmc 也是如此。因此，不需要像在 R2OpenBUGS 中那样对两个链使用独立对象。

3. 函数 jags()返回被监测参数的模拟值，也是以矩阵形式：

```
exemplo1_JAGS.fit2$BUGSoutput$sims.matrix
```

因此，使用 BOA 时，我们完全按照 ROpenBUGS 输出两个链的情况进行操作。

C. 使用 RStan

如前所述(9.4.1 节中的第 5 条)，对于使用命令 stan()创建的链，可以通过对 stan()的输出应用函数 extract()获取其模拟参数值。

```
> samples_stan_array<-extract(exemplo1.fit_stan,
    pars=c("beta0", "beta", "sigma", "sigma_a", "tau", "tau_a"),
    permuted = FALSE, inc_warmup = FALSE, include = TRUE)
> class(samples_stan_array)
[1] "array"
> dim(samples_stan_array)
[1] 20000     2     9 #20000 cada cadeia, 2 cadeias, 9 parameters
```

为了使用 CODA 或 BOA，我们先为每个链定义矩阵。

```
samples_coda_1<-as.matrix(samples_stan_array[1:20000,1,1:9]))
samples_coda_2<-as.matrix(samples_stan_array[1:20000,2,1:9]))
```

对 CODA，矩阵被转换为 mcmc 对象：

```
samples_coda_1<-mcmc(samples_coda_1)
samples_coda_2<-mcmc(samples_coda_2)
gelman.diag(list(samples_coda_1,samples_coda_2))
geweke.diag(samples_coda_1)
geweke.diag(samples_coda_2)
raftery.diag(samples_coda_1)
raftery.diag(samples_coda_2)
heidel.diag(samples_coda_1)
heidel.diag(samples_coda_2)
```

211 对 BOA，我们首先需要为行、列名定义 dimnames：

```
samples_coda_1<-as.matrix(samples_stan_array[1:20000,1,1:9])
samples_coda_2<-as.matrix(samples_stan_array[1:20000,2,1:9])

dimnames(samples_coda_1)<- list(1:20000,
     c("beta0", "beta[1]","beta[2]", "beta[3]", "beta[4]",
       "sigma", "sigma_a", "tau", "tau_a"))
dimnames(samples_coda_2)<- list(1:20000,
     c("beta0", "beta[1]","beta[2]", "beta[3]", "beta[4]",
       "sigma", "sigma_a", "tau", "tau_a"))
```

我们通过格韦克诊断来展示 BOA 的使用。

```
> boa.geweke(samples_coda_1,p.first=.1,p.last=0.5)
            Z-Score    p-value
beta0    -0.1895212 0.84968432
beta[1] -1.1536020 0.24866338
beta[2] -0.3998341 0.68927871
beta[3] -0.3581599 0.72022368
beta[4] -1.3735690 0.16957554
sigma    -0.7696775 0.44149123
sigma_a -1.7314080 0.08337903
tau       0.6671540 0.50467380
tau_a     1.7048218 0.08822767
> boa.geweke(samples_coda_2,p.first=.1,p.last=0.5)
             Z-Score   p-value
beta0    -0.51871293 0.6039609
beta[1]   0.15164978 0.8794632
beta[2]   1.35185008 0.1764233
beta[3] -0.57649303 0.5642820
beta[4]   0.61505637 0.5385175
sigma    -0.93391998 0.3503452
sigma_a -0.03298591 0.9736858
tau       1.23723600 0.2159995
tau_a     0.02936042 0.9765771
```

D. 使用 R2BayesX

回忆一下(9.5.1 节中的第 4 条)，将函数 samples()应用于 bayesx()的输出，将返回后验分布的模拟值，还包含参数 term 中指定的模拟值。CODA 的参数可控制输出对象的类型和类。

因此，使用如下命令我们将得到一个 mcmc 类型列表，可用来在 CODA 中进行收敛性诊断： 212~213

```
> AA_coda<-samples(exemplo1_BayesX,
    term=c("linear-samples","var-samples","sd(ID)"),coda=TRUE)
> class(AA_coda)
[1] "mcmc.list"
> names(AA_coda)
[1] "Chain_1" "Chain_2"

#illustrating
> gelman.diag(AA_coda)
Potential scale reduction factors:

          Point est. Upper C.I.
Intercept          1          1
z2                 1          1
z3                 1          1
```

```
z1                    1          1
z                     1          1
                      1          1

Multivariate psrf
1
```

另一方面，为了用 BOA 进行收敛性诊断，执行如下命令：

```
> AA_boa<-as.matrix(AA_data)
> AA_boa_1<-AA_boa[,1:6]
> AA_boa_2<-AA_boa[,7:12]

#illustrating
> library(boa)
> boa.geweke(AA_boa_1,p.first=0.1,p.last=0.5)
                              Z-Score   p-value
Chain_1.Param.Intercept -0.2281478 0.8195313
Chain_1.Param.z2         1.2278951 0.2194863
Chain_1.Param.z3        -0.2358216 0.8135711
Chain_1.Param.z1         1.1215734 0.2620438
Chain_1.Param.z          0.8195813 0.4124548
Chain_1.Var              0.6110576 0.5411614
> boa.geweke(AA_boa_1,p.first=0.1,p.last=0.5)
                              Z-Score   p-value
Chain_1.Param.Intercept -0.2281478 0.8195313
Chain_1.Param.z2         1.2278951 0.2194863
Chain_1.Param.z3        -0.2358216 0.8135711
Chain_1.Param.z1         1.1215734 0.2620438
Chain_1.Param.z          0.8195813 0.4124548
Chain_1.Var              0.6110576 0.5411614
```

9.7 R-INLA 和应用实例

在 8.3 节中，我们描述了使用 INLA 方法来分析贝叶斯层次模型而不使用仿真。作为一种近似方法，使用 INLA 我们不必担心 MCMC 模拟方法所固有的收敛问题，
213 这在前一节中已经讨论过了。然而，这并不意味着得到的后验近似总是好的。我们必须研究近似结果的质量。Rue 等(2009)提出了两种评估后验分布近似误差的策略：一种基于参数的有效数量的计算，另一种基于库尔贝克-莱布勒散度准则。该文章的 4.1 节和 4.2 节讨论了这些策略的细节。R-INLA 中实现了这些策略。我们将看到如何评估它们。

如第 8 章所述，INLA 方法的设计目的是用于潜高斯模型中的贝叶斯推断，潜高斯模型包括一大类模型，从加性 GLMM 到对数高斯考克斯模型和时空模型。结合随

机偏微分方程(SPDE)(Lindgren 等，2011)，可以对各种空间数据建模，包括面积参考数据、地理参考数据和点过程数据(Lindgren 和 Rue，2015)。

R-INLA 软件是一个 R 包，开发它是为了使用 INLA 实现近似贝叶斯推断。该包是一个独立程序 INLA 的进一步发展。它是用 C 语言编写的，使用 GMRFLib(www.math.ntnu.no/~hrue/GMRFLib/doc/html)库来实现对高斯随机场的快速和精确的模拟。

R-INLA 适用于 Linux、Mac 和 Windows 操作系统。在 www.r-inla.org 网站上，除了 R-INLA 的安装说明，还可以找到代码、实例、文章以及讨论 INLA 理论与应用的评论，还有许多其他令我们感兴趣的材料，特别是一个讨论论坛和常见问题的解答。

我们使用如下命令直接从 R 中安装 R-INLA：

```
install.packages("INLA",
 repos="http://www.math.ntnu.no/inla/R/stable")
```

如同其他 R 包，使用如下代码在工作会话中加载 R-INLA：

```
library(INLA)
```

由于 R-INLA 频繁更新，我们应使用如下命令

```
inla.upgrade(testing=FALSE)
```

来获取包的最新和最稳定版本。

使用 R-INLA 包，对响应变量有很多概率分布可用。使用如下命令可看到响应列表：

```
> names(inla.models()$likelihood)
```

214

可以在 www.r-inla.org/models/likelihoods 上找到这些分布的完整描述和实例。类似地，要获得关于模型参数和结构化或非结构化随机效应的先验分布信息，请参见 www.r-inla.org/models/priors 和 www.r-inla.org/models/latent-models。还可以使用如下命令获取包含相应分布的列表

```
>  names(inla.models()$prior)
>  names(inla.models()$latent)
```

为了更好地理解 R-INLA 是如何工作的，我们继续介绍应用实例。

9.7.1 应用实例

1. 与 BayesX 中一样，使用来自 9.1 节的贝叶斯模型，模型被转换为 R 代码——通过如下公式创建为对象

```
> INLA_formula <- X ~ z1 + z2 + z3 + z +
     f(ID, model="iid",
       hyper=list(prec=list(prior="loggamma",param=c(1,0.005))))
> class(INLA_formula)
[1] "formula"
```

与以前一样，模型中线性出现的固定效应被中心化。使用出现在公式定义中的函数 f()，我们定义了结构效应(各种类型的定义见 www.r-inla.org/models/latent-models)。在目前的情况下，我们只有患者特定性(变量 ID)随机效应，它被引入到模型中作为 a。模型独立同分布地指定了一个均值为零、精度为 τ_a 的正态分布。在参数 hyper 中指定的先验分布是对 $\ln(\tau_a)$ 的。作为一个对数伽马分布，它对应于精度为 τ_a 的伽马分布。

2. 我们调用 inla() 函数来运行 INLA 算法，得到所需结果以最终进行贝叶斯推断，如下所示：

215

```
> ?inla
> resultado_INLA <- inla(INLA_formula,family="normal",
    control.predictor=list(compute=TRUE),

control.compute =list(waic=TRUE,dic=TRUE,cpo=TRUE),
data = Cexemplo1,
control.family=
  list(hyper=list(prec=list(prior="loggamma",param=c(1,0.005)))))
```

上述代码的第一行列出了 inla() 函数的所有参数，其中唯一必需的参数是声明公式的对象(在本例中为 INLA_formula)和包含数据的对象(在本例中为 data = Cexemplo1)。通过不指定其他参数，R-INLA 假设它们是通过省略指定的。

指令 control.predictor=list(compute=TRUE) 指定要计算线性预测器的边缘分布。这个函数还有其他参数，可以通过如下命令列出

```
?control.predictor
```

control.family() 声明参数的先验分布在抽样模型族中。在本例中，我们为精度参数 τ 声明了一个先验分布。参见 ?control.family 以了解如何对特定分布的参

数进行此操作的细节。

为了计算 WAIC 和偏差信息准则(DIC)以及条件预测坐标(CPO)，我们需要声明

```
control.compute =list(waic=TRUE,dic=TRUE,cpo=TRUE)
```

3. 函数 inla()返回一个 inla 类对象，在本例中它被保存为 resultado_INLA。此对象是一个包含很多元素的列表，可以使用命令 names(resultado_INLA)列出这些元素。可使用如下命令得到 INLA 方法的汇总结果。 216～217

```
> summary(resultado_INLA)
...
Time used:
 Pre-processing    Running inla Post-processing       Total
         0.1719          0.4375          0.0975      0.7069

Fixed effects:
               mean sd 0.025quant 0.5quant 0.975quant mode   kld
(Intercept) 17.250 1.737    13.820   17.251     20.669 17.253   0
z1           4.772 2.448    -0.050    4.770      9.599  4.766   0
z2           0.154 0.138    -0.118    0.154      0.427  0.153   0
z3           4.169 0.908     2.394    4.164      5.972  4.154   0
z           -0.106 0.036    -0.176   -0.106     -0.035 -0.107   0

Random effects:
Name       Model
 ID    IID model

Model hyperparameters:
                                          mean sd 0.025quant 0.5quant
Precision for the Gaussian observations 0.0789 0.0113  0.0587 0.0782
Precision for ID                        0.0170 0.0039  0.0106 0.0167
                                        0.975quant   mode
Precision for the Gaussian observations     0.1027 0.0771
Precision for ID                            0.0256 0.0160

Expected number of effective parameters(std dev): 46.38(0.8267)

Number of equivalent replicates : 3.17

Deviance Information Criterion (DIC) ...: 841.57
Effective number of parameters .........: 47.65

Watanabe-Akaike information criterion (WAIC) ...: 844.77
Effective number of parameters .................: 41.31

Marginal log-Likelihood:  -497.49
Posterior marginals for linear predictor and fitted values computed
```

请将这些结果与模拟方法得到的对应结果进行比较。特别地，比较 WAIC 值与

RStan 得到的值。

4. 注意，对于每个超参数配置，结果还包括参数有效数量的估计。这个估计基本上相当于模型中独立参数的期望数量。在我们的例子中，我们有 7+49=56 个参数，但由于随机效应是相互关联的，所以有效的参数数量更小，如我们可看到的，约为 47 个。如前所述，这是 Rue 等(2009)提出的评估近似结果的准确性的策略之一。特别地，如果参数的有效数量比样本量小，那么我们可以期望近似结果是好的。在这种情况下，样本量(147)和有效参数数量(46.38)之比约为 3.17，表明这是一个相当好的近似。事实上，这个比可以解释为有效参数的每个预期数量的观测值数量对应的“等价重复”数量。

报告的另一个量是平均库尔贝克-莱布勒散度(kld 这列)。这个值描述了边缘后验分布的正态近似和简化拉普拉斯近似之间的差异(回顾第 8 章中关于 INLA 中使用的各种近似策略的讨论)。小值意味着后验分布可以用一个正态分布很好地近似。

5. inla()中的默认近似策略是简化的拉普拉斯方法。可以用函数 inla()中的参数 control.inla 来定义其他近似和积分方法。例如，如果我们希望使用完全拉普拉斯方法——为了在边缘分布的尾部估计中获得更高精度，推荐使用此方法，我们
217 可以在 inla()中使用参数

```
control.inla=list(strategy="laplace",npoints=21)
```

6. 除了前面展示的结果，R-INLA 还能报告两种类型的拟合优度度量，即 CPO $p(y_i \mid y_{-i})$ 和概率积分变换 $P(Y_i^{\text{nova}} \leq y_i \mid y_{-i})$(PIT)。为了将这些结果加到输出中，只需在函数 inla 的参数 control.compute 的列表中加入 cpo=TRUE。这些值作为 inla 输出的一部分返回。可以通过命令 names(resultados_INLA)来列出所有可能值。共有 51 个可能值，我们在这里只列出一部分：

```
> names(resultado_INLA)
 [1] "names.fixed"
 [2] "summary.fixed"
 [3] "marginals.fixed"
 [4] "summary.lincomb"
 [5] "marginals.lincomb"
 [6] "size.lincomb"
 [7] "summary.lincomb.derived"
 [8] "marginals.lincomb.derived"
 [9] "size.lincomb.derived"
[10] "mlik"
```

```
[11] "cpo"
[12] "po"
[13] "waic"
...
[18] "summary.linear.predictor"
[19] "marginals.linear.predictor"
[20] "summary.fitted.values"
[21] "marginals.fitted.values"
...
[27] "offset.linear.predictor"
...
[51] "model.matrix"
```

然后我们可以将这两个拟合度量的值保存在一个对象中，例如下面的 CPO_PIT，然后将其用于进一步的分析、图示等。 218~219

```
> CPO_PIT<-resultado_INLA$cpo
> names(CPO_PIT)
[1] "cpo"      "pit"      "failure"
> class(CPO_PIT)
[1] "list"
> summary(CPO_PIT$cpo)
     Min.   1st Qu.    Median      Mean   3rd Qu.      Max.
0.0003652 0.0486900 0.0741300 0.0673100 0.0905200 0.0924000
> summary(CPO_PIT$pit)
     Min.   1st Qu.    Median      Mean   3rd Qu.      Max.
0.0004578 0.2769000 0.5046000 0.5013000 0.7493000 0.9961000
> summary(CPO_PIT$failure)
   Min. 1st Qu.  Median    Mean 3rd Qu.    Max.
      0       0       0       0       0       0
```

极端 CPO 值意味着不寻常的“意外”观测值，而极端 PIT 值意味着离群值。PIT 概率直方图远离均匀分布是模型失配的证据。对应上面 CPO_PIT $failure 中的信息，没有观测值会被认为是意外的或不一致的。

7. 为了得到图形化表示，我们可以使用 plot() 命令。此函数有多个布尔参数。这些参数的默认值都是“TRUE”。因此，如下命令

```
  plot(resultado_INLA)
# or in separate windows
  plot(resultado_INLA,single = TRUE)
```

生成固定效应和随机效应的后验密度、精度参数的后验密度、随机效应和线性预测器的均值和 0.025 及 0.975 后验分位数序列、CPO 和 PIT 值的图以及相应的直方图。如果不需要绘制某些图，可将对应的布尔参数设置为“FALSE”。例如，如只想绘制

精度参数的后验密度，使用下面命令，得到图 9.5。

```
plot(resultado_INLA,
   plot.fixed.effects = FALSE,
   plot.lincomb = FALSE,
   plot.random.effects = FALSE,
   plot.hyperparameters = TRUE,
   plot.predictor = FALSE,
   plot.q = FALSE,
   plot.cpo = FALSE)
```

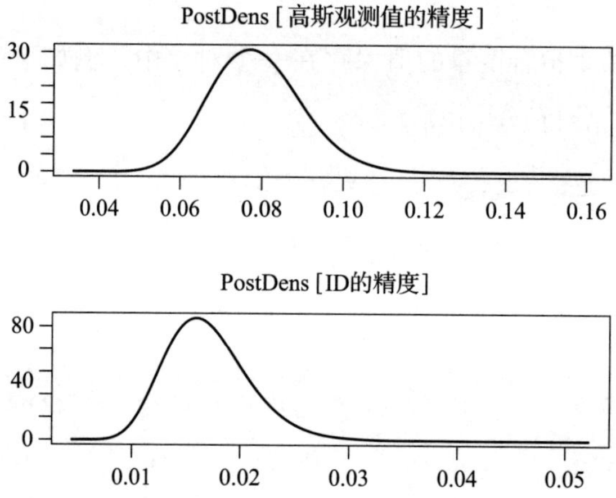

图 9.5　τ 和 τ_a 的后验密度

8. R-INLA 带有精度参数(逆方差)。但一般而言，推断标准差更令人感兴趣。在 INLA 中，可以使用一组函数来计算分位数、原始参数的期望值以及从边缘后验分布获得样本。为了获得标准差 $\sigma=1\sqrt{\tau}$ 和 $\tau_a=1\sqrt{\tau_a}$ 的后验均值，使用如下命令：

```
> names(resultado_INLA$marginals.hyperpar)
[1] "Precision for the Gaussian observations"
[2] "Precision for ID"
> tau<-resultado_INLA$marginals.hyperpar$
+"Precision for the Gaussian observations"
> sigma<-inla.emarginal(function(x) 1/sqrt(x), tau)
> sigma
[1] 3.588387
> tau_a<-resultado_INLA$marginals.hyperpar$"Precision for ID"
> sigma_a<-inla.emarginal(function(x) 1/sqrt(x), tau_a)
> sigma_a
[1] 7.813781
```

219 ~ 220

还可使用如下命令得到随机效应标准差的后验分布。

220 ~ 221

```
> sigmas<-inla.contrib.sd(resultado_INLA,nsamples=1000)
> names(sigmas)
[1] "samples" "hyper"
> sigmas$hyper
                                  mean   sd      2.5%   97.5%
sd for the Gaussian observations 3.59079 0.25221 3.1267 4.1120
sd for ID                        7.79427 0.88068 6.2625 9.6867
> head(sigmas$samples)
     sd for the Gaussian observations sd for ID
[1,]                         3.407485  8.287859
[2,]                         3.775560  6.945835
[3,]                         3.912179  9.931287
[4,]                         3.282005 10.068471
[5,]                         3.736729  7.386682
[6,]                         3.808289  9.027061
```

上面的对象 sigmas 包含了一个后验模拟标准差的向量，保存在 samples 中。

9. 为了从边缘后验获得随机样本，按如下方式使用函数 inla.rmarginal()（针对 β_3 展示）：

```
> names(resultado_INLA$marginals.fixed)[
1] "(Intercept)" "z1"       "z2"          "z3"          "z"
> dens_z3<-resultado_INLA$marginals.fixed$z3
> amostra_z3<-inla.rmarginal(1000,dens_z3)
> summary(amostra_z3)
   Min. 1st Qu.  Median    Mean 3rd Qu.    Max.
 0.5421  3.5580  4.1580  4.1630  4.7880  7.1570
```

通过帮助命令 ?inla.marginal 可以得到更多关于边缘分布上运算函数的信息。

10. inla.hpdmarginal()是这些函数中的一个，可用来得到模型参数的 HPD 可信区间。为了得到线性模型中固定效应对应参数的这些区间，我们既可以单独获取，也可以使用一个命令得到所有区间，如下所示得到一个 95%可信区间，

```
> HPD<-NULL
> for(i in 1:5){
    HPD[[i]]<-inla.hpdmarginal
      (0.95, resultado_INLA$marginals.fixed[[i]])}
> HPD
[[1]]
                  low     high
level:0.95 13.82332 20.66469

[[2]]
                     low    high
level:0.95 -0.05260815 9.58653
```

```
[[3]]
                   low      high
level:0.95 -0.1184688 0.4263571

[[4]]
                 low     high
level:0.95 2.384431 5.958083

[[5]]
                   low        high
level:0.95 -0.1759522 -0.03584334
```

221～222 以及如下所示得到模型超参数的可信区间,

```
> names(resultado_INLA$marginals.hyper)
[1] "Precision for the Gaussian observations"
[2] "Precision for ID"
> HPDhyper<-NULL
> for(i in 1:2){
+ HPDhyper[[i]]<-inla.hpdmarginal
+ (0.95, resultado_INLA$marginals.hyper[[i]])}
> HPDhyper
[[1]]
                  low      high
level:0.95 0.0574843 0.1011766


[[2]]
                    low       high
level:0.95 0.009948865 0.02469588
```

正如预期的那样，固定效应参数的 HPD 区间实际上与汇总结果中的等尾区间一致。对于精度参数，情况并非如此。

习题

9.1 **FEV 数据**。Rosner(1999)报告了一项关于肺活量和吸烟的研究，涉及 $n=654$ 个年龄在 3～19 岁的研究对象。肺活量 y_i 用用力呼气量(forced expiratory volume，FEV)来度量。协变量包括年龄(x_{i1})和一个是否吸烟的指示变量(x_{i2})。Chistensen 等(2011)也分析了此数据。

构建一个 y_i 对年龄(x_{i1})的回归，调整是否吸烟(x_{i2})的截距和斜率，即，一个正态线性回归 $y_i=b_0+b_1x_{i1}+b_2x_{i2}+b_3x_{i1}x_{i2}+\epsilon_{ij}$。数据是 R 包 tmle 中的数据集 `fev`。使用 OpenBUGS、JAGS、Stan 或 INLA 构建推断。FEV 会因为吸烟有不同吗？吸烟会影响肺活量随年龄的增长吗？需要相互作用项吗？

9.2 考虑 OpenBUGS 手册中的任何例子，www.openbugs.net/w/Examples。用 JAGS 或 Stan 或

OpenBUGS 实现推断。

a.

9.3 考虑 OpenBUGS 手册中报告的 Epilepsy 研究，www.openbugs.net/Examples/Epil.html。使用 R-INLA 实现推断。显示 Logistic 回归系数 a_j 边缘后验分布。与不使用泊松高方差(extra-Poisson variation)的简化模型(即没有 b_{jk} 随机效应)相比较。

9.4 考虑 OpenBUGS 手册中的沙门氏菌剂量反应研究，www.openbugs.net/Examples/Salm.html。使用 R-INLA 实现推断。绘制平均量效对剂量的估计剂量反应曲线。 222

9.5 考虑 OpenBUGS 手册中的 Surgical institution rating 例子，www.openbugs.net/Examples/Surgical.html。使用 R-INLA 实现推断。绘制依赖模型下的手术失败率 r_i 的边缘后验分布的箱线图，标记后验均值、中值和分位数，该模型借用了医院间的信息。

9.6 **变分贝叶斯**。考虑 OpenBUGS 手册中的 rats 例子，www.openbugs.net/Examples/Rats.html。用 Stan 编程实现此例子，用如下代码片段实现后验推断。

```
# assume the STAN model is coded in the file "rats.stan"
rats_model <- stan_model(file = "rats.stan")
# MCMC posterior simulation
rats_fit <- sampling(rats_model, data=data,
    iter=2000, warmup=1000, chains=4, seed=123)
# use vb() to implement variational inference
rats_fit_vb <- vb(rats_model, data=data,
    output_samples=2000, seed=123)
```

提示：使用中心参数化，总体均值为 α_0，动物特定性偏移量为 $\alpha_i \sim N(0,\sigma_\alpha^2)$。参见 https://gist.github.com/bakfoo/2447eb7d551ff256706a 中的实现。 223

附　录

附录 A

概率分布

为了便于参考，我们对本书中使用的分布进行简要总结。在使用了多种参数化的情况下，以下总结列出了本书中使用的特定参数化方法。我们一般使用 $f(\cdot)$ 表示离散随机变量的概率质量函数和连续随机变量的密度函数。我们用 $C_k^n=k!(n-k)!/n!$ 表示二项式系数，用 $B(a,b)=\Gamma(a)\Gamma(b)/\Gamma(a+b)$ 表示贝塔函数，对于 $\boldsymbol{a}=(a_1, a_2,\cdots,a_k)$，通常记为 $B(\boldsymbol{a})=\prod_j \Gamma(a_j)/\Gamma(\sum_j a_j)$。我们用 μ 和 σ^2 分别表示均值和方差，μ_i 和 σ_i^2 分别表示第 i 个分量的边缘均值和方差，σ_{ij} 表示协方差，$\boldsymbol{\Sigma}$ 表示随机向量的协方差矩阵。像 a_c 这样的符号表示 $\boldsymbol{a}$ 的所有坐标值的和，即 $\sum_{i=1}^{c+1} a_i$ 当 $\boldsymbol{a}=(a_1, a_2,\cdots,a_{c+1})$ 时，假设 $\boldsymbol{a}$ 的维数可以从上下文中得知。最后，$\mathcal{S}_c$ 表示 c 维单纯形，$\mathbb{N}_0$ 表示非负整数。

离散分布

二项分布：$x \sim Bi(n,p)$，$x\in\{0,1,\cdots,n\}$；

$f(x)=C_x^n p^x(1-p)^{n-x}$，$n\in\mathbb{N}$，$0<p<1$；

$\mu=np$，$\sigma^2=np(1-p)$。

伯努利分布：$Ber(p)=Bi(n=1,p)$

贝塔-二项分布：$x\sim BeBin(n,a,b)$，$x\in\{0,1,\cdots,n\}$；

$f(x)=C_x^n B(a+x,b+n-x)/B(a,b)$，$a>0$，$b>0$，$n\in\mathbb{N}$；

$\mu=na/(a+b)$，$\sigma^2=nab(a+b+n)/[(a+b)^2(a+b+1)]$。

注意：$BeBin(n,a,b)$ 分布是相对于 $\theta\sim Be(a,b)$ 的 $Bi(n,\theta)$ 分布的混合。

负二项分布：$x \sim NBin(r,\theta)$，$x \in \mathbb{N}_0$；

$f(x)=C_x^{x+r-1}(1-\theta)^r\theta^x$，$0<\theta<1$，$r \in \mathbb{N}$；

$\mu=r\theta/(1-\theta)$，$\sigma^2=r\theta(1-\theta)^2$。

几何分布：$Geo(\theta)=NBin(1,\theta)$ 224

贝塔-负二项分布：$x \sim BeNBin(r,\alpha,\beta)$，$x \in \mathbb{N}_0$；

$f(x)=C_{r-1}^{r+x}\dfrac{B(\alpha+r,\beta+x)}{B(\alpha,\beta)}$，$r \in \mathbb{N}$，$\alpha>0,\beta>0$；

$\mu=r\dfrac{\beta}{\alpha-1}(\alpha>1)$ 且 $\sigma^2=\dfrac{r\beta}{\alpha-1}\left[\dfrac{\alpha+\beta+r-1}{\alpha-2}+\dfrac{r\beta}{(\alpha-1)(\alpha-2)}\right](\alpha>2)$。

注意：$BeNBin(r,\alpha,\beta)$分布是相对于 $\theta \sim Be(\alpha,\beta)$ 的 $NBin(r,\theta)$ 分布的混合。

泊松分布：$x \sim Poi(\lambda)$，$x \in \mathbb{N}_0$；

$f(x)=\mathrm{e}^{-\lambda}\lambda^x/x!$，$\lambda>0$；

$\mu=\sigma^2=\lambda$。

泊松-伽马分布：$x \sim PoiGa(n,\alpha,\beta)$，$x \in \mathbb{N}_0$；

$f(x)=\dfrac{\Gamma(\alpha+x)}{x!\ \Gamma(\alpha)}\left(\dfrac{\beta}{\beta+n}\right)^{\alpha}\left(\dfrac{n}{\beta+n}\right)^{x}$，$\alpha>0,\beta>0$，$n \in \mathbb{N}$；

$\mu=n\alpha/\beta$，$\sigma^2=n\alpha(\beta+n)/\beta^2$。

注意：$PoiGa(n,\alpha,\beta)$分布是相对于 $\lambda \sim Ga(\alpha,\beta)$ 的 $Poi(n\lambda)$ 分布的混合。

超几何分布：$x \sim HpG(N,M,n)$，$x=\{\underline{n},\cdots,\overline{n}\}$，其中 $\underline{n}=\min\{n,M\}$，$\overline{n}=\max\{0,n-(N-M)\}$；

$f(x)=\dfrac{C_x^M C_{n-x}^{N-M}}{C_n^N}$，$N \in \mathbb{N}$，$M \in \{0,1,\cdots,N\}$，$n \in \{1,\cdots,N\}$；

$\mu=n\dfrac{M}{N}$，$\sigma^2=n\dfrac{N-n}{N-1}\dfrac{M}{N}\left(1-\dfrac{M}{N}\right)$。

连续分布

均匀分布：$x \sim U(\alpha,\beta)$，$\alpha \leqslant x \leqslant \beta$；

$f(x)=1/(\beta-\alpha)$，$\alpha<\beta$，$\alpha,\beta \in \mathbb{R}$；

$\mu=(\alpha+\beta)/2$，$\sigma^2=(\beta-\alpha)^2/12$。

注意：对于集合 S 上的均匀分布，我们也可以记为 $U(S)$。

贝塔分布：$x \sim Be(\alpha,\beta)$，$0 \leqslant x \leqslant 1$；

$$f(x)=\frac{\Gamma(\alpha+\beta)}{\Gamma(\alpha)\Gamma(\beta)}x^{\alpha-1}(1-x)^{\beta-1},\ \alpha>0,\beta>0;$$

225 $\mu=\alpha/(\alpha+\beta)$，$\sigma^2=\alpha\beta/[(\alpha+\beta)^2(\alpha+\beta+1)]$。

正态分布：$x \sim N(\mu,\sigma^2)$，$x\in\mathbb{R}$；

$$f(x)=\frac{1}{\sqrt{2\pi}\sigma}e^{-(x-\mu)^2/2\sigma^2},\ \mu\in\mathbb{R},\ \sigma^2>0;$$

$E(x)=\mu$，$\mathrm{Var}(x)=\sigma^2$。

注意：其他参数化使用精度 $1/\sigma^2$ 或标准差 σ 作为第二个参数。WinBUGS、JAGS 和 INLA 使用精度，STAN 和 R 使用标准差。

伽马分布：$x \sim Ga(\alpha,\beta)$，$x\geqslant 0$；

$$f(x)=\frac{\beta^\alpha}{\Gamma(\alpha)}e^{-\beta x}x^{\alpha-1},\ \alpha>0,\beta>0;$$

$\mu=\alpha/\beta$，$\sigma^2=\alpha/\beta^2$。

指数分布：$Exp(\lambda)=Ga(1,\lambda)$。

卡方分布：$\chi^2(n)=Ga(n/2,1/2)$。

厄兰分布：$Erl(k,\lambda)=Ga(k,\lambda)$，$k\in\mathbb{N}$。

逆伽马分布：$x \sim IGa(\alpha,\beta)$，$x\geqslant 0$；

$$f(x)=\frac{\beta^\alpha}{\Gamma(\alpha)}e^{-\beta/x}x^{-\alpha-1},\ \alpha>0,\beta>0;$$

$\mu=\beta/(\alpha-1)$，$\alpha>1$，$\sigma^2=\beta^2/[(\alpha-1)^2(\alpha-2)]$，$\alpha>2$。

韦布尔分布：$x \sim Weib(\lambda,k)$，$x\geqslant 0$；

$$f(x)=\frac{k}{\lambda}\left(\frac{x}{\lambda}\right)^{k-1}e^{-(x/\lambda)^k},\ \lambda>0,\ k>0;$$

$$\mu=\lambda\Gamma\left(1+\frac{1}{k}\right),\ \sigma^2=\lambda^2\Gamma\left(1+\frac{2}{k}\right)-\mu^2。$$

注意：另一种参数化方法是使用 $\delta=k/\lambda$ 来代替 λ。

瑞利分布：$Ral(\sigma)=Weib(\lambda=\sigma\sqrt{2},k=2)$。

注意：使用 $\delta=1/\sigma^2$，可以得到 $f(x)=\delta e^{-\delta x^2/2}$。

学生氏 *t* 分布：$x \sim t(\lambda,\delta;n)$，$x\in\mathbb{R}$；

$$f(x)=c\left[1+\frac{(x-\lambda)^2}{v\delta}\right]^{-\frac{v+1}{2}},\ c=[B(v/2,1/2)]^{-1}(v\delta)^{-1/2};$$

$\mu=\lambda$，$v>1$，$\sigma^2=\frac{v}{v+2}\delta$，$v>2$。

伽马-伽马分布：$x\sim GaGa(n,\alpha,\beta)$，$x>0$；

$$f(x\mid n,\alpha,\beta)=\frac{\beta^{\alpha}}{B(n,\alpha)}\frac{x^{n-1}}{(\beta+x)^{\alpha+n}},\ \alpha>0,\beta>0,\ n\in\mathbb{N};$$

$\mu=n\beta/(\alpha-1)$，$\alpha>1$，$\sigma^2=n\beta^2(n+\alpha-1)/[(\alpha-1)^2(\alpha-2)]$，$\alpha>2$。

注意：$GaGa(n,\alpha,\beta)$分布是相对于$\lambda\sim Ga(\alpha,\beta)$的$Ga(n,\lambda)$分布的混合。

正态-逆伽马分布：$(x,w)\sim NIGa(\lambda,v,a,b)$，$x\in\mathbb{R}$，$w>0$；

$f(x,w)=f(x\mid w)f(w)$，其中$x\mid w\sim N(\lambda,w/v)$，$w\sim IGa(a,b)$，$\lambda\in\mathbb{R}$，$v>0$，$a>0$，$b>0$。

注意：从边缘化角度，$x\sim t(\lambda,\delta,v)$是$\delta=b/(av)$，$v=2a$的学生氏$t$分布。 226

帕累托分布：$x\sim Pa(a,b)$，$x\geqslant b$；

$f(x)=ab^a/x^{a+1}$，$a>0$，$b>0$；

$\mu=ab/(a-1)$，$a>1$，$\sigma^2=b^2a/[(a-1)^2(a-2)]$，$a>2$。

费希尔-斯内德克分布：$x\sim F_{(\alpha,\beta)}$，$x>0$；

$$f(x)=\frac{\alpha^{\alpha/2}\beta^{\beta/2}}{B(\alpha/2,\beta/2)}x^{\alpha/2-1}(\alpha x+\beta)^{-(\alpha+\beta)/2},\ \alpha>0,\beta>0;$$

$\mu=\beta/(\beta-2),\beta>2$，$\sigma^2=2\beta^2(\alpha+\beta-2)/[\alpha(\beta-2)^2(\beta-4)],\beta>4$。

注意：$x\sim F_{(\alpha,\beta)}$可以由下述分布推导得到：

1. $x=(x_1/\alpha)/(x_2/\beta)$，其中$x_1\sim\chi^2_{(\alpha)}$独立于$x_2\sim\chi^2_{(\beta)}$；或

2. $x=\beta y/[\alpha(1-y)]$，其中$y\sim Be(\alpha/2,\beta/2)$。

多元分布

狄利克雷分布：$\boldsymbol{\theta}\sim D_c(\boldsymbol{a})$，$\boldsymbol{\theta}\in\mathcal{S}_c$；

$$f(\boldsymbol{\theta})=\frac{\Gamma(a_\bullet)}{\prod_{i=1}^{c+1}\Gamma(a_i)}\prod_{i=1}^{c+1}\theta_i^{a_i-1},\ a_i\in\mathbb{R}^+,\ i=1,2,\cdots,c+1;\ \theta_{c+1}=1-\theta_\bullet;$$

$\boldsymbol{\mu}=\boldsymbol{a}/a_\bullet$，$\sigma_i^2=\mu_i(1-\mu_i)/(a_\bullet+1)$，$\sigma_{ij}=-\mu_i\mu_j/(a_\bullet+1)$，$i\neq j$。

多项分布：$\boldsymbol{x} \sim M_c(n,\boldsymbol{\theta})$，$x=(x_1,x_2,\cdots,x_{c+1})$，$x_i \in \mathbb{N}_0$，$\sum_{i=1}^{c} x_i \leqslant n$，$x_{c+1} = n - \sum_{i=1}^{c} x_i$；

$f(\boldsymbol{x}) = \dfrac{n!}{\prod_{i=1}^{c+1} x_i!} \prod_{i=1}^{c+1} \theta_i^{x_i}$，$\boldsymbol{\theta} \in \mathcal{S}_c$，$\theta_{c+1} = 1 - \theta_\bullet$；

$\boldsymbol{\mu}=n\boldsymbol{\theta}$，$\boldsymbol{\Sigma}=n(\operatorname{diag}(\theta_1,\theta_2,\cdots,\theta_c)-\boldsymbol{\theta}\boldsymbol{\theta}')$。

多项-狄利克雷分布：$\boldsymbol{x} \sim MD_k(n,\boldsymbol{\alpha})$，对 $\boldsymbol{x}=(x_1,x_2,\cdots,x_k)$，有 $x_i \in \{0,1,2,\cdots,n\}$，$\sum_{i=1}^{k} x_i \leqslant n$，$x_{k+1} = n - \sum_{i=1}^{k} x_i$

$f(\boldsymbol{x}) = \dfrac{n!}{\prod_{i=1}^{k+1} x_i!} \dfrac{B(\{\alpha_i + x_i\})}{B(\boldsymbol{\alpha})}$，$\boldsymbol{\alpha}=(\alpha_1,\alpha_2,\cdots,\alpha_k,\alpha_{k+1})$，$\alpha_i>0$，$n \in \mathbb{N}$；

$\mu_i=nm_i$，$\sigma_i^2=nm_i(1-m_i)\dfrac{a_\bullet+n}{a_\bullet+1}$，$\sigma_{ij}=-nm_im_j\dfrac{a_\bullet+n}{a_\bullet+1}$，其中 $m_j=\alpha_j/\alpha_\bullet$。

注意：$MD_k(n,\boldsymbol{\alpha})$分布是相对于$\boldsymbol{\theta} \sim D_k(\boldsymbol{\alpha})$的$M_k(n,\boldsymbol{\theta})$分布的混合。

多元正态分布：$\boldsymbol{x} \sim N_k(\boldsymbol{m},\boldsymbol{V})$，$\boldsymbol{x} \in \mathbb{R}^k$；

227 $f(\boldsymbol{x})=(2\pi)^{-k/2}\,|\boldsymbol{V}|^{-1/2}\mathrm{e}^{-\frac{1}{2}(\boldsymbol{x}-\boldsymbol{m})'\boldsymbol{V}^{-1}(\boldsymbol{x}-\boldsymbol{m})}$，$\boldsymbol{m} \in \mathbb{R}^k$，$\boldsymbol{V}$ 为 $k \times k$ 的正定矩阵；

$\boldsymbol{\mu}=\boldsymbol{m}$，$\boldsymbol{\Sigma}=\boldsymbol{V}$。

维希特分布：$\boldsymbol{X} \sim W(s,\boldsymbol{A})$，$\boldsymbol{X}$ 为 $k \times k$ 的非负正定矩阵，$s>k+1$，

$$f(\boldsymbol{X}) = c\,|\boldsymbol{A}|^{s}\,|\boldsymbol{X}|^{s-(k+1)/2}\mathrm{e}^{-\operatorname{tr}(\boldsymbol{AX})}, \quad c = \frac{\pi^{-k(k-1)/4}}{\prod_{j=1}^{k}\Gamma\left(\dfrac{2s+1-j}{2}\right)}$$

$\mu=s\boldsymbol{A}^{-1}$，$\operatorname{Var}(X_{ij})=s(v_{ij}^2+v_{ii}v_{jj})$，其中 $\boldsymbol{V}=[v_{ij}]=\boldsymbol{A}^{-1}$。

多元学生氏 t 分布：$\boldsymbol{x} \sim t_k(\boldsymbol{m},\boldsymbol{V};v)$，$\boldsymbol{x} \in \mathbb{R}^k$；

$f(\boldsymbol{x}) = \dfrac{\Gamma((v+k)/2)}{\Gamma(v/2)[\Gamma(1/2)]^k} v^{-k/2}\,|\boldsymbol{V}|^{-1/2}\left[1+\dfrac{1}{v}(\boldsymbol{x}-\boldsymbol{m})'\boldsymbol{V}^{-1}(\boldsymbol{x}-\boldsymbol{m})\right]^{-\frac{v+k}{2}}$，$\boldsymbol{m} \in \mathbb{R}^k$，$\boldsymbol{V}$ 为 $k \times k$ 的正定矩阵；

$\boldsymbol{\mu}=\boldsymbol{m}$，$v>1$，$\boldsymbol{\Sigma}=\dfrac{v}{v+2}\boldsymbol{V}$，$v>2$。

注意：$t_k(\boldsymbol{m},\boldsymbol{V};v)$分布是相对于 $w \sim IGa(v/2,\ v/2)$ 的 $N_k(\boldsymbol{m},w\boldsymbol{V})$分布的混合。

多元正态-维希特分布：$(\boldsymbol{x},\boldsymbol{W})\sim NWi_k(\boldsymbol{m},v,\alpha,\Omega)$，$\boldsymbol{x}\in\mathbb{R}^k$，$\boldsymbol{W}$ 为 $k\times k$ 的正定矩阵；

$f(\boldsymbol{x},\boldsymbol{W})=f(\boldsymbol{x}\mid\boldsymbol{W})f(\boldsymbol{W})$，$\boldsymbol{x}\mid\boldsymbol{W}\sim N_k(\boldsymbol{m},\boldsymbol{W}/v)$，$\boldsymbol{W}\sim Wi_k(\alpha,\boldsymbol{A})$ $\left(\alpha>\frac{k-1}{2}\right)$是一个 $k\times k$ 的正定矩阵；

注意：从边缘化角度，$\boldsymbol{x}\sim t_k(\boldsymbol{\mu},\alpha\boldsymbol{A}^{-1}/v,2\alpha)$。 228

附录 B

编程注意事项

学习第 6 章和其他章节的一些问题需要读者进行编程，尤其是当概率密度函数可以逐点计算时的一般一元和二元随机变量生成的实现，以及 MCMC 模拟中迭代模拟的实现。为了便于参考，我们提供了可能实现的简短 R 代码片段。

随机变量生成

令 X 表示具有一元概率密度函数 $f(x)$ 的随机变量。假设 $\ln f(x)$ 可以逐点计算，下面的函数实现了随机变量生成。计算误差在一个常数因子(或对数尺度上的偏移量)内就足够了。令 `lpdf(x)` 表示一个计算对数概率密度函数的函数。下面的函数假设 `lpdf(x)` 是向量化的，即对于向量 `x`，它返回 $\ln f(x)$ 值的向量。

```
#######################################################
# simulating from a univariate distribution


sim.x <- function(n=1, xgrid=NULL, lpdf, other=NULL)
{ ## simulates x ~ p(x) with
  ## lpdf  = log p(x)  (a function)
  ##         need not be standardized
  ##         must evaluate p(x) for a vector of x values
  ## n     = number of r.v. generations
  ## K     = grid size
  ## xgrid = grid (equally spaced)
  ## other = (optional) additional parameters to be
  ##         used in the call to p(x), i.e., r
  if (is.null(xgrid)){
      cat("\n *** Error: need to specify xgrid for sim.x().\n")
      exit(-1)
  }
  delta <- xgrid[2]-xgrid[1] # grid size..

  if (is.null(other)) # no optional additional arguments
      lp <- lpdf(xgrid)
  else
    lp <- lpdf(xgrid,other)
  pmf <- exp(lp-max(lp))
  x <- sample(xgrid,n,replace=T,prob=pmf) +
    runif(n,min=-delta/2,max=+delta/2) # smear out x

  return(x)
}
```

229

二元随机变量生成

令 $X=(X_1,X_2)$ 表示具有概率密度函数 $f(x_1,x_2)$ 的二元随机向量。假设 $\ln f(x_1,$

x_2)可以逐点计算，下面的函数实现了随机变量生成。与之前一样，计算误差在一个常数倍内就足够了。假设函数 lpdf(x)计算二元变量向量 x 的对数概率密度函数。

```
########################################################
# simulating from a bivariate distribution

sim.xy <- function(n=1, xgrid=NULL, ygrid=NULL, lpdf)
{ ## simulates (x,y) ~ p(x,y) with
  ## lpdf  = log p(x,y)  (a function)
  ##         need not be standardized
  ## n     = number of r.v. generations
  ## K     = grid size
  ## xgrid = grid (equally spaced)
  ## ygrid = grid (equally spaced)
  if ( is.null(xgrid) | is.null(ygrid) ){
      cat("\n *** Error: need to specify xgrid for sim.x().\n")
      exit(-1)
  }
  dx <- xgrid[2]-xgrid[1]
  dy <- ygrid[2]-ygrid[1]

  xy <- cbind(sort(rep(xgrid,K)), rep(ygrid,K))
  ## a (K*K x 2) matrix with one row for each 2-dim grid point.
  lp <- apply(xy,1,lpdf)
  pmf <- exp(lp-max(lp))
  idx <- sample((1:nrow(xy)), n,replace=T,prob=pmf)
  dx <- runif(n, min=-dx/2, max=+dx/2) # smear out x
  dy <- runif(n, min=-dy/2, max=+dy/2) # smear out y
  XY <- xy[idx,] + cbind(dx,dy)
  return(XY)
}
```

MCMC 模拟

最后一段代码展示了一个典型的吉布斯抽样器实现。主函数 gibbs()实现了 MCMC 模拟步骤的迭代。代码实现了一个具有两个转移概率的吉布斯抽样器，从相应的完全条件后验分布生成参数 b 和 s^2。 230

```
init <- function()
  { # initialize par values
    fit <- lsfit(x, dta$Z)  # fits a least squares regr
    b <- fit$coef
    s2 <- var(fit$resid)
    th <- c(b,s2)
    return(th=list(b=b,s2=s2))
  }

gibbs <- function(niter=100)
  {
   th <- init()
   thlist <- NULL
   for(iter in 1:niter){
```

```
    th$b  <- sample.b(th)
    th$s2 <- sample.s2(th)
    thlist <- rbind(thlist,c(th$b,th$s2))
  }
  return(thlist)
}

sample.b <- function(th)
  {# replace b by a draw from p(b | s2,y) = N(m,V)
   ## m = (X'X)^-1 X'y = least squares fit
   ## V^-1 = (X'X)*tau + S0^-1
   ## m    = V * (tau* X'y)
    tau <- 1/th$s2
    Vinv <- H*tau + S0inv
    V <- solve(Vinv)
    m <- V %*% (tau*t(W)%*%dta$Z)
    R <- chol(V)              # V = t(R) %*% R
    b <- rnorm(2,m=m) %*% R # b ~ N(m, V) as desired :-)
    return(b)
  }

sample.s2 <- function(th)
  { ## replace s2 by a draw from p(s2 | b,y)
    ## let tau=1/s2, then p(tau | b,y) = IG(a/2, b/2)
    ##     with a=n and b=S2=sum(Z[i]-Zhat[i])^2
    ## also, when v ~ IG(a,b) <=> 1/v ~ G(a,b), shape=a, rate=b
    b <- th$b
    n <- nrow(dta)
    Zhat <- W %*% c(b)          # need c(b) to make sure it's a col vector
    S2 <- sum((dta$Z-Zhat)^2)
    a1 <- a0+n
    b1 <- b0+S2
    tau <- rgamma(1,shape=a1/2, rate=b1/2)
    s2 <- 1/tau
    return(s2)
  }
```

231

索　　引

索引中的页码为英文原书页码，与书中页边标注的页码一致。

参考文献

Amaral Turkman, M. A. 1980. *Applications of predictive distributions*. PhD thesis, University of Sheffield. (Cited on page 13.)

Andrieu, C., Doucet, A., and Robert, C. P. 2004. Computational advances for and from Bayesian analysis. *Statistical Science*, **19**(1), 118–127. (Cited on page 129.)

Basu, D., and Pereira, C. A. B. 1982. On the Bayesian analysis of categorical data: the problem of nonresponse. *Journal of Statistical Planning and Inference*, **6**(4), 345–362. (Cited on page 40.)

Belitz, C., Brezger, A., Kneib, T., Lang, S., and Umlauf, N. 2013. *BayesX: Software for Bayesian Inference in Structured Additive Regression Models*. Version 2.1. (Cited on page 172.)

Berger, J. O. 1984. The robust Bayesian viewpoint (with discussion). Pages 63–144 of: Kadane, J. B. (ed.), *Robustness of Bayesian Analyses*. North-Holland. (Cited on page 1.)

Bernardo, J., and Smith, A. F. M. 2000. *Bayesian Theory*. Wiley. (Cited on pages 26 and 88.)

Best, N., Cowles, M., and Vines, S. 1995. *CODA Manual Version 0.30*. (Cited on pages 116 and 201.)

Bhattacharya, A., Pati, D., Pillai, N. S., and Dunson, D. B. 2015. Dirichlet–Laplace priors for optimal shrinkage. *Journal of the American Statistical Association*, **110**(512), 1479–1490. (Cited on page 134.)

Blangiardo, M., and Cameletti, M. 2015. *Spatial and Spatio-Temporal Bayesian Models with R-INLA*. Wiley. (Cited on pages 150 and 172.)

Blangiardo, M., Cameletti, M., Baio, G., and Rue, H. 2013. Spatial and spatio-temporal models with r-inla. *Spatial and Spatio-Temporal Epidemiology*, **4**(Supplement C), 33–49. (Cited on page 163.)

Blei, D. M., and Jordan, M. I. 2006. Variational inference for Dirichlet process mixtures. *Bayesian Analysis*, **1**(1), 121–143. (Cited on page 168.)

Blei, D. M., Kucukelbir, A., and McAuliffe, J. D. 2017. Variational inference: a review for statisticians. *Journal of the American Statistical Association*, **112**(518), 859–877. (Cited on pages 164, 165, and 171.)

Box, G. 1980. Sampling and Bayes inference in scientific modelling and robustness. *Journal of the Royal Statistical Society, A*, **143**, 383–430. (Cited on page 70.)

Box, G. 1983. An apology for ecumenism in statistics. Pages 51–84 of: Box, G., Leonard, T., and Wu, C.-F. (eds.), *Scientific Inference, Data Analysis, and Robustness*. Academic Press. (Cited on page 70.)

Brezger, A., Kneib, T., and Lang, S. 2005. BayesX: analyzing Bayesian structural additive regression models. *Journal of Statistical Software, Articles*, **14**(11), 1–22. (Cited on pages 172, 192, and 193.)

Burnham, K. P., and Anderson, D. R. 2002. *Model Selection and Multimodel Inference: A Practical Information-Theoretic Approach*. 2nd edn. Springer. (Cited on page 77.)

Carlin, B. P., and Chib, S. 1995. Bayesian model choice via Markov chain Monte Carlo. *Journal of the Royal Statistical Society, B*, **57**(3), 473–484. (Cited on page 136.)

Carlin, B. P., and Gelfand, A. E. 1991. An iterative Monte Carlo method for non-conjugate Bayesian analysis. *Statistics and Computing*, **1**(2), 119–128. (Cited on page 65.)

Carlin, B. P., and Louis, T. A. 2009. *Bayesian Methods for Data Analysis*. CRC Press. (Cited on page 78.)

Carpenter, B., Gelman, A., Hoffman, M., et al. 2017. Stan: a probabilistic programming language. *Journal of Statistical Software, Articles*, **76**(1), 1–32. (Cited on pages 172 and 186.)

Carvalho, C. M., Polson, N. G., and Scott, J. G. 2010. The horseshoe estimator for sparse signals. *Biometrika*, **97**(2), 465–480. (Cited on page 134.)

Celeux, G., Forbes, F., Robert, C. P., and Titterington, D. M. 2006. Deviance information criteria for missing data models. *Bayesian Analysis*, **1**(4), 651–673. (Cited on page 79.)

Chen, M.-H. 1994. Importance-weighted marginal Bayesian posterior density estimation. *Journal of the American Statistical Association*, **89**, 818–824. (Cited on page 58.)

Chen, M.-H., and Shao, Q. 1999. Monte Carlo estimation of Bayesian credible and HPD intervals. *Journal of Computational and Graphical Statistics*, **8**, 69–92. (Cited on page 47.)

Chen, M.-H., Shao, Q., and Ibrahim, J. G. 2000. *Monte Carlo Methods in Bayesian Computation*. Springer. (Cited on pages 54, 57, and 129.)

Chib, S. 1995. Marginal likelihood from the Gibbs output. *Journal of the American Statistical Association*, **90**(432), 1313–1321. (Cited on pages 129 and 130.)

Chib, S., and Jeliazkov, I. 2001. Marginal likelihood from the Metropolis–Hastings output. *Journal of the American Statistical Association*, **96**(453), 270–281. (Cited on pages 129 and 131.)

Cowles, M. K. 1994. *Practical issues in Gibbs sampler implementation with application to Bayesian hierarchical modelling of clinical trial data*. PhD thesis, University of Minnesota. (Cited on page 201.)

Cowles, M. K., and Carlin, B. P. 1996. Markov chain Monte Carlo convergence diagnostics: a comparative review. *Journal of the American Statistical Association*, **91**, 883–904. (Cited on pages 116 and 199.)

Damien, P., Wakefield, J., and Walker, S. 1999. Gibbs sampling for Bayesian non-conjugate and hierarchical models by using auxiliary variables. *Journal of the Royal Statistical Society, B*, **61(2)**, 331–344. (Cited on page 106.)

Dawid, A. P. 1985. The impossibility of inductive inference. (invited discussion of 'Self-calibrating priors do not exist', by D. Oakes.). *Journal of the American Statistical Association*, **80**, 340–341. (Cited on page 14.)

Dellaportas, P., and Papageorgiou, I. 2006. Multivariate mixtures of normals with unknown number of components. *Statistics and Computing*, **16**(1), 57–68. (Cited on page 148.)

Dellaportas, P., Forster, J. J., and Ntzoufras, I. 2002. On Bayesian model and variable selection using MCMC. *Statistics and Computing*, **12**(1), 27–36. (Cited on pages 132, 137, and 138.)

Dempster, A. P., Laird, N. M., and Rubin, D. B. 1977. Maximum likelihood from incomplete data via the EM algorithm. *Journal of the Royal Statistical Society, B*, **39**(1), 1–38. (Cited on page 144.)

de Valpine, P., Turek, D., Paciorek, C. J., et al. 2017. Programming with models: Writing statistical algorithms for general model structures with NIMBLE. *Journal of Computational and Graphical Statistics*, **26**(2), 403–413. (Cited on page 172.)

Devroye, L. 1986. *Non-Uniform Random Variate Generation*. Springer. (Cited on page 43.)

Doucet, A., and Lee, A. 2018. Sequential Monte Carlo methods. Pages 165–190 of: Drton, M., Lauritzen, S. L., Maathuis, M., and Wainwright, M. (eds.), *Handbook of Graphical Models*. CRC. (Cited on page 60.)

Doucet, A., Freitas, N. D., and Gordon, N. 2001. *Sequential Monte Carlo Methods in Practice*. Springer. (Cited on page 60.)

Fahrmeir, L., and Tutz, G. 2001. *Multivariate Statistical Modeling Based on Generalized Linear Models*. Springer. (Cited on page 161.)

Gelfand, A. E. 1996. Model determination using sampling-based methods. Pages 145–161 of: Gilks, W. R., Richardson, S., and Spiegelhalter, D. J. (eds.), *Markov Chain Monte Carlo in Practice*. Chapman & Hall. (Cited on pages 70, 73, 75, and 85.)

Gelfand, A. E., and Dey, D. K. 1994. Bayesian model choice: asymptotics and exact calculations. *Journal of the Royal Statistical Society, B*, **56**, 501–514. (Cited on page 87.)

Gelfand, A. E., and Smith, A. F. M. 1990. Sampling-based approaches to calculating marginal densities. *Journal of the American Statistical Association*, **85**, 398–409. (Cited on pages 49, 57, 58, and 174.)

Gelfand, A. E., Hills, S., Racine-Poon, A., and Smith, A. F. M. 1990. Illustration of Bayesian inference in normal data models using Gibbs sampling. *Journal of the American Statistical Association*, **85**(412), 972–985. (Cited on page 166.)

Gelman, A., and Hill, J. 2006. *Data Analysis Using Regression and Multilevel/Hierarchical Models*. Cambridge University Press. (Cited on page 185.)

Gelman, A., and Meng, X. L. 1996. Model checking and model improvement. Pages 189–202 of: Gilks, W. R., Richardson, S., and Spiegelhalter, D. J. (eds.), *Markov Chain Monte Carlo in Practice*. Chapman & Hall. (Cited on page 73.)

Gelman, A., and Rubin, D. B. 1992. Inference from iterative simulation using multiple sequences. *Statistical Science*, **7**, 457–72. (Cited on page 199.)

Gelman, A., Hwang, J., and Vehtari, A. 2014b. Understanding predictive information criterion for Bayesian models. *Statistics and Computing*, **24**, 997–1016. (Cited on page 80.)

Geman, S., and Geman, D. 1984. Stochastic relaxation, Gibbs distribution and the Bayesian restoration of images. *IEEE Transactions on Pattern Analysis and Machine Intelligence*, **6**, 721–741. (Cited on pages 90 and 98.)

Gentle, J. E. 2004. *Random Number Generation and Monte Carlo Methods*. 2nd edn. Springer. (Cited on page 43.)

Genz, A., and Kass, R. E. 1997. Subregion adaptative integration of functions having a dominant peak. *Journal of Computational and Graphical Statistics*, **6**, 92–111. (Cited on page 53.)

George, E. I., and McCulloch, R. 1997. Approaches for Bayesian variable selection. *Statistica Sinica*, **7**, 339–373. (Cited on pages 131, 132, and 133.)

George, E. I., and McCulloch, R. E. 1993. Variable selection via Gibbs sampling. *Journal of the American Statistical Association*, **88**(423), 881–889. (Cited on pages 131 and 132.)

Geweke, J. 1989. Bayesian inference in econometric models using Monte Carlo integration. *Econometrica*, **57**(02), 1317–1339. (Cited on pages 52 and 68.)

Geweke, J. 1992. Evaluating the accuracy of sampling-based approaches to calculating posterior moments. In: *Bayesian Statistics 4*. Clarendon Press. (Cited on page 199.)

Geweke, J. 2004. Getting it right. *Journal of the American Statistical Association*, **99**(467), 799–804. (Cited on pages 127 and 128.)

Geyer, C. J. 1992. Practical Markov chain Monte Carlo (with discussion). *Statistical Science*, **7**, 473–511. (Cited on page 115.)

Gillies, D. 2001. Bayesianism and the fixity of the theoretical framework. Pages 363–379 of: Corfield, J., and Williamson, J. (eds.), *Foundations of Bayesianism*. Kluwer Academic Publishers. (Cited on page 12.)

Givens, G. H., and Hoeting, J. A. 2005. *Computational Statistics*. Wiley. (Cited on page 97.)

Gradshteyn, I., and Ryzhik, I. 2007. *Table of Integrals, Series, and Products,* Jeffrey, A., and Zwillinger, D. (eds.). Academic Press. (Cited on page 153.)

Green, P. J. 1995. Reversible jump Markov chain Monte Carlo computation and Bayesian model determination. *Biometrika*, **82**, 711–732. (Cited on page 138.)

Hastings, W. K. 1970. Monte Carlo sampling methods using Markov chains and their applications. *Biometrika*, **57**, 97–109. (Cited on page 90.)

Heidelberger, P., and Welch, P. 1983. Simulation run length control in the presence of an initial transient. *Operations Research*, **31**, 1109–1144. (Cited on page 199.)

Henderson, H. V., and Velleman, P. F. 1981. Building multiple regression models interactively. *Biometrics*, **37**, 391–411. (Cited on page 73.)

Hoffman, M. D., and Gelman, A. 2014. The No-U-Turn sampler: Adaptively setting path lengths in Hamiltonian Monte Carlo. *Journal of Machine Learning Research*, **15**(1), 1593–1623. (Cited on page 186.)

Jaynes, E. T. 1968. Prior probabilities. *IEEE Transactions on Systems, Science and Cybernetics*, **4**, 227–291. (Cited on page 22.)

Jaynes, E. T. 2003. *Probability Theory: The Logic of Science*. Cambridge University Press. (Cited on pages 13 and 21.)

Jordan, M. I., Ghahramani, Z., Jaakkola, T. S., and Saul, L. K. 1999. An introduction to variational methods for graphical models. *Machine Learning*, **37**(2), 183–233. (Cited on page 164.)

Karabatsos, G. 2015. A menu-driven software package for Bayesian regression analysis. *The ISBA Bulletin*, **22**, 13–16. (Cited on page 172.)

Kass, R. E., and Raftery, A. E. 1995. Bayes factors. *Journal of the American Statistical Association*, **90**, 773–795. (Cited on page 85.)

Kass, R. E., and Wasserman, L. 1996. The selection of prior distributions by formal rules. *Journal of the American Statistical Association*, **91**, 1343–1370. (Cited on page 17.)

Kempthorn, O., and Folks, L. 1971. *Probability, Statistics and Data Analysis*. Iowa State University Press. (Cited on page 7.)

Kneib, T., Heinzl, F., Brezger, A., Bove, D., and Klein, N. 2014. *BayesX: R Utilities Accompanying the Software Package BayesX*. R package version 0.2-9. (Cited on page 193.)

Korner-Nievergelt, F., von Felten, S., Roth, T., et al. 2015. *Bayesian Data Analysis in Ecology Using Linear Models with R, BUGS, and Stan*. Academic Press. (Cited on page 172.)

Kruschke, J. 2011. *Doing Bayesian Data Analysis: A Tutorial with R and BUGS*. Academic Press/Elsevier. (Cited on page 172.)

Kruschke, J. 2014. *Doing Bayesian Data Analysis: A Tutorial with R, JAGS and Stan*. Academic Press/Elsevier. (Cited on page 172.)

Kucukelbir, A., Tran, D., Ranganath, R., Gelman, A., and Blei, D. M. 2017. Automatic differentiation variational inference. *Journal of Machine Learning Research*, **18**(1), 430–474. (Cited on page 168.)

Kuhn, T. S. 1962. *The Structure of Scientific Revolutions*. University of Chicago Press. (Cited on page 5.)

Kuo, L., and Mallick, B. 1998. Variable selection for regression models. *Sankhya: The Indian Journal of Statistics, Series B*, **60**(1), 65–81. (Cited on page 132.)

Lauritzen, S. L., and Spiegelhalter, D. J. 1988. Local computations with probabilities on graphical structures and their application to expert systems. *Journal of the Royal Statistical Society, B*, **50**(2), 157–224. (Cited on page 174.)

Lin, D. 2013. Online learning of nonparametric mixture models via sequential variational approximation. Pages 395–403 of: *Proceedings of the 26th International Conference on Neural Information Processing Systems*. USA: Curran Associates Inc. (Cited on page 168.)

Lindgren, F., and Rue, H. 2015. Bayesian spatial modelling with R-INLA. *Journal of Statistical Software, Articles*, **63**(19), 1–25. (Cited on page 214.)

Lindgren, F., Rue, H., and Lindstrom, J. 2011. An explicit link between Gaussian fields and Gaussian Markov random fields: the stochastic partial differential equation approach. *Journal of the Royal Statistical Society, B*, **73(4)**, 423–498. (Cited on page 214.)

Lindley, D. V. 1990. The 1988 Wald memorial lectures: the present position in Bayesian statistics. *Statistical Science*, **5**, 44–89. (Cited on page 10.)

Liu, J., and West, M. 2001. Combined parameter and state estimation in simulation-based filtering. Pages 197–223 of: Doucet, A., de Freitas, N., and Gordon, N. (eds.), *Sequential Monte Carlo Methods in Practice*. Springer. (Cited on page 64.)

Lunn, D., Spiegelhalter, D., Thomas, A., and Best, N. 2009. The BUGS project: Evolution, critique and future directions. *Statistics in Medicine*, **28**(25), 3049–3067. (Cited on page 174.)

MacEachern, S., and Berliner, L. 1994. Subsampling the Gibbs sampler. *The American Statistician*, **48**, 188–190. (Cited on page 115.)

Madigan, D., and York, J. 1995. Bayesian graphical models for discrete data. *International Statistical Review*, **63**, 215–232. (Cited on page 133.)

Marin, J.-M., Pudlo, P., Robert, C. P., and Ryder, R. J. 2012. Approximate Bayesian computational methods. *Statistics and Computing*, **22**(6), 1167–1180. (Cited on page 126.)

Mayo, D., and Kruse, M. 2001. Principles of inference and their consequences. Pages 381–403 of: Corfield, J., and Williamson, J. (eds.), *Foundations of Bayesianism*. Kluwer Academic Publishers. (Cited on page 9.)

Metropolis, N., Rosenbluth, A. W., Rosenbluth, M. N., Teller, A. H., and Teller, E. 1953. Equation of state calculations by fast computing machines. *J. Chem. Phys*, **21**, 1087–1092. (Cited on pages 90 and 97.)

Morris, J. S., Baggerly, K. A., and Coombes, K. R. 2003. Bayesian shrinkage estimation of the relative abundance of mRNA transcripts using SAGE. *Biometrics*, **59**, 476–486. (Cited on page 122.)

Neal, R. M. 1997. *Markov Chain Monte Carlo methods based on "slicing" the density function*. Technical Report. University of Toronto. (Cited on page 106.)

Neal, R. M. 2003. Slice sampling (with discussion). *Annals of Statistics*, **31**, 705–767. (Cited on page 106.)

Neal, R. M. 2011. MCMC using Hamiltonian dynamics. Chap. 5 of: Brooks, S., Gelman, A., Jones, G., and Meng, X.-L. (eds.), *Handbook of Markov Chain Monte Carlo*. Chapman & Hall / CRC Press. (Cited on pages 107 and 185.)

Neuenschwander, B., Branson, M., and Gsponer, T. 2008. Critical aspects of the Bayesian approach to phase I cancer trials. *Statistics in Medicine*, **27**, 2420–2439. (Cited on page 53.)

Newton, M. A., and Raftery, A. E. 1994. Approximate Bayesian inference by the weighted likelihood bootstrap (with discussion). *Journal of the Royal Statistical Society, B*, **56**, 1–48. (Cited on page 86.)

Ntzoufras, I. 2009. *Bayesian Modeling Using WinBUGS*. (Cited on page 172.)

O'Hagan, A. 2010. *Bayesian Inference, Vol. 2B*. 3rd edn. Arnold. (Cited on pages 1, 9, 14, and 17.)

O'Quigley, J., Pepe, M., and Fisher, L. 1990. Continual reassessment method: A practical design for phase 1 clinical trials in cancer. *Biometrics*, **46**(1), 33–48. (Cited on page 45.)

Park, T., and Casella, G. 2008. The Bayesian lasso. *Journal of the American Statistical Association*, **103**(482), 681–686. (Cited on page 134.)

Patil, V. H. 1964. The Behrens–Fisher problem and its Bayesian solution. *Journal of the Indian Statistical Association*, **2**, 21. (Cited on page 33.)

Paulino, C. D., and Singer, J. M. 2006. *Análise de Dados Categorizados*. Editora Edgard Blücher. (Cited on pages 38, 67.)

Paulino, C. D., Soares, P., and Neuhaus, J. 2003. Binomial regression with misclassification. *Biometrics*, **59**, 670–675. (Cited on page 17.)

Paulino, C. D., Amaral Turkman, M. A., Murteira, B., and Silva, G. 2018. *Estatística Bayesiana*. 2nd edn. Fundacão Calouste Gulbenkian. (Cited on pages 17, 38, 54, 57, 84, 93, 158, and 199.)

Pitt, M. K., and Shephard, N. 1999. Filtering via simulation: Auxiliary particle filters. *Journal of the American Statistical Association*, **94**(446), 590–599. (Cited on pages 61, 62, and 63.)

Plummer, M. 2003. JAGS: a program for analysis of Bayesian graphical models using Gibbs sampling. In: Hornik, K., Leisch, F., and Zeileis, A. (eds.), *3rd International Workshop on Distributed Statistical Computing (DSC 2003)*. (Cited on page 172.)

Plummer, M. 2012. *JAGS Version 3.3.0 User Manual*. `http://mcmc-jags.sourceforge.net`, accessed on July 22, 2018. (Cited on page 181.)

Plummer, M., Best, N. G., Cowles, M. K., and Vines, S. K. 2006. CODA: Convergence diagnostics and output analysis for MCMC. *R News*, **6(1)**, 7–11. (Cited on pages 116, 198, and 201.)

Polson, N. G., Stroud, J. R., and Müller, P. 2008. Practical filtering with sequential parameter learning. *Journal of the Royal Statistical Society, B*, **70**(2), 413–428. (Cited on page 64.)

Prado, R., and West, M. 2010. *Time Series: Modeling, Computation, and Inference*. Chapman & Hall/CRC Press. (Cited on page 64.)

Raftery, A. L., and Lewis, S. 1992. How many iterations in the Gibbs sampler? Pages 763–774 of: Bernardo, J., Berger, J., Dawid, A., and Smith, A. (eds.), *Bayesian Statistics IV*. Oxford University Press. (Cited on page 199.)

Raftery, A. E., Madigan, D., and Hoeting, J. A. 1997. Bayesian model averaging for linear regression models. *Journal of the American Statistical Association*, **92**(437), 179–191. (Cited on page 133.)

Richardson, S., and Green, P. J. 1997. On Bayesian analysis of mixtures with an unknown number of components (with discussion). *Journal of the Royal Statistical Society, B*, **59**(4), 731–792. (Cited on page 141.)

Rickert, J. 2018. A first look at NIMBLE. Blog: `https://rviews.rstudio.com/2018/07/05/a-first-look-at-nimble/`, accessed on July 16, 2018. (Cited on page 172.)

Ripley, B. D. 1987. *Stochastic Simulation*. Wiley. (Cited on pages 43 and 44.)

Robert, C. P. 1994. *The Bayesian Choice*. Springer. (Cited on pages 27 and 157.)

Robert, C. R., and Casella, G. 2004. *Monte Carlo Statistical Methods*. 2nd edn. New York: Springer. (Cited on pages 44 and 96.)

Rosner, B. 1999. *Fundamentals of Biostatistics*. Duxbury. (Cited on page 222.)

Ross, S. M. 2014. *Introduction to Probability Models,* 11th ed. Academic Press. (Cited on page 91.)

Rossi, P. E., Allenby, G. M., and McCulloch, R. 2005. *Bayesian Statistics and Marketing*. Wiley. (Cited on page 172.)

Ročková, V., and George, E. I. 2014. EMVS: The EM approach to Bayesian variable selection. *Journal of the American Statistical Association*, **109**(506), 828–846. (Cited on page 143.)

Rubinstein, R. Y. 1981. *Simulation and the Monte Carlo Method*. 1st edn. Wiley. (Cited on page 44.)

Rue, H., and Held, L. 2005. *Gaussian Markov Random Fields: Theory and Applications*. Chapman & Hall. (Cited on page 159.)

Rue, H., Martino, S., and Chopin, N. 2009. Approximate Bayesian inference for latent Gaussian models by using integrated nested Laplace approximations. *Journal of the Royal Statistical Society, B*, **71(2)**, 319–392. (Cited on pages 150, 162, 163, 169, 214, and 217.)

Schofield, M. R., Barker, R. J., Gelman, A., Cook, E. R., and Briffa, K. 2016. A model-based approach to climate reconstruction using tree-ring data. *Journal of the American Statistical Association*, **2016**, 93–106. (Cited on page 185.)

Schwarz, G. 1978. Estimating the dimension of a model. *Annals of Statistics*, **6**, 461–466. (Cited on pages 77 and 83.)

Scott, S., Blocker, A., Bonassi, F., et al. 2016. Bayes and big data: the consensus Monte Carlo algorithm. *International Journal of Management Science and Engineering Management*, **11**(2), 78–88. (Cited on page 68.)

Shaw, J. E. H. 1988. Aspects of numerical integration and summarization. Pages 625–631 of: Bernardo, J. M., DeGroot, M. H., Lindley, D. V., and Smith, A. F. M. (eds.), *Bayesian Statistics 3*. Oxford: University Press. (Cited on page 52.)

Silverman, B. W. 1986. *Density Estimation for Statistics and Data Analysis*. London: Chapman and Hall. (Cited on page 48.)

Smith, A. F. M. 1991. Bayesian computation methods. *Phil. Trans. R. Soc. Lond. A*, **337**, 369–386.

Smith, A. F. M., and Gelfand, A. E. 1992. Bayesian statistics without tears. *The American Statistician*, **46**, 84–88. (Cited on page 58.)

Smith, B. 2007. BOA: An R package for MCMC output convergence assessment and posterior inference. *Journal of Statistical Software*, **21**, 1–37. (Cited on pages 116, 198, and 202.)

Spiegelhalter, D. J. 1986. Probabilistic prediction in patient management and clinical trials. *Statistics in Medicine*, **5**(5), 421–433. (Cited on page 174.)

Spiegelhalter, D. J., Best, N. G., Carlin, B. P., and van der Linde, A. 2002. Bayesian measures of model complexity and fit (with discussion). *Journal of the Royal Statistical Society, B*, **64**, 583–639. (Cited on pages 78 and 79.)

Stan Development Team. 2014. *RStan: The R Interface to Stan, Version 2.5.0*. (Cited on page 186.)

Sturtz, S., Ligges, U., and Gelman, A. 2005. R2WinBUGS: a package for running `WinBUGS` from `R`. *Journal of Statistical Software*, **12**(3), 1–16. (Cited on page 175.)

Tanner, M. A. 1996. *Tools for Statistical Inference*. 3rd edn. New York: Springer Verlag. (Cited on page 157.)

Tanner, M. A., and Wong, W. H. 1987. The calculation of posterior distributions by data augmentation. *Journal of the American Statistical Association*, **82**(398), 528–540. (Cited on page 105.)

Thall, P. F., Millikan, R. E., Müller, P., and Lee, S.-J. 2003. Dose-finding with two agents in phase i oncology trials. *Biometrics*, **59**(3), 487–496. (Cited on pages 126 and 127.)

Thomas, A., O'Hara, B., Ligges, U., and Sturtz, S. 2006. Making BUGS open. *R News*, **6**(01), 12–17. (Cited on page 172.)

Tibshirani, R. 1996. Regression shrinkage and selection via the Lasso. *Journal of the Royal Statistical Society, B*, **58**(1), 267–288. (Cited on page 134.)

Tierney, L. 1994. Markov chains for exploring posterior distributions. *Annals of Statistics*, **22**, 1701–1728. (Cited on page 96.)

Tierney, L. 1996. Introduction to general state-space Markov chain theory. Pages 61–74 of: Gilks, W., Richardson, S., and Spiegelhalter, D. (eds.), *In Markov Chain Monte Carlo in Practice*. Chapman. (Cited on page 91.)

Tierney, L., and Kadane, J. 1986. Accurate approximations for posterior moments and marginal densities. *Journal of The American Statistical Association*, **81**(03), 82–86. (Cited on pages 154 and 162.)

Tierney, L., Kass, R., and Kadane, J. 1989. Fully exponential Laplace approximations to expectations and variances of nonpositive functions. *Journal of the American Statistical Association*, **84**(407), 710–716. (Cited on pages 156 and 157.)

Umlauf, N., Adler, D., Kneib, T., Lang, S., and Zeileis, A. 2015. Structured additive regression models: An r interface to BayesX. *Journal of Statistical Software, Articles*, **63**(21), 1–46. (Cited on pages 193, 194, and 195.)

Vehtari, A., and Ojanen, J. 2012. A survey of Bayesian predictive methods for model assessment, selection and comparison. *Statist. Surv.*, **6**, 142–228. (Cited on page 190.)

Vehtari, A., Gelman, A., and Gabry, J. 2017. Practical Bayesian model evaluation using leave-one-out cross-validation and WAIC. *Statistics and Computing*, **27**(5), 1413–

1432. (Cited on pages 188 and 191.)

Walker, A. M. 1969. On the asymptotic behaviour of posterior distributions. *Journal of the Royal Statistical Society, B*, **31**(1), 80–88. (Cited on page 151.)

Wasserman, L. 2004. *All of Statistics*. Springer-Verlag. (Cited on page 14.)

Watanabe, S. 2010. Asymptotic equivalence of Bayes cross validation and widely applicable information criterion in singular learning theory. *Journal of Machine Learning Research*, **11**(Dec.), 3571–3594. (Cited on page 80.)

Welling, M., and Teh, Y. W. 2011. Bayesian learning via stochastic gradient Langevin dynamics. Pages 681–688 of: *Proceedings of the 28th International Conference on International Conference on Machine Learning*. Omnipress. (Cited on page 112.)

Zhang, Z., Chan, K. L., Wu, Y., and Chen, C. 2004. Learning a multivariate Gaussian mixture model with the reversible jump MCMC algorithm. *Statistics and Computing*, **14**(4), 343–355. (Cited on page 146.)

概率与优化推荐阅读

最优化模型：线性代数模型、凸优化模型及应用

中文版：978-7-111-70405-8

凸优化：算法与复杂性

中文版：978-7-111-68351-3

凸优化教程（原书第2版）

中文版：978-7-111-65989-1

概率与计算：算法与数据分析中的随机化和概率技术（原书第2版）

中文版：978-7-111-64411-8

数学基础推荐阅读

数学分析（原书第2版·典藏版）

ISBN：978-7-111-70616-8

数学分析（英文版·原书第2版·典藏版）

ISBN：978-7-111-70610-6

复分析（英文版·原书第3版·典藏版）

ISBN：978-7-111-70102-6

复分析（原书第3版·典藏版）

ISBN：978-7-111-70336-5

实分析（英文版·原书第4版）

ISBN：978-7-111-64665-5

泛函分析（原书第2版·典藏版）

ISBN：978-7-111-65107-9